思想政治理论课实践教学系列丛书

# 思想的光芒
## ——新时代大学生读马列经典感悟集

SIXIANG DE GUANGMANG
XINSHIDAI DAXUESHENG DU MALIE
JINGDIAN GANWUJI

主编／王国斌　朱长兵　马松红

黑龙江人民出版社

图书在版编目(CIP)数据

思想的光芒:新时代大学生读马列经典感悟集／王国斌,朱长兵,马松红主编.—哈尔滨:黑龙江人民出版社,2019.9(2021.3重印)
ISBN 978-7-207-11921-6

Ⅰ.①思… Ⅱ.①王…②朱…③马… Ⅲ.①高等学校—思想政治教育—中国—文集 Ⅳ.①G641-53

中国版本图书馆CIP数据核字(2019)第202810号

责任编辑：李　珊
责任校对：张志坚
封面设计：张　涛

# 思想的光芒
——新时代大学生读马列经典感悟集

王国斌　朱长兵　马松红　主编

出版发行　黑龙江人民出版社
　　　　　地址　哈尔滨市南岗区宣庆小区1号楼(150008)
　　　　　网址　www.hljrmcbs.com
印　　刷　三河市华东印刷有限公司
开　　本　787×1092　1/16
印　　张　19.75
字　　数　320千字
版次印次　2019年9月第1版　2021年3月第2次印刷
书　　号　ISBN 978-7-207-11921-6
定　　价　60.00元

版权所有　侵权必究　　举报电话：(0451)82308054
法律顾问:北京市大成律师事务所哈尔滨分所律师赵学利、赵景波

# 总序 / "读原著、学原文、悟原理"
## ——让马克思主义真理的种子在青年学子心中扎根

党的十九大以来，全国高校掀起了深入学习马克思主义理论、钻研习近平新时代中国特色社会主义思想的热潮。2019年3月18日，习近平在学校思想政治理论课教师座谈会上的讲话中强调指出，办好思想政治理论课，最根本的是要全面贯彻党的教育方针，解决好培养什么人、怎样培养人、为谁培养人这个根本问题。为了旗帜鲜明、毫不含糊地把正处于"拔节孕穗期"的当代青年培养成拥护中国共产党领导和社会主义制度、立志为中国特色社会主义事业奋斗终身的有用人才，引导他们扣好人生第一粒扣子，使他们能够在大是大非面前保持政治清醒，保持家国情怀，关注时代，关注社会。兰州理工大学马克思主义学院在深入思考马克思主义理论研究、宣传和传播的新思路、新途径和新局面时，探索出"读原著、学原文、悟原理"这样一条以实际行动回答这一系列重要的理论和现实问题的思路，这对于高质量完成高校思想政治理论课建设的重要使命具有极为重要的意义。

通过理论思考和实践摸索，我们意识到，要使青年大学生具有马克思主义的坚定理想信念，树立社会主义核心价值观，就必须加强学习，引领青年大学生系统掌握马克思主义基本原理，学会用马克思主义立场、观点、方法观察和思考时代问题。列宁认为，马克思主义之所以具有真理的力量，"就是因为它正确、完备而严整"，马克思主义理论的学习应该是系统的而

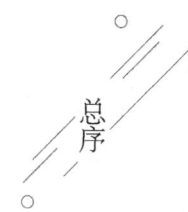

不能是零碎的，因为马克思主义是"极其彻底而严整"的世界观，只有系统地学习，才能真懂、真信、真用。党的十八大以来，习近平总书记在多次讲话中强调，对马克思主义理论体系要下苦功夫融会贯通。他指出，马克思主义经典作家眼界广阔、知识丰富，马克思主义理论体系和知识体系博大精深，"不下大气力、不下苦功夫是难以掌握真谛、融会贯通的""对马克思主义的学习和研究，不能采取浅尝辄止、蜻蜓点水的态度"。以浅尝辄止、蜻蜓点水的态度零碎地选取只言片语，就会离开马克思主义科学体系做出片面的解读甚至曲解，不可能掌握真谛、指导实践。

在实际的大学生思想政治教育实践中，到底怎样引领青年学生系统掌握马克思主义基本原理呢？习近平总书记在全国党校工作会议上指出："党校要加强学员对马克思主义经典著作的学习研究，开出基本书目，引导学员读原著、学原文、悟原理。"我们认为，习近平总书记对党校学员提出的要求同样适用于高校马克思主义理论教育，在思想政治理论课教学中，结合马克思主义基本原理，带领大学生"读原著、学原文、悟原理"是引领青年大学生真正用心、用脑去理解马克思主义理论体系的不二法门。

恩格斯在指导青年研究马克思和他创立的唯物史观时说："我请您根据原著来研究这个理论，而不要根据第二手的材料来进行研究——这的确要容易得多。"目前我国本科生《马克思主义基本原理概论》教材中也引用了不少马克思主义经典作家的论述，但这种论述还不是很系统，无法展现马克思主义经典篇目的原貌，也无法让学生真正领悟马克思主义经典文献的博大精深。这些第二手的马克思主义作品对于学习、研究和传播马克思主义当然也有重要作用，但与原著相比，还存在一定的差距，只有深入原著，通过对原著的阅读、体会和学习，才能真正全面透彻地理解马克思主义。对于当代大学生来说，要直接进入马克思主义经典原著尤其是马克思、恩格斯的原著的阅读与学习，往往存在很多困难。要实现大学生读原著的效果，就需要发挥我们马克思主义理论教师的指导、引领作用，需要我们马克思主义学院的专家、学者、教师深入到学生中去，付出更多时间、更多精力的努力。

2018年秋季学期以来，在十九大东风的感召下，兰州理工大学马克思主义学院"马克思主义基本原理教学部"和"马克思主义理论科研团队"的教师们自发行动起来，在完成《马克思主义基本原理概论》课程理论教学的同时，深入到大学生中去，呼吁大学生们阅读马克思主义经典原著，并组织了二百多名在校大学生，利用周六或周日休息时间，坚持每周一次的集中阅读和集中讲解，还在校园里举行了"金秋银杏 经典诵读"的大型校园文化活动，向全校师生宣传、传播学习马克思主义理论的魅力。

翻阅这些大学生们既略显稚嫩又充满真挚情怀的学习作品，作为奋斗在高校思想政治工作战线的工作者，我们由衷地被感动并备受鼓舞。从这些作品中可以鲜明地感受到，我们当代大学生不仅有学习马克思主义的真挚情怀，而且有读懂马克思主义经典著作的学习能力。我们不仅看到了当代青年大学生正在用他们的赤子情怀向马克思主义理论表达穿越时空的致敬，更看到了当代大学生们立足于今天的伟大时代进行着植根当下的思想创新。

作为高校思想政治教育工作者的我们，必须牢记我们的职责与使命，不忘一个教育者的初心，努力提升马克思主义理论的学习、研究以及学科建设水平，是我们义不容辞的时代责任和担当，也是落实全国高校思想政治工作会议精神和习近平总书记在全国高校思想政治理论课教师座谈会上讲话精神的具体体现。我们相信，只要我们努力践行党的宗旨，坚持不懈地去播种一粒粒马克思主义的种子，切实让马克思主义真理的种子在青年学子心灵中扎根,相信我们培养的学子们,就一定能成长为伟大祖国的未来栋梁,我们正在坚守的事业就永远后继有人,而且长江后浪推前浪。

是为序。

编者

2019 年 4 月 30 日

# 序／读马列经典　求时代真理

当下的中国,正是中国特色社会主义事业迈进新的历史时期的关键期,有许多新问题、新事物等待着我们去认识、去思考。我们知道,马列经典是中国特色社会主义的理论源头,也是新时期习近平新时代中国特色社会主义思想的理论源头,"问渠哪得清如许,为有源头活水来",我们要想真正弄清楚中国特色社会主义理论的来龙去脉,就只有从马列主义经典作品的源头上去学、去追问、去思考,才能加深理解,自觉运用。

作为马克思主义理论课教师,我们每年都要站在讲台上向青年大学生苦口婆心、不厌其烦地反复讲解马克思主义基本原理。但是我们每个人都深知,要让青年人对马克思主义做到真学真懂、真信真用,仅仅靠我们在讲台上的努力是远远不够的。2017年初,习近平总书记到国家行政学院调研时,要求国家行政学院的学员都要读一点马列经典。习近平总书记关于读马列经典的思想,突然激发起我们每一名马克思主义理论课教师的热情,大家都不约而同地聚焦到同一个思想频道上:为什么不带领学生们直接读马列经典原著呢?

经过马克思主义基本原理教学部和马克思主义理论科研团队的集体研讨,我们一致认为,在马克思主义基本原理课程教学的基础上,如果我们教师能够深入到学生中,把对马克思主义具有原发性的好奇心、探索心、求知心的学生们组织起来,带领他们一起读马列原著,应该能取得非常不错的实效性。

2018年秋季学期,我们继续在正常执行《马克思主义基本原理概论》课程教学的同时,在马克思主义基本原理教学部和马克思主义理论科研团队的

统筹安排下,把在学生中开展马列经典原著诵读活动的计划向学院做出详细汇报,迅速得到了学院领导的肯定和大力支持。在该学期中,我们按照"学生自发、教师自愿"的原则,组织了二百多名对马克思主义经典原著具有自发学习热情的大学生和研究生,利用每周末的课余时间,每周组织一次两小时的"马列经典诵读活动"。在诵读活动中,我们的基本做法是实行"导读—讲解—领读—集体诵读"四元一体的学习方法。具体来说,就是由教学部和科研团队集体确定必读阅读文本、并提前选编好必读章节印发给学生预习,在集中学习活动中采取"教师领读、学生集体跟读"的形式,并且由教师对篇章的背景、难点段落和句子以及核心思想进行导读讲解。根据学生的学习能力、兴趣焦点,我们本季活动一共选择了五篇马列经典作品作为必读篇章,它们分别是《共产党宣言》《青年马克思关于职业选择的考虑》《资本论节选——批判商品拜物教》《在马克思墓前的讲话》和《改造我们的学习》。

为了激发学生的学习兴趣,更为了激发全校师生对马列经典著作的学习热情,我们还选择我校秋季校园最美丽的风景时刻——银杏正黄的时节,在校园银杏林中举行了露天公开诵读活动。在这次主题为"银杏金秋 经典诵读"活动中,我们二百多名师生在一个银杏灿烂的周日的下午,用自己最真挚的热情诵读了《共产党宣言》和《青年在选择职业时的考虑》的经典节选,在校园里掀起了一股"学马列经典、求时代真理"的学习高潮。

为了不给学生们增加额外的学习负担,我们的"马列经典诵读活动"与《马克思主义基本原理概论》课程教学基本平行,在课程教学即将结束的时候,集体性"诵读活动"也随之告一段落。在活动结束后,学生们又根据自愿的原则提交了各自的学习小论文、心得、体会或者其他多种形式的学习作品,这部作品集的主体就是我们学生自己的学习作品的汇集。或许从学术性和思想性来说,这些作品都有这样、那样的不足,但是年轻人"追求真理、热爱马列"的真挚情怀却表现得特别质朴、集中、鲜明。通过组织和指导学生们学习马列经典著作,我们教师自身也与学生们教学相长,互相促进。每一次重读马克思、恩格斯、列宁、毛泽东这些伟大的思想家、理论家、革命家的作品,都会激发起我们自己的感情和思想,尤其是与青年大学生们一起学习、一起集体诵读,现场的气氛和青年人赤诚的情怀,都给我们自己增添了莫大的正能量。

呈现在读者面前的这本书就是本次系列学习活动的成果小结,具体形式有小论文、读后感、思想体会以及表达青年人理想信念的诗歌、散文等,这些文章都是参加学习活动的青年大学生和研究生自发撰写的,并经过任课教师的指导、修改,虽然从学术意义上看,这些文章还显稚嫩,对马克思主义基本理论的理解和掌握还不系统、不深刻,但它们鲜活地反映了兰州理工大学青年大学生的学习热情和积极上进的思想面貌,也凝结了我校马克思主义学院全体一线教师的辛勤劳动和心血。我们觉得,组织本次活动是非常有意义的,希望不断坚持下去,让更多的大学生阅读、学习、体悟马克思主义,为培养中国特色社会主义建设者和接班人贡献力量。

这是我们第二次组织规模比较大的学生一起集体"读经典、学马列"活动。总体来说,取得的成效是令人欣慰的,这首先是因为我们可爱学生们的青春朝气和热爱真理、追求真知的进取心,也是与马克思主义学院、学校领导的大力支持分不开的,当然也凝结了我们马克思主义基本原理教学部和马克思主义理论科研团队的所有教师的共同心血。

# 目 录

## 诗歌篇

诗二首 / 姚志刚　3

表白马克思 / 田春艳　6

暗夜行者
　　——卡尔·马克思 / 杨佳乐　9

破寒之春 / 陈玉奇　12

从今天起学习马克思 / 刘　杰　14

寒风沉吟 / 王文举　15

不忘 / 颉海娟　18

信仰·温度·力量 / 王　琳　20

火散星辰 / 孔繁粹　22

马克思赞歌 / 刘赟艳　24

一首写给你的赞美诗 / 吴　娜　26

时空对话
　　——致世界的公民马克思 / 李艳霞　28

致敬马克思 / 孙　宏　30

致卡尔·马克思 / 张田丽　32

致马克思 / 杜美洁　34

致一个幽灵 / 黄　钰　36

## 心得篇

嘿,马克思先生 / 汪爱珍 41

品味人生 / 李文娇 43

我姓党,心存人民 / 党 俊 46

对职业选择的思考 / 王志雯 49

心灵推动力 / 吕 娜 52

《论持久战》读后感 / 赵 红 55

迈步向前,从认真考虑开始 / 朱丽红 58

青年的思考 / 康明杰 61

永不磨灭的共产主义 / 杨博通 63

山中一夜雨,树杪百重泉 / 蔡成安 66

青年在职业选择中的初心和使命 / 高海苗 68

物尽其用,人尽其才 / 高雅婷 70

我与《毛泽东选集》二三事 / 王海壮 73

有温度的《共产党宣言》/ 王莹雪 75

# 目 录

## 论文篇

浅谈马克思《1844年经济学哲学手稿》中的共产主义思想 / 车文丽 79

马克思的剩余价值理论及现实价值研究 / 樊倩倩 86

青年马克思的择业观对当代大学生的启示 / 高军礼 93

《1844年经济学哲学手稿》中异化劳动理论与人的解放 / 高雪倩 100

《共产党宣言》中的无产阶级意识形态思想及启示 / 高祎婷 108

《共产党宣言》中"人的解放"思想及其现代启示 / 郭凤龙 117

习近平对马克思劳动主体性思想的继承与发展 / 郭苗苗 125

《共产党宣言》关于生态危机的阐释及现实意义 / 胡晓燕 133

马克思择业理想对当代青年职业规划的启示 / 靳丹红 142

《共产党宣言》中"自由人联合体"思想的时代价值 / 孔令瑶 149

为实现中国梦而奋斗
——读马克思《青年选择职业时的考虑》 / 李 宁 160

新时代大学生职业选择的特点探析
——读《青年在职业选择时的思考》 / 李 瑞 167

马克思商品拜物教理论及其现实意义 / 刘剑英 174

精准脱贫可持续性研究
——基于《资本论》的贫困化理论 / 刘婷婷 182

《在延安文艺座谈会上的讲话》对新时代文艺创作的现实意义 / 刘媛婷　190

马克思《青年在选择职业时的思考》对当代大学生的启示 / 田小芳　197

浅析马克思的青年职业价值观 / 王晓丹　204

《共产党宣言》中"自由人联合体"思想及其当代价值研究 / 王　娅　212

《1844 年经济学哲学手稿》中的异化劳动理论及其现实启示 / 魏　荣　220

浅谈《青年在选择职业时的考虑》/ 文小凤　232

重温《共产党宣言》，坚定理论自信 / 吴　萍　238

习近平生态文明思想初探 / 杨　娟　245

《共产党宣言》中人的解放思想及其当代价值 / 杨亚丽　254

新时代大学生择业观的理性指导
　　——读《青年在选择职业时的考虑》思考 / 姚彦存　262

当代大学生职业选择的影响因素分析及研究 / 赵　芳　269

《共产党宣言》中的人类命运共同体思想 / 赵梦依　277

从马克思《青年在选择职业时的考虑》看大学生的择业观 / 朱婷婷　283

《共产党宣言》中的人民主体思想及其当代启示 / 朱　玉　291

后记　301

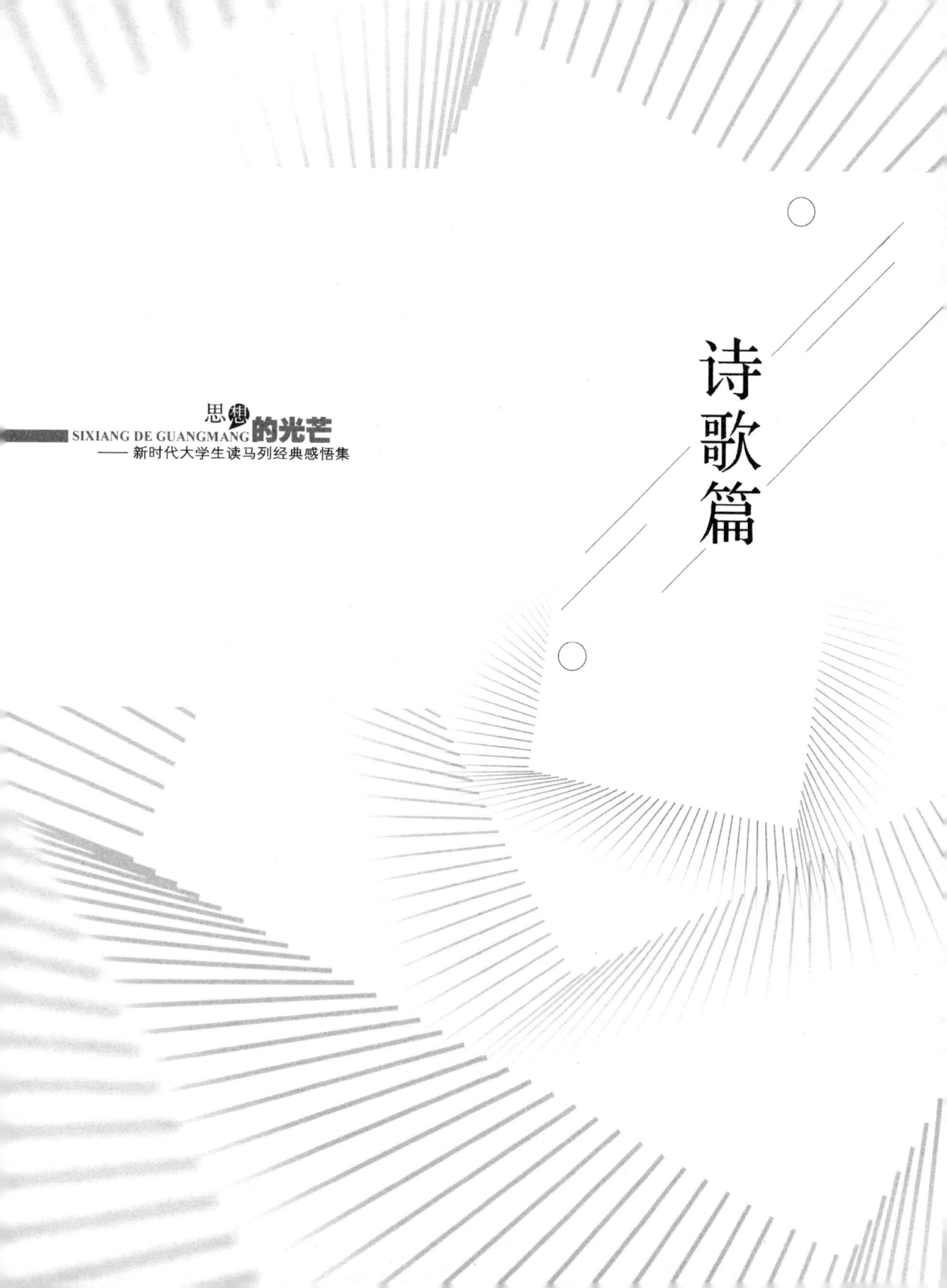

# 诗歌篇

思想的光芒
SIXIANG DE GUANGMANG
——新时代大学生读马列经典感悟集

# 诗二首 姚志刚*

## 爱　恋

莱茵河终日奔腾着
喘着粗气
过滤掉时间里的砂砾
清澈见底的

那日我在河畔梦见贵族的姑娘
英俊的少年啊
你莫非要从河水中挣脱
做那勇敢的骑士

昨天是苦难的,今天是否还是
终将先为了爱情
同旧势力无情地反抗
然后,将燕妮和马克思
——两个印着阳光的名字
用生命联系起来

河水中的生灵都在欢呼
那湍急的,轻缓的,奔腾的,停不下的

---

\* 姚志刚,经济管理学院市场营销17级1班,1710380114。

是歌声

上帝在昨天微笑着

在今天也是

**【感悟】**什么是伟大？什么又是平凡？鞠躬尽瘁，为理想、为人类的伟大抱负而奉献，是伟大。爱恨情仇，为爱人、为小家是平凡。或者，根本就没有伟大和平凡之分。但我还是想说马克思他是伟大的。为了爱情，敢于追求；为了信仰，敢于挑战。一个人做好了自己该做的就是伟大。一个人做了别人不能做的更是伟大。他也是一个性情中人，他不仅有《宣言》那样的著作，他也有爱情的琐琐碎碎。他是真正的、大写的人。

## 生命的巨匠

1818 年，哭声透过窗户

在德国响起

1883 年，哭声透过灵魂

在全世界响起

莱茵河畔的爱情

多瑙河畔的毕业论文

是颠沛流离的逃难者

又或者，是满腔热血的革命者

活着，并不苟且

苟且，只为活着

诗和远方

他还有共产主义和人类的明天

战火，硝烟

马蹄踩躏人的白骨

苦难，呻吟

从地球的版块中响起

不只有贫穷和痛苦

活着，不只是为了活着

是为了更远的明天

努力地活着

是把昨天献给《宣言》

把生命献给共产主义

全世界的劳动人民联合起来

他平凡，为了活着而呼吸

他神圣，不只是贪婪生命

轻轻地来

却带走世界人民的泪水

他，没有武器

却用整个生命战斗

在岁月中，雕刻马克思的痕迹

深刻而庄严

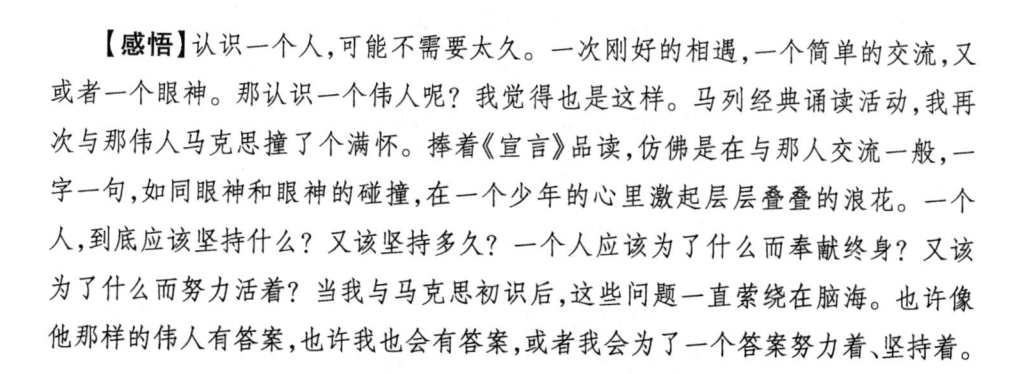

**【感悟】**认识一个人，可能不需要太久。一次刚好的相遇，一个简单的交流，又或者一个眼神。那认识一个伟人呢？我觉得也是这样。马列经典诵读活动，我再次与那伟人马克思撞了个满怀。捧着《宣言》品读，仿佛是在与那人交流一般，一字一句，如同眼神和眼神的碰撞，在一个少年的心里激起层层叠叠的浪花。一个人，到底应该坚持什么？又该坚持多久？一个人应该为了什么而奉献终身？又该为了什么而努力活着？当我与马克思初识后，这些问题一直萦绕在脑海。也许像他那样的伟人有答案，也许我也会有答案，或者我会为了一个答案努力着、坚持着。

（指导教师：刘海霞）

# 表白马克思 田春艳[*]

你是年轻有为的少年
曾执笔写诗
为你心爱的姑娘
也为你思想的渴望
现在我要替你
替你心中牵挂着的万千人民
轻声吟诵
大放光芒的你的著作

《青年在选择职业时的考虑》是你为有志青年代言
表达了崇高的价值信仰
《宣言》的诞生是应于时代的呐喊
使社会主义理论从空想变成了科学
《资本论》揭示了资本主义社会的发展规律
展示的是对真善美的坚定信念
……
我饥渴地攀缘在你的书行里
一字一句读着
我在一字一句里
窥见了
你与日俱深的眸光里
对人类美好未来的希望的曙光

---

[*] 田春艳,经济管理学院工商管理 17 级 1 班,1710350137。

你本是一个少年

一个正值青春的少年

却跨着千山

蹚着万水

尝着酸甜苦辣

承受着孤独、悲伤与苦难

只是为了劳动人民的幸福

愿借我无尽的力量与勇气

穿过这21世纪

去问候你

马克思,你是人类伟大的思想家

你创立的科学理论是我们一生的信仰

你带给我们精神的指引和生命的力量

永远在那里

光芒万丈


你最关注的问题

是劳动人民的权利和尊严

你最想解决的课题

是无产阶级的解放和人类的解放

你最想实现的社会目标

是自由联合体的形成

是人的自由和全面发展

你有限的生命

无私、彻底地奉献给了人类的幸福


当你躺在安乐椅上不再言语时

瞬间就觉得不安

可我明白这就是生命

生来不带任何东西

死后也无须太多言语

唯有留下来的这些精神

让你永远地活在了广大人民的心里

你是我眼中的海洋

是我心中的阳光

更是我脚下的力量

我想来一次郑重的告白

可惜我对这书香墨语不痴狂

不然写他个三千情书

诉个衷情敬仰又何妨？

【感悟】伟人和常人最大的区别就在于他们带着主角光环，比如说马克思，从小就把给人民幸福如此之"重担"当作是自己一生的使命，最至高无上的事业。通过"读马列经典，求时代真理"活动，让我更加沉醉于马克思的人格魅力之中。马克思是我们心中的英雄，当肉体和灵魂遇上"不适区"，他忍受着饥饿和黑暗势力对肉体和灵魂的折磨，用有限的生命为人民的幸福无私奉献着。作为新一代的我们，可能会觉得让自己幸福已是很大的成功，可是这还远远不够，我们当以马克思为榜样，有一种精神，有一种情怀，有一种境界，以此为基础，养成自己的人格魅力，这才是理想的人生。

（指导教师：王海霞）

# 暗夜行者
## ——卡尔·马克思 杨佳乐[*]

历史，
细水东流般，
往之不复。
时间，
白驹过隙般，
转瞬即逝。
19世纪，
这腐朽的苍穹，
终将破碎。

莱茵河的怒涛，
汹涌澎湃，
她厌恨，
那朦胧氤氲下的，
压迫与剥削，
她誓要为天下而争先。

卡尔·马克思，
她颖悟绝伦的儿子，
英姿勃发，

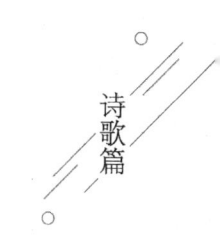

---

[*] 杨佳乐，石油化工学院过程装备与控制工程17级1班，170257011。

携挟正义而求真理，

木人石心，

无私无畏，

何其伟大！

却俯察人民之疾苦。

他通览古今，

终凝聚马学之精粹。

他用一支鹅毛笔，

谱写出他那不朽的思想，

如匕首般，

插进黑暗者的心脏。

卡尔·马克思，

一位卓越的学者，

一位全能的天才，

一位真正的猛士。

如同暗夜中，

孤独的行者，

横戈跃马，

劈开人类黑暗的枷锁！

华灯初上，

月明星稀，

让我再一次把你缅怀……

【感悟】我们说人类在不断进化中与其自身的外貌形态和生活环境相比，最为宝贵和重要的是人类的思想，可以证实的是同时代者的主流思想也一直引导着人类的发展。从孔夫子到柏拉图，从黑格尔到弗洛伊德，他们都有着其独特而又深远的思想,但要问谁的影响最为长远?毫无疑问是集其大成者马克思,他不仅对前人的思想进行了合理有效地吸收,而且通过自己对人类社会的经历、观察、分析和总结,从而撰写出《资本论》等伟大著作,震惊了整个世界!

  生在红旗下,我们无形中都有一种与马克思密不可分的联系,因而热爱马克思主义我们义不容辞!马克思之所以伟大在于他对整个人类和世界所做的贡献。联系到他的平生遭遇,我们不仅感叹马克思绝对担当得起千百年来最伟大的人,让我们向他致敬!而且马克思主义不仅改变了中国也改变了世界,这也证明马克思主义的科学性,所以我们应该毫不动摇地拥护和发展它。正值青春年华,我们更应该不断拓展自己的知识,学好马克思主义,创造出自己的人生价值,实现自己的人生目标!

(指导教师:朱长兵)

# 破寒之春 陈玉奇*

寒风搀扶着雪花,
洋洋洒洒,从空中飘落,
零零落落,掩盖了污秽与不洁,
白色占据了一切,
白色的山,白色的水,
白色的村庄,白色的小路,
圣洁而又壮美。

雪在不停歇地飘着,
村庄在薄暮中苍茫起来,
屋顶也无比朴实,
时间仿佛被冻结,
久久定格在这一帧画面,
寂静,除了白色的事物,
一切都不复存在,
让人迷茫,让人寂寞。

终于,有什么耐不住寂寞了,
她融化了冰雪,回暖了人间,
她苏醒了流水,带来了生机,
让大地恢复了该有的颜色,
似乎觉得还是单调,

---

* 陈玉奇,能源与动力工程学院新能源科学与工程17级1班,1704480103。

她又降下了神水，
人间多了一抹暖人的绿，
大地绿了,树林绿了，
天空飞起了许多鸟儿，
它们欢快地唱着：
春天来了……

春天打破了严寒，
散去了迷茫，
亦如您的著作，
打破青年的迷茫，
指引了我们前进的方向，
我们感谢您，
我们赞美您，
伟大的马克思！

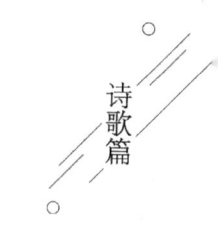

**【感悟】**马克思在他青年时期写下这篇毕业论文,这位伟大的思想家虽然已经逝世,但他的思想却依然留存,我们从中也受益匪浅。细读这篇文章后,见识到他当时就具有的极高觉悟,震撼不已。而且,想马克思所述青年在选择职业后应该有对这一目标的持久追求、不灭的热情。我想求学之路亦是如此,也需要我们有坚持下去的毅力,绝不能因为一点困难就放弃对知识的追求。读了《青年在选择职业时的考虑》以后,我更加清楚地知道我该正确认识自己的优缺点,应该尽早地找出自己的兴趣,不盲目跟风,不仅仅做好小我,也应该为我们的社会,为我们的国家贡献自己的一分力量。我们的幸福将属于千百万人,我们的事业将默默地、但是永恒发挥作用地存在下去。

（指导教师：马松红）

# 从今天起学习马克思 刘 杰[*]

从今天起学习马克思
读书,写字,读《共产党宣言》
在书本的海洋里与马克思畅谈
那思想的风暴告诉我的
我将告诉每一个人
告诉他们我在你的大地上行走的步履
告诉他们我在你的河流中游动的记忆
马克思,我爱你
每一天睁开眼全是你的面庞
每一刻用心听全是你的声音
你是朋友,包容我的错误
你是老师,传授给我知识
你让我意识到
拥抱你
我便拥有了整个世界
从今天起学习马克思

【感悟】马克思遗留下来的财富不仅仅是《共产党宣言》《资本论》等著作,马克思本身便是一种宝贵的精神财富,那种坚持真理、不怕困难的精神不会随着时间的流逝而褪色,只会越发地璀璨夺目,他是全人类的宝藏,也是我精神上的良师益友。仅以此篇诗歌,表达我对马克思的憧憬和仰望。

(指导教师:刘海霞)

---

[*] 刘 杰,计算机与通信学院计算机科学与技术17级3班,1716240338。

# 寒风沉吟 王文举[*]

蛆虫在啃食,恶灵在咆哮

阴暗的天地间忽地出现了一缕光芒

耀眼,却又神秘

像个幽灵

徘徊在欧洲大陆的幽灵

如光,似箭

撕破了资本主义的天幕

给苦难中的人们

求得自身解放的勇气和希望

用《共产党宣言》向无产阶级吹响了斗争的号角

脚下踩着的

是四季更迭时洒下的荒凉

身旁瑷瑅的

是时间长河里唯物主义的信念

秋日走得匆忙

余下这一地黄色的外衣

和雪糅合成冬天的凄景

可正如雪莱所说

既然冬天已经到了

---

[*] 王文举,机电工程学院机械设计制造及其自动化17级4班,1702010437。

那么春天还会远吗

攀附在人民身上的贵族吸着血

道貌岸然

你为处在黑暗中的无产阶级寻着路

横眉冷对

无比坚定的信念是你锋利的武器

解放人类的理想是你前进的动力

于贫苦,你眼中是悲悯

于强权,你心中是斗志

于人民,你胸中是大爱

于真理,你身上是超越自我的献身精神和坚定信仰

恩格斯说你有很多敌人

却未必有一个私敌

是的,那是为劳动人民斗争才有的敌人啊

可你却将这些污蔑如蛛丝般抹去

这是何等的胸襟

哦,对了

你从不在乎这些

你心中有的,就只有全世界劳苦大众的幸福

我敬爱的马克思啊

你的光辉,将照耀世间

【感悟】周总理曾写过一句情话:"我这一生都是坚定不移的唯物主义者,唯有你,我希望有来生",我想把它借用在我对于马克思的缅怀上。通过参加这次的"读马列经典,求时代真理"活动,我深深地感受到了那个年代马克思

在黑暗中踽踽独行、摸索前路的艰辛。在那个前路一片黑暗的时代，马克思的理论探索给处在黑暗中的人们带来了希望，指引了方向，他的思想光辉直到现在仍然照耀着人类追求文明进步的道路。作为新时代的青年，学习伟人的智慧和精神，丰富自己的精神家园，形成自己正确的世界观、人生观、价值观，培养自己理想的人格，面对复杂的世界，有理性的判断和正确的选择，才能持续健康地成长。

（指导教师：王海霞）

诗歌篇

# 不忘 颉海娟*

您为南湖带去一盏烛灯
烧起中国工农革命的熊熊燃烧火焰
从五四运动的传入
到百年后的繁荣大国
从天安门城楼的宣告
到实现中国梦的灿烂
您启迪我们走一条正确的道路
您的智慧从十一届三中全会到十八届三中全会
从一个改革到另一个改革
从过去到现在
从现在到未来

这泱泱大国的崛起
如同一棵参天巨树的成长
只要有合适的土壤
就能成长为那片实事求是的蔚蓝
而不是左的或右的错误在现实中成为翻版
您为世界的前途提供导航
《共产党宣言》叩出人类社会前进的焦点
那是巴黎公社革命的一声号角
从此社会主义影响世界的格局
是乘风破浪的一张风帆

---

* 颉海娟,机电工程学院编织工程17级1班,1702570158。

您的思想坚强而自信

进步而前卫

社会主义的宏伟蓝图活跃着您的智慧

世界东方蒸腾的旭日喷薄着您的自信

您是世界多极化的奠基人

您在柏林大学书斋遍品书香

自学多门外语如饥似渴

您是社会主义事业的创作者

从特里尔城诞生到惊艳莱茵河畔

您洞察社会留下更多时间和思想给人类

而不是让爱情成为羁绊

您将《乌托邦》的幻想拓展到社会主义

炮火再也阻挡不住人类的解放和世界的发展

这思想的影响,不过就是进步和再无隔阂

就只是白求恩放弃优越的生活献身共产主义事业

在自己生命垂危时仍大喊:

"将头胸严重受伤的病患必须送给我"

就如今天的和平年代

如今天的国际风云变幻

每一段故事都该被历史深刻地铭记

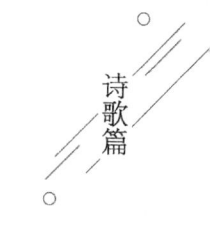

**【感悟】** 从马克思主义传入中国开始,它带领中国一路走来,经历了一次又一次改革,毋庸置疑,它带给中国的影响巨大。穷尽毕生精力创造理论成就,抛洒满腔热情投身革命实践,我觉得就是马克思的一生了吧。通过这次"读马列经典,求时代真理"活动,我知道了马克思不只有单调的冰冷的逻辑,他是多姿的,他是彩色的。歌颂英雄,学习伟人,传承伟人精神,用知识武装自己,是我们当代大学生不可推辞的义务与责任。我们也坚信中华民族将会拥有更好的未来!

(指导教师:朱长兵)

# 信仰·温度·力量

王 琳[*]

阳光下徘徊的幽灵
耀眼夺目
灼热的温度
抨击着暗夜中低语的资本巨鳄
厚重的阴霾下
一支笔杆坚定指向曙光的方向
引领向阳向暖的前行

从无到有
迫使贪婪之人心生惧恐
字字珠玑
凝为无产阶级斗争利器
涅槃于时代更迭夹缝中的你
裹挟着震慑人心的力量
不朽于世

一笔一画
鼓舞无产阶级士气高涨
一言一句
击溃黑暗中垂涎的贪婪
喷薄的血脉中
流淌着共产主义的信仰

---

[*] 王 琳,能源与动力工程学院机械电子工程17级1班,1704490150。

## 无上荣光

胜利的号角在莫斯科激昂
光芒泽披中
唤醒东方沉睡的雄狮
召唤盘踞中原的卧龙
掩于层层黑暗幕布后
是万众期待中
炎黄子孙的大同

马克思主义的温度
共产主义的信仰
弥漫扩散
镌刻于心
然后永恒

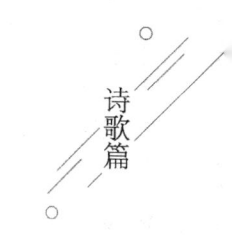

**【感悟】** 最初对《共产主义宣言》的认识,仅仅是初中历史书上所说,"标志着共产主义的诞生"。随着知识的积累,却发现在一百年后的今天《共产党宣言》仍然闪耀着不朽的光辉。马克思主义所包含的理论也并不都是晦涩难懂,很多甚至是生活中司空见惯的。正是因为有共产主义崇高信仰的第一批人,才挽救了祖国民族,才会有不断进取、日益强盛的祖国的今天。"不忘初心,牢记使命",中华民族伟大复兴中国梦的实现,更需要坚定共产主义的信仰,坚信信仰的力量。

(指导教师:马松红)

# 火散星辰 孔繁粹*

哪个理念可如有生命
纵使世纪变幻也时时更新成长
亘变的事理
它有成长的血肉
若您的思想永存
又怎么会是逝去
肉体被反对者诅咒,思想散为星火

是种子啊
是启明星啊
是迎风旗帜啊

在一代代的青年中
您的话语
您的著作
您的思想
无一不让我们孜孜追寻
看得见,广阔历史因它波涛起伏
触得到,革命火种因它炽热生光
听得到,青年热血因它激流发烫

---

\* 孔繁粹,计算机与通信学院计算机科学与技术17级3班,1716240358。

在思想缔造的国度中

您是我们的益友

您是青年的导师

您是仰之弥高

人们这样赞颂:千年第一思想家

大胡子卡尔必笑着说——

解放头脑

解放思想

**【感悟】**"读马列经典,求时代真理。"从前只知道他是一位有渊博学识,有等身著作的伟人,是全世界无产阶级的伟大导师、科学社会主义的奠基人。通过诵读活动,我渐渐明白这些评价之下是大师波澜壮阔、极具才华与创造力的传奇魅力。他拥有创造伟大的能力,也有丰富的文化底蕴。并且他以自身经历做基础,对人类跨越阶层的观察、感受和思考的发展做出了贡献。同时,他在困境中的坚韧、磨难中的毅力,还有他对朋友、爱人、伙伴的关心爱护,都促使他去思考、去创造,为了全人类的幸福而奋斗。他的品德与精神是值得我们青年去学习的,我们应该不忘初心,牢记使命,砥砺前行,利用宝贵时间学习科学文化知识,把握实践机会,领悟党的政策方针和理论,从实践中反思,反思里进步。如此方能使我们思想上健全,成为合格的社会主义接班人。

(指导教师:刘海霞)

# 马克思赞歌 刘赟艳*

两百年前的一天,
德国的特里尔市。
卡尔·马克思,
诞生了。
他曾经是平凡的人,
但却做了人类历史上最不平凡的事,
他是第一国际的创立者和领导者,
是共产主义运动的先驱,
是全世界无产者的伟大导师。

不忍底层的劳动人民被欺凌,
不忍无产阶级被剥削,
他决心要创造一个新的世界。
为了寻求真理,
为了无产阶级的解放,
为了人类的幸福,
他一生都在探索,
都在斗争。
政府的驱逐,别人的诽谤,
没有动摇过他的信仰。

面对不平等、不公平的社会制度,

---

\* 刘赟艳,经济管理学院财务管理17级1班,1710630117。

他为无产阶级找到了求得自身解放的道路,
提出了具有革命意义的理论。
作为一个革命家向世界发出了呐喊:
全世界无产者,联合起来!
铿锵有力,给予劳动人民推翻旧世界的力量。

可是,1883年平静的一天
伟大的思想家——马克思永远地睡着了。
思考曾是您最大的乐趣,
但现在您却要停止思考了。
他的逝世带给整个世界的无产阶级,
带给千百万的战友无尽的悲痛,
带给整个世界不可估量的损失。
面对他理论的魅力,人格的魅力,
世人无不表示尊敬、爱戴。
伟大的马克思,您的英名和事业将永垂不朽,
您崇高的精神将感染一代又一代热血青年。

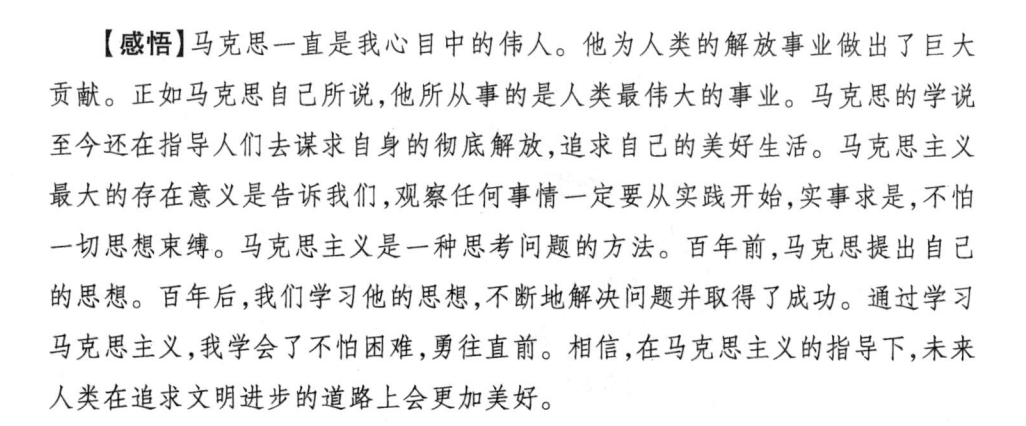

**【感悟】**马克思一直是我心目中的伟人。他为人类的解放事业做出了巨大贡献。正如马克思自己所说,他所从事的是人类最伟大的事业。马克思的学说至今还在指导人们去谋求自身的彻底解放,追求自己的美好生活。马克思主义最大的存在意义是告诉我们,观察任何事情一定要从实践开始,实事求是,不怕一切思想束缚。马克思主义是一种思考问题的方法。百年前,马克思提出自己的思想。百年后,我们学习他的思想,不断地解决问题并取得了成功。通过学习马克思主义,我学会了不怕困难,勇往直前。相信,在马克思主义的指导下,未来人类在追求文明进步的道路上会更加美好。

(指导教师:王海霞)

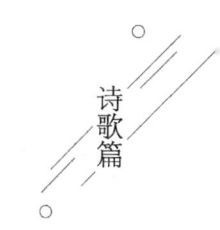

# 一首写给你的赞美诗　吴　娜[*]

执笔流年

你用信念诠释了人生的意义

笔摹年华

你用执着抒写了生命的壮美

红尘繁华

你用真理谱写了黎明的到来

不负岁月

《宣言》,是你打破黑夜寂静的开端

实践,是你为人类追求幸福的论证

革命,是你与旧世界抗衡的武器

自由与平等是你一生努力靠近的光芒

你带领人们冲破思想的牢笼

挣脱命运的束缚

你为新世界的奠基带来了希望

你让世界和平的愿望成为可能

你为共产主义的实现呕心沥血

青春年少的我们

向你致敬

光辉的思想

伴随我们找到远行的意义

探求的真理

伴随我们走过惊涛骇浪

---

[*] 吴　娜,经济管理学院会计学 17 级 2 班,1710370226。

而你驻足的地方
是我们一生的渴望渴求
一代伟人
我们向你致敬

**【感悟】**时势造英雄,英雄亦适时。纵观历史,横看世界,每一位英雄的诞生都会给这个世界带来意想不到的惊喜。哲学巨匠马克思亦是如此。通过"读马列经典,求时代真理"活动,让我更加深刻地了解到伟人追求真理的决心,也更加懂得意志坚强,信念对于我们而言意味着什么。一部《共产党宣言》写出了他对旧世界的抗争,对新世界的向往。而今天的我们,不忘初心,继续着真理的追求。我们相信,我们的国家会更加繁荣昌盛,我们的世界会更加美好,和平不再是梦想!

(指导教师:马松红)

# 时空对话

## ——致世界的公民马克思 李艳霞[*]

当璀璨的红日依旧升起时
当蒙眬的睡眼见证光明时
当一个个自由的身躯任灵魂摆布时
当黄发垂髫怡然自乐成为一种景象时
斯人已逝,只留下风景这边独好
他,百毒不侵,只为黑暗永不复
他,赌注一生,只为追求梦可依
他,颠沛流离,只为前方家国安
他,一生奋斗,只为幸福千万人

库泽尔河流淌的思想
特里尔市跳动的气息
越过莱茵河
越过阿尔卑斯山脉
生命不息,战斗不止

英国拥有海洋
法国拥有陆地
德国拥有思想的天空
而我们拥有

---

[*] 李艳霞,经济管理学院市场营销17级1班,1710380148。

卡尔·马克思

无国籍者,却拥有整个世界

头脑停止,但思想始终传承

《共产主义宣言》的咆哮

《资本论》无情地批判

一代伟人

只为人类而工作

**【感悟】**一代伟人一片天。辉煌的历史总要有人扛得过艰难与困苦。即天将降大任于斯人也,马克思一生经历颠沛流离,多年穷困交加,数次经历丧子之痛,但他依然在前行的道路上壮志不减,在痛定思痛中砥砺前行,只因他心中装着全世界无产者。通过"读马列经典,求时代真理"活动,让我更加深刻地了解了马克思及马克思主义思想,尤其是马克思主义思想对中国经济社会发展的引领和指导。

(指导教师:刘海霞)

# 致敬马克思 孙 宏[*]

他是捍卫正义的勇士
给予社会底层的人们追求公正社会制度的希望
他是不可阻挡的飓风
给予劳动人民改变世界的力量
他睿智的灵魂
引领世人开拓追求幸福的道路
他不屈的性格
展现了其思想锐气和精神锋芒
他是冲破阴霾的破晓之箭
他是平复巨浪的遮天巨手
为世界带来了新的文明和希望

远离故土,漂泊在外
为人类解放而奋斗
是他的人生选择
饥寒交迫,承受苦难
是他常态的生活
但是
经济的压力并没有使他放弃信仰
悲惨的生活没有让他向敌人低头
他像一辆奔驰的战车
碾碎了黑暗

---

[*] 孙 宏,机电工程学院机械设计制造及其自动化 17 级 3 班,1702010372。

迎来了世纪的曙光

激起了人民燃烧的信念

他用自己瘦弱的身体承担起了指导人类解放的重任

致敬,马克思

你的光芒照亮了人类前行的方向

世界的辉煌之日正向我们缓缓走来

人类公平正义的太阳已经升起

人类文明幸福的前景充满了阳光

通往胜利的航道已经打通

巨轮终将到达彼岸!

正如马克思自己所说:"我是世界公民"

而我们要说:您永远是世界英雄!

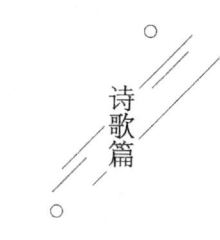

**【感悟】** 马克思是伟大的思想家,是无产阶级革命导师,马克思主义的创始人。马克思在生活上的窘迫源于他对不平等社会制度的批判和他的人民立场。面对反动统治阶级的打压,并未使他在工作上有任何的退缩,反而是迎头而上,研究探讨实现无产阶级解放和人类解放的规律与路径,指导无产阶级解放事业。通过《马克思基本原理概论》的学习和参加经典诵读活动,不仅让我全面了解了马克思的生平,更让我对其思想有了与以往不同的感悟。马克思对追求真理和理想的坚持不懈、对学术研究的严谨执着、对劳动人民的大爱情怀……无不展现一代伟人高尚的人格魅力,所有这些美好的品质都值得我们学习。

(指导教师:王海霞)

# 致卡尔·马克思 张田丽[*]

我倾心于那个有你的 19 世纪
一个人便撼动了千百万人
我更为后来的时代庆幸
始终庇护于你的思想之下
我讶异你的选择
我亦崇拜你的践行
《资本论》是你赔尽全部的执着
《共产党宣言》是你托付一生的信仰

你原本可以选择安逸
奔波却是你从始至终的注脚
你原本可以选择享受
奋斗却是你终其一生的写照
你原本可以选择做一个贵族
战士却成为你最为真实的身份

一百年前的你——执无畏的笔
讨伐资产阶级的罪恶
述写共产主义的理想
一百年后的我——执信仰的笔
感恩您之于这个伟大时代的探索
继续坚定地描摹共产主义的蓝图

---

[*] 张田丽,经济管理学院信息管理与信息系统 17 级 1 班,1710360142。

卡尔·马克思，我们和你一样坚信
植根于昨天的信仰
会扎根于明天
明天会更好
信仰的力量

**【感悟】**伟大事业彰显伟大魅力，伟大人格成就伟大事业。"读马列经典，求时代真理"，在铿锵的字句中感受到了信仰的力量。马克思在中学毕业论文《青年在选择职业时的考虑》中写道，"人只有为同代人的完美，为他们的幸福而工作，自己才能达到完美"。正是这样伟大的信念，改变了这个"非无产者"青年的一生。信仰是人生征程的火炬、明灯，只有当人生有了正确的价值观和坚定的信仰时，才不会迷失方向，才能在物质诱惑面前做出清醒的判断。以此次活动为契机，我们将坚持不懈地用马克思主义武装自己，使我们成为中国特色社会主义事业的合格建设者和可靠接班人。希望我们广大青年不仅要勤于学习，更要做马克思主义的最忠实的传播者，让"理想之光不灭，信念之火永存"。

（指导教师：刘海霞）

# 致马克思 杜美洁[*]

不能去你的墓地上献一束花
却注定要倾注一生,学习你的思想
穿越百年的风风雨雨
一个思想的诞生,和我心灵的触动

面对整个奸诈的世界
你毫不留情地挑战
即使有过彷徨和迷茫
你仍坚信正义终会胜利

面对资产阶级的剥削
你奋起反抗
即使遭到残酷镇压
你仍燃烧着烈焰般的激情

你的一生就是一曲激昂的旋律
一切黑暗势力感到惶恐畏惧
碰上你的信心与热情
罪恶都要哀求你的宽恕

为了摧毁敌人的阴谋
你义正词严地驳斥巴枯宁分子

---

[*] 杜美洁,计算机与通信学院计算机科学与技术17级3班,1716240360。

为了造福全世界人类

你喊出那响彻云霄的口号——

"全世界无产者,联合起来!"

这就是你

要打破所有的锁链

要向万里长空飞翔

要把整个世界紧紧拥抱

**【感悟】** 纵观历史,横看世界,马克思主义理论体系是最科学最完善最具有生命力的理论体系。通过"读马列经典,求时代真理"活动,我对马克思主义有了更深层次的理解与体会,这不仅是思想的升华,更是精神的享受。"一个幽灵,共产主义的幽灵,在欧洲游荡。"就是这个幽灵,引导人们反对压迫,指引着时代的进步;而它也是马克思心中的探寻,钟声一样,冲击着我的灵魂,这是痛苦,更是幸福,我要用这个幽灵充满我的一生!

(指导教师:刘海霞)

# 致一个幽灵 黄 钰*

不知何时
欧陆上空笼罩着一个红色的幽灵
不知何时
幽灵凝视着地上的一切
看地上天国化作泡影
望君士坦丁毁于一旦
人们不禁沉思
天主是否存在
王权是否合法
于是,一个胖子攫取了世俗的权利
枭首国王
流放皇帝
他的权势在世俗世界达到顶峰
如同王权一样
他也渴望将触手伸进精神世界
如同阿维尼翁
他将旧的信仰困在一座城堡里
如同成吉思汗
他想要将世界征服在自己脚下
科学上的枷锁被打碎
思想上的禁锢被解开
这是一个充满智慧的时代

---

\* 黄 钰,经济管理学院市场营销 17 级 1 班,1710380104。

而时代建立在两个人的痛苦之上

不,是一个腐朽的人和一个可怖的幽灵

终于,幽灵发出了怒吼

这声音震动了世界

从梵蒂冈到君士坦丁

从布列塔尼到哥本哈根

从紫禁城到彼岸的圣弗朗西斯科

全世界啊

我向你们通知

无产者的时代

**【感悟】**当马克思、恩格斯发表《共产党宣言》,以无比巨大的理论威力、思想锋芒和战斗精神令西方统治阶级发抖时,这部有着深刻历史意义的宣言,不仅对当时资本主义社会中的阶级对立和斗争进行了深刻的分析,而且为无产阶级的斗争指明了方向。在书中,句句发人深省且深入问题重点。

(指导教师:刘海霞)

思想的光芒
SIXIANG DE GUANGMANG
——新时代大学生读马列经典感悟集

# 心得篇

# 嘿，马克思先生 汪爱珍[*]

你终于，像破土的种子，在我心里扎了根，做出一直要生长的样子；你终于，如期而至，在人类呼唤你的时候，留下至高无上的灵魂，度化众生；你终于还是没能注意到我，就远远地离开了，嘿，马克思先生。我知道你忙碌，知道你奉献了毕生，所以，让我想起你，尽管你不知道。

那年，初夏正好，生机盎然的城市又多了生命，雀跃的、欢脱的夏的声音夹杂着孩啼，告诉世界你来报到了。嘿，马克思先生，他们怎么知道你生来就不凡，一开始就为你欢呼呢？年少之时的你，便已知晓立志为人类劳动，将个人幸福与人类幸福统一起来作为自己的职业选择，理想的崇高性让人叹服。那样子的你，有着少年人缺乏的远见和成熟，我们为之感动，但却不是你一样的人……大学，现在的我同样是这个阶段，而你却曾深入法学，研究历史、哲学和艺术理论，你让和你一样的少年望尘莫及。我自知，没有如你一般发着光的头脑和思想，只是我愿倾听你的故事。

嘿，马克思先生，如果注定所遇皆是让你毅然前进的动力，那么我祈求你能和你的动力一直热血地存在着。

那时，《莱茵报》的一些正义的声音被扼杀了，幸好，你娶了新娘燕妮·冯·威斯特华伦，这让你倍感安慰。她是一个愿意与你共度余生的女子，我且知，你感谢她与你的志同道合。后来你与巴黎结缘，向科学共产主义转变。嘿，马克思先生，各种经历让你成为把命运握在手里的人，所以恩格斯才会选择与你相见，一场前无古人的伟大合作就此开始。法国，法国还是抛弃了你，而你从不孤单，思想的潮流和恩格斯一直伴你左右。

几时秋冬过，几时再轮回，即便这样，也再难遇见你。

在你们不断地思考和探索中，唯物史观在人类历史上诞生了；在日夜交替、年年相似的煎熬中，《共产党宣言》发表了。嘿，马克思先生，我又知，那个时代的人们缺乏喜欢你的勇气，只是你仍旧勇敢得让人心动。资产阶级革命风暴席

---

[*] 汪爱珍，经济管理学院财务管理17级1班，1710630135。

卷欧洲大陆,你又被比利时当局驱逐出境,声援各国人民的革命斗争还是失败了。不,你不甘心,尽管流亡使你沧桑、时间让你负伤,形形色色的敌人、大大小小的困难,都在伦敦等你。你还是经年累月地坚持,这让你变得像勇士,一个真正为人类幸福奋斗的勇士。

嘿,马克思先生,活着就能精彩、就是温暖。你是枝头间射下来的阳光,是忽然响起的一支旋律,打破清晨、吵醒夜晚,而我愿意观赏你的优秀和表演。

伦敦街头走了三十四年,他乡流亡的日子特别痛,幸好你拥有思想的同时还拥有阳光,自愈伤口,看清了未来的方向,终于伦敦不得不成为你的第二故乡。嘿,先生,你说有什么是过不去的呢?

迪恩街28号的小楼房,听说还保持旧时的模样,门楣上刻着你的名字"马克思",人们保留着对当年在这里留居的伟人的一份敬意。我想象着,你是如何在那间屋子里创作的,想象你的背影如何阻挡风雨,想象有一股莫名的力量推你继续前进……怎能不知那年恩格斯重返商业,为你们共同的目标提供经济基础,你们终于登上了历史的舞台,开始有关魅力的诉说。在迪恩街谈笑风生的路人啊,还记得这里发生的故事吗?

嘿,马克思先生,你把苦难的日子都承受了,仍留着对人类的博爱和看清事物的坦然。至今有些梦消失了,有些梦还留着,你还有多少的梦呢,矗立在我够不到的高度?

在孤立、隔绝的暮色中,你仍在撰写吗?这是多少年后思想涌动的这一时刻,才让我遇见你的著作。

**【感悟】**我千里迢迢,风尘仆仆,行走在人世间,得知再难遇见你一般的人。你仆仆风尘,迢迢千里,赶赴每一场灵魂的盛宴。我们没有初见、没有偶遇、没有交集;你留下震撼、备下经典,这些有关你的过往都夹杂隐隐的辛酸。通过这次"读马列经典,求时代真理"活动,我真正地了解了这位伟人。他的人生态度、大爱精神、经典著作,都是留给人类的宝贵财富,在世界的发展潮流中将永恒存在。我们深知他是优秀的榜样,是世人眼中亘古不变的星辰大海,一分坚持,二分苦难,三分坦然,却是喜欢,也是欢喜,便再也找不出什么理由。

(指导教师:王海霞)

# 品味人生 李文娇*

偌大世界，事物各异。每个人都有自己的人生，并在其中饰演主角。在这期间，没有替身，没有导演，更没有彩排。完全是自导自演，自己把握人生的方向。纵观人的一生，瞬逝的时间经不起我们浪费，所以我们要做真正的自己，相信自己的判断，不要害怕被孤立，也不要害怕被指责，勇敢而真诚地把自己的想法表达出来。每个人都应该思考一下自己人生的意义何在。

在历史的长河中有那么一位伟人，他不畏艰险，勇于挑战，坚持原则为自己的事业奉献终身。他的事业让当时绝大多数人民群众感到欣慰，但却遭到了当时政府的打压。他的一生磨难与坎坷并存，被多个国家的当政者驱逐出境，可是他却能乐观对待，忍受苦难，继续进行自己的伟大事业。这一事业就是努力实现人民群众的自由和全面发展，即最能为人类福利而劳动的事业。这位伟人便是人尽皆知的伟大思想家——马克思。

马克思的童年是无忧无虑的，他天真活泼的性格使他的童年充满笑声。他善于独立思考、善于观察，再加上他天资聪明，使他很受大家喜欢。

在马克思12岁的时候，他进入中学学习。他勤奋好学，在他即将中学毕业时，他的毕业论文《青年在选择职业时的考虑》引起了老师的注意。文章中深刻的思想内容为老师们所惊叹，给老师留下了深刻的印象。这篇论文一直流传至今，为很多在迷茫中的青年指明了方向。在不久的将来，我也会面临选择职业方面的一些问题。《青年在选择职业时的考虑》能给我很大的帮助。在选择职业时，自我尊严，自己的能力，生活和工作目标，以及正确的思想等都是我要考虑的因素，而不能被一时的兴趣，激情，虚荣心所左右。职业是关系到个人生活目的和生活道路问题的，必须严肃对待。马克思通过这篇论文表达了为人类服务的崇高理想。凡事以人民群众为起点思考问题，这也就决定了他为他的职业而奋

---

* 李文娇，生命科学与工程学院制药工程17级1班，1707580122。

斗终生。

中学毕业以后，马克思的父亲希望马克思能和自己一样成为一名律师，便把他送到波恩大学读书。但在这所大学中，马克思生活惬意，超额花费，太过放飞自我。但由于他善于思考，勤奋，天资聪慧，教授们对马克思的评价还是很高的。马克思的父亲对马克思这种生活方式很不满，并将其转学至柏林大学。柏林大学虽然没有波恩大学那么奢华，但学习氛围浓厚，使马克思在这期间认真研读各种书籍，努力学习各种理论并且加入了"青年黑格尔派"，学习黑格尔的思想。在这样的氛围中，马克思不仅学习的积极性提高了，而且还努力学习各科知识，尤其是在哲学方面更加痴迷。通过这几年时间的学习，马克思开阔了眼界，增长了见识，丰富了思想，也为他以后的创作奠定了基础。在他毕业之际，他便运用哲学知识完成了他的毕业论文，这篇论文使他没有参加答辩就直接获得了耶拿大学哲学博士学位。

毕业之后，他为《莱茵报》撰稿，随后成为《莱茵报》的编辑，不过最后由于思想不同他便退出了《莱茵报》。马克思是思想上的巨人，但是这也需要一定的经济基础，才能将自己的思想传播出去。在当时的社会中资本家为了稳固自己的社会地位，就不断地给马克思施压，他的生活几乎全靠自己的朋友——恩格斯来接济。即使是这样，他还是不忘自己的目标，坚持自己的使命。恩格斯为了解决马克思的温饱问题和创作费用，他便义无反顾地从事自己不感兴趣的商业。马克思与恩格斯这两位历史的巨人之间的友谊是令人为之感叹的，也是值得我们学习的。

在经历了很多坎坷之后，一部经典著作问世了，这就是由马克思和恩格斯为共产主义同盟起草的纲领——《共产党宣言》。这本书的问世标志着马克思主义的诞生，第一次全面系统地阐述了科学社会主义理论，指出共产主义运动将成为不可抗拒的历史潮流。这本经典著作的思想经由传播，被我们伟大的领袖所运用，拯救了我们的国家，并改变了我们国家的命运，我们也将坚守马克思主义，来推动中国的发展。《共产党宣言》给很多人带来了光明与和平，使每个人都有了全面发展的愿望。

由于被多个国家驱逐，马克思的生活总是飘忽不定，债务问题使马克思精神焦虑，各种疾病也侵袭着他们一家人，他的孩子中也有因疾病而去世的，他也因此遭受打击。不过，他还是坚持创作，耗费了他几十年心血的《资本论》第一卷出版。随着亲人的离去，以及生活方面的各种困难，这位千年伟大思想家在他65岁时与他所关心的事业告别了。这颗巨星的陨落是人民群众的损失，是很多国家的损失，但当时的人被愚钝蒙蔽了双眼，他们很多人对此却无动于衷。随后，恩格斯将马克思的遗稿进行整理并分别出版了《资本论》的后两卷，集聚了两位伟人智慧的《资本论》完整地和世人见面了。

　　马克思的一生是蜿蜒曲折的，他自童年到中年再到老年有很多的转折点，生活让他尝尽世间的酸甜苦辣；他的一生是勇往直前的，他无论遭遇怎样的挫折，甚至被国家所驱逐，他也永远在自己所选择的职业中奋斗前进；他的一生是锲而不舍的，他坚持创作，永不放弃，《资本论》的创作就耗费了他人生的大量时间，可他一直坚持，直到完成创作。总之，马克思的一生是令人敬佩的，他注重思想上的饱满，坚持为了广大人民群众的利益奋力拼搏。马克思，这位千年伟大思想家，他的一生是不平凡的，他的职业并不随着他的肉身的离去而停止，而是伴随着他的灵魂一直持续下去。马克思主义给予共产党人积极前进的动力，提供给了青年在选择职业时应该考虑的一些因素，以及社会中各行各业的人一些思考与启迪，使得人民群众全面发展。回顾自己已过去的时光，普通至极，现在只是表层了解了马克思的著作，以及生平，就感觉受益匪浅，若是走进马克思的世界，并深入了解他的思想来提升自己的思想，将会使自己不再那么平庸，我的人生也会日益精进。

（指导教师：刘海霞）

# 我姓党，心存人民 党 俊\*

我是谁？我从哪里来？我到哪里去？

我是共产党人，从人民群众中来，要到人民群众中去。

孟子有云："仁者，爱人。"仁者是充满慈爱之心、满怀爱意的人，是具有大智慧的、善良的、有人格魅力的人。在今天这个时代，"仁者"是爱党、拥护党、有党性修养的人，而"爱人"，今天则可以理解为热爱人民群众，用我们的真心实意去对待人民群众。古有"水能载舟，亦能覆舟"，记录了人民群众在历史进程中的重要作用；今有"政之所行，在顺民心；政之所废，在逆民心"，彰显着人民群众在社会发展中的突出地位。

毛泽东同志说我们要"全心全意为人民服务，要走群众路线"，即一切为了群众，一切依靠群众，从群众中来，到群众中去。毛泽东同志指出："人民，只有人民，才是创造世界历史的动力。"人民群众创造了社会的物质财富、精神财富，他们是社会变革的主力军。取之于民，用之于民。因此，邓小平同志也指出："群众是我们力量的源泉。"我们党员在人民群众中无时无刻不起着先锋模范的作用，可能你并不会时时刻刻感受到，但是在生活中的确存在这种现象。老师曾经举过一个例子，说在一个单位中，如果党员干部多了，当单位中有什么困难任务或者改制等问题的时候，站出来挑担子的要比普通单位的多得多。他还举了个日常生活中最常见的例子，说平时上课的时候同学们总是踩点进教室，而上党课的同学最迟在上课前五分钟就已经坐在了教室里，并且上课纪律和课堂表现均有所提高，这就是无意之中起到的先锋模范作用。

自1929年中共中央首次提出"群众路线"这个概念以来，中国共产党始终坚持走群众路线，带领人民群众从贫穷落后走向富强民主。新时期，党中央加大力度，积极开展党的群众路线教育实践活动，再一次重申党的群众路线的重要

---

\* 党俊，材料学院焊接技术与工程17级2班，1701850216。

性,更加突显了人民群众的重要地位。

习近平同志说"我们要以人民为中心,把人民放在最高的位置"。在习近平新时代中国特色社会主义思想武装下,我党全面从严治党,"老虎""蝇贪"一起抓,将工作做到了人民群众的心里。我们可以发现,在落马官员写忏悔书时,有一个很普遍的共性,均在文中写到"自己对不起人民、对不起党"。"党"即代表"人民","党的利益"则代表着"人民的利益",统而言之,这些官员在心中欲望的浸染下,丢弃了人民,最终犯下弥天大错。

习近平同志还说"心中有信仰,脚下有力量"。有信仰的人是不怕死的、无所畏惧的,为着心中的信仰,可以牺牲一切。在反侵略战争、解放战争等一系列困难危险来临之际,正是信仰的力量,才使我们共产党人坚持了下来。事实上,共产主义信仰的树立不是一蹴而就的,而是一个刻苦学习和努力实践的长期求索的过程,是一个由感性认识上升到理性认识的长期过程。要真正深刻理性地、充满深情地、坚定牢固地树立起共产主义信仰,并转化为指导我们自己思想和行动的坚定信念,还必须通过长期坚持不懈地学习、实践和修养,方能达到。首先我们要努力学习马克思主义、毛泽东思想、中国特色的社会主义理论体系和习近平新时代中国特色社会主义思想,提高自己的理论修养和思想修养,在"乱花渐欲迷人眼"的各种思潮面前保持清醒的认识。其次要加强道德修养。共产主义信仰是一种以天下为己任的信仰,老一辈无产阶级革命者都是为了共产主义事业奋斗终生的人,同时又都是道德高尚的楷模;很难想象一个自私自利、道德败坏的人能够信仰共产主义。我们要认真学习党的历史。知之愈深,爱之愈切。通过学习党史,弘扬党的优良传统和作风。还要积极参加社会实践,"纸上得来终觉浅,绝知此事要躬行"。胡锦涛同志曾说过:"理想信念是一个思想认识问题,更是一个实践问题。"共产党员对共产主义的信仰不仅仅来源于书本,更是来源于生活和社会实践,来自实践对理论的反复印证。"路漫漫其修远兮,吾将上下而求索。"我们当代每一个青少年都应该将信仰共产主义和个人的道德修养、人生经历、社会实践相结合,让共产主义信仰在学习中确立,在实践中印证,在追求中升华。

以前我对党的很多认识还停留在感性认识上,但我有幸参加此次活动,我的

思想得到了净化与升华，对党的理解更加全面、深刻和具体，同时也提高了我本人的党性修养。学习过程中，我更加坚定了自己的信念，加入中国共产党是正确的选择，我将时刻自省，用马克思主义来武装自己的头脑，坚定社会主义核心价值观和共产主义理想，增强党性锤炼，提高政治理论素养，加强个人修养。我更加深刻地认识到中国共产党是中国人民和中华民族的先锋队，是中国特色社会主义事业的领导核心。只有中国共产党，才能领导全国人民解放生产力，发展生产力，进一步提高生活水平，最大限度地为人民群众谋福利。发展有中国特色的社会主义事业，是一项光荣而又伟大的事业，我们要想见证这一伟大事业不断走向胜利，就必须始终不渝地坚持党的领导核心地位。

我们是朝气蓬勃的一代，我们是奋发向上的一代，我们每个青少年都怀揣着一颗跳动的心脏，时刻激励我们前行。当我们遇到艰难困苦，我们从不气馁，跟着党走，我们向前看，我们会看到中国共产党这一路走来多么艰辛，但又从未抛弃过人民群众，它始终不渝地坚持着一个信念，那就是全心全意为人民服务，结合群众路线，走人民群众的道路。在当今国际、国内形势时刻变化的关键时刻，我们更要树立起正确的世界观、价值观、人生观，肩负起实现中华民族伟大复兴的历史使命。不忘初心，方得始终。中国梦的实现需要我们每一个人的努力与拼搏，我们伴着青草朝阳，怀抱光明未来，期盼神州大地新气象。

我是人民的儿子，来自人民，回归人民，心中装着人民。

（指导教师：王国斌）

# 对职业选择的思考 王志雯*

经典之所以成为经典，是因为它不仅历久弥新，而且常读常新。经典著作，是经久不衰的，是经过历史选择出来的有价值的、有代表性的、有影响力的、代表着一个时代的传世之作。马克思的著作一直潜移默化地影响着我们、启发着我们。对我而言，只要是能够感动到自己，并深藏在心底经过一段时间的考验的也可称为经典。

《青年在选择职业时的思考》是马克思在中学时对择业所发表的见解，表达了为人民服务的崇高理想。中学时的他聪明伶俐、善于发现、善于思考。为人类服务，这是青年马克思的崇高理想，也是马克思在中学毕业作文中所阐述的主要思想。在漫长的斗争岁月中，他始终不渝地忠实于少年时代的誓言，他的一生，就是为人类服务的最光辉的榜样。

职业是我们不得不面对的人生选择。选择职业，不仅是选择一种谋生的方式，选择我们以后的生活，更是选择一种实现人生价值的途径。马克思在文中说道：人与动物是不同的，自然规定了动物的活动范围，同样，神让人类自己在社会上选择最适合他自己的，最能使他和社会得到提高的地位以及寻找实现目标的手段。人的一生中会面临各种各样的人生选择，能选择就是人比其他生物远为优越的地方。

在选择职业的时候，马克思首先想到的是"最适合于他，最能使他和社会得到提高的地位"的职业，小小中学生能在经过深思熟虑后想到要让社会进步，这不仅仅是教育的成功，也是人心中的潜质，目标所在，不得不令人肃然起敬。在目标的认识上他做了深度的分析，不是谁都能有这样的目标的，他提到的这一目标是"最深刻的信念，即内心深处的声音，认为这一目标是伟大的"。如果没有这样的理想和信念，人往往会被毁掉的。正确的职业选择能够让适合该职业的

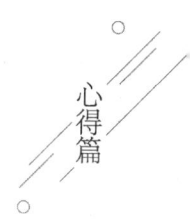

---

\* 王志雯，经济管理学院会计学17级1班，1710370147。

人幸福，但也必定会使那些不经思考、凭一时冲动就仓促行事的人毁灭。在明确了自己的目标和职业之后，最重要的一点就是坚持。坚持是一件很痛苦的事，但我们一定要对自己的职业充满热情和激情，父母是我们最大的精神支柱，想想他们为了我们辛勤地劳作，饱尝了人世的辛酸，时刻提醒着我们，我们要静下心来冷静地研究，认清所选择的职业的全部分量，了解它的困难所在，不要为感情因素所左右。

马克思在文中写道：在选择职业时，我们应该遵循的主要指针是人类的幸福和我们自身的完美。人们只有为同时代人的完美、为他们的幸福而工作，才能使自己也过得完美。我认为这是给予人鼓舞和赐予人力量的，人类的幸福和我们自身的完美，这是对理想职业最好的诠释，这样的职业无疑会让我们产生由衷的热爱。

在马克思看来，选择职业时必须考虑的是生活和工作的目标。一个人如果仅仅从利己主义的原则出发，只考虑如何满足个人的欲望，虽然也有可能成为著名的学者和显赫一时的哲学家，然而他绝不可能成为完美无缺的伟人，也不能得到真正的幸福，因为他的事业是渺小的，他的幸福是自私的。一个人只有选择为人类服务的职业，只有为人类最大多数人的幸福而工作，才是高尚的人，才能得到真正的幸福，才有不可摧毁的精神力量。马克思说："如果我们选择了最能为人类福利而劳动的职业，那么重担就不能把我们压倒，因为这是为大家而献身；那时我们所感到的就不是可怜的、有限的、自私的乐趣，我们的幸福将属于千百万人，我们的事业将默默地且永恒发挥作用地存在下去。"选择职业并不是为了炫耀，而是要发挥自身价值，让世人感到幸福。

马克思说道，只有从安静中才能产生出伟大壮丽的事业，安静是唯一生长出成熟的果实的土壤。我们要正确看待我们的自身能力，不要高估和低估自己，否则你会迷失自我，最终使你绝望。自卑是一条毒蛇，它无尽无休地扰乱着我们，吮吸我们心中滋润生命的血液，注入厌世和绝望的毒液。但马克思的意志很坚定，他所做的不是为了自己，而是为了造福全人类。

在为人类服务的光辉历程中，马克思做出了卓越的贡献，取得了辉煌的成就，他始终坚定不移，勇往直前。他几十年如一日，从事革命的理论创造，创立了科学社会主义；他以毕生精力，从事革命的实践活动，"斗争是他得心应手的事情。而他进行斗争的热烈、顽强和卓有成效，是很少见的"。

  选择职业时不能盲目，要理性，选择一份职业不仅仅是因为它是我们的生活来源和保障，更是我们独立性和创造性的体现。尊严是最能使人高尚起来的，使他的活动和他的一切努力具有崇高品质的东西，一份有尊严的工作不会因为它表面的不体面而失去它本身的尊严，当从事一份有尊严的工作时，它不再是一时的职业，它却成为我们一生的事业。

  希望我们在编织梦想、播种希望的年纪里，规划绚丽的人生，设计美好的未来。

（指导教师：马松红）

# 心灵推动力 吕 娜[*]

随着时代的不断发展,科技与社会生活都发生着翻天覆地的变化,而马克思的《青年在选择职业时的考虑》一文所蕴含的道理却是一直适用的,适用于任何时代、任何发展时期,更是在不同时期有着更多不同的理解。

在职业选择时,会有着被名利弄得鬼迷心窍的人,理智无法支配他,于是便一头栽进那不可抗拒的欲念驱使他去的地方。而听任偶然机会和幻想去决定它以诱惑为鼓舞,以虚荣为主线,而将走入动机与未来的迷途。迷途,即失去理智而做出的选择。而时间会隐去最初的诱惑、虚荣、名利,磨去鼓舞的原动力,自身意愿将更为强烈地显现出来。那么联想到我们,作为当代青年人,是国家亦是世界的未来。我们的使命决不是求得一个足以炫耀的职业,我们肩负着更为崇高更为重要的使命,而使命感才是让我们由衷骄傲自豪的东西。这种源自内心的个人情绪是始终挥之不去的,在时间与诱惑的考验面前,既是一种突显,又是最终的遗留。

理智可以使我们做出正确的选择,而这种理智会被现代社会环境所困。理智也可能受到当下各种感情的欺骗和幻想的蒙蔽。内心所向,即真正向往,更高的精神,更加伟大的追求,它是超出理智的一种可能。任何的事情都存在动机源头,若是最开始的动机都不够纯正,如何去保证持续地热爱,持续地为之奋斗又乐在其中呢?自然,那便容易成为一种负担,一种让人生活困苦、心力交瘁的空虚。空虚地努力,艰难地挺过工作生活,总会被称之为坚持。世人看来坚持是美德,在我看来,坚持却在某种程度上像极了贬义词,在一个让自己不快乐、不随心的方向上艰难挪步,而非依照意愿一往无前,想尽办法欣喜前行。坚持可能分为

---

[*] 吕娜,生命科学与工程学院制药工程17级1班,1707580121。

两种,一种是心情愉悦又阔步向前,另一种是在不喜欢的事情面前勉强撑过。某种程度上也就意味着外界因素成为牵绊,牵绊了真正向往,坚持无论初衷、过程、结果,可以看作违背着伟大事业一系列过程,所以坚持未必为褒。而另外一层上,坚持便是一种顽强意志力,只有真正热爱又足够抵挡时间考验的伟大事业才能赢来这种坚持。而强大意志力往往源自内心真正的向往,而非现实能左右。而缺乏这种意志力,往往生活枯燥无味又坚持成了痛苦。所以可随心而动,非全由理智决定。

能力与选择:能力进步到一定高度,才能是职业选择的基础,才算是对自身合理地评估。而确定的向往选择又是促进能力提升坚实而有力的推动力。不可否认,对于自身能力的合理评估而做出的选择又是足够理智。但对于自身能力的评估又存在着时间性和阶段性。于时间方面,可分为自身能力发展期、当下期、未来成就期。对于工作的选择,首先评估是当下期作为入职的入口,而发展期与未来成就期将会成为未来的职业发展情况的衡量因素,亦是招聘者对你个人的考量因素即未来价值预判。倘若过早地确定了个人自身评估的水平,甚至可称对于未来的职业发展存在着致残级的伤害。就好比个人对于自己的期待,对于个人要求便是取决于个人自身期待。过早过理智的自身评估也将成为自身期待受限的因素,甚至上升为主导因素。而意识力量在个人发展中的重要性更为毋庸置疑。精神选择又是对于意识形态的强大推动。只有真正向往真正认知为伟大的选择,才能成为意识力量形成的必然因素,才能在时间的磨砺下脱颖而出。不可否认,意识可能无法直接创造物质,但意识力量也是改变物质的基本因素。在能力提升与选择的过程中,往往存在"欲"与"念"的影响,而这里一时力量将创造出坚定、自信、顽强。

真正伟大的职业才能够经得起时间的磨炼,在个人发展时期的不断变换中,亦能激情满载地走到最后。虽然时代在不断变换,但人类创造了文明、延续了文明、发扬了文明。记忆,记载,代代相传。人类是人类社会历史的创造者,亦是人类社会文明的传承者,人类世世代代的发展是极大地继承与不断地创新发展。

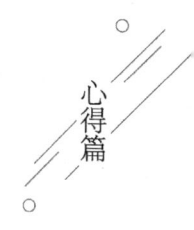

生而为人,就是要使自身价值最大化,成为为人类事业做出伟大贡献的人。自古至今,文明、科技、社会各个方面的进步,为的便是完成人类的终极幸福使命。而作为当代青年,我们就应为这个人类历史上共存的责任而奋斗。无论是在怎样时代的大背景下,我们都应是时代的改造者、未来的创造者。只有这样伟大的事业,才能经得住时间的考验,经得住诱惑,永存于心。任何现实都无法压垮我们,因为这样的我们是有着千千万万人民支持的我们。

(指导教师:刘海霞)

# 《论持久战》读后感 赵 红[*]

《论持久战》是毛泽东同志在抗日战争初期写的一部伟大的军事理论著作。抗日战争开始后,每一个为自己民族生存而奋斗的中国人都渴望战争的胜利。然而战争能否胜利?能速胜还是不能速胜?为什么是持久战?怎样进行持久战?为什么会有最后的胜利?怎样争取最后的胜利?这些问题在当时,并没有人解决。而亡国论和速胜论却大行其道,影响着人们对战争的看法和心态。毛泽东同志在这部伟大的著作中回答了这些问题,其中的方法论和创作经历对今天的我们仍有很好的借鉴作用。

在没有读过《论持久战》这部伟大的著作之前,我一直以为这篇著作的最重要的意义在于向世人阐述持久的作用。只是简单地认为"持久战是中日战争时期必须坚持的一种作战方式",仅此而已。随着时间推移,不仅仅是我个人,甚至越来越多的人对于毛泽东同志领导下的"抗战史",也只剩下近乎唯一的解释,即"持久"了。事实上,当人们坚定地认为贯彻"非持久而不能赢"的方式应对自己甚至团体面临的"战争",就心满意足地觉得自己践行了"毛泽东思想"时,那无异于犯了《论持久战》中所说的"机械倾向"的错误。

认真拜读过《论持久战》后,我才真正明白,之所以《论持久战》这篇文章享誉世界,成为战争史上的不朽著作,其根源不在于"持久",而在于"论",也就是"为什么要打持久战"的分析论据及观点结论上,而整个关于"为什么要打持久战"的论述,又不仅仅局限于"中日战争"时期,是能够推而广之应用于方方面面的思维方式,无论对于个人还是团体,在预判形式、做出计划、运行实践上都能加以借鉴,给予指导。

我们青年学生在面临各种困难时,难免会产生两种错误的认识观点,即"失败论"或"速胜论",也就是文中所讲:"唯心论和机械论的倾向,是一切错误观点

---

[*] 赵红,经济管理学院财务管理17级1班,1710630110。

的认识论上的根源。他们看问题的方法是主观的和片面的。或者是毫无根据地纯主观地说一顿；或者是只根据问题的一侧面、一时的表现，也同样主观地把它夸大起来，当作全体看……"

那么我们该如何克服错误的认识论呢？首先就应该分析"敌我"特点，文中对"中日"两国的特点有如下分析："日本的长处是其战争力量之强，而其短处则在其战争本质的退步性、野蛮性，在其人力、物力之不足，在其国际形势之寡助；中国的短处是战争力量之弱，而其长处则在其战争本质的进步性和正义性，在其国际形势之多助。"因此，我们当代大学生在遇到困难时，应进行全方位客观的分析，既要看到我们的优缺点，又要用发展的眼光看待形势在不断变化、改变。

仅对困难有科学的认识，想要解决还是不够的。我们还应充分发挥自己的主观能动性，以自己奋斗为主、外界帮助为辅。

毛泽东同志在《论持久战》中指出，"敌我情况是持续变化的，只要我们能运用正确的军事和政治策略，不犯原则性的错误，竭尽最善的努力，敌之不利因素和我之有利因素将随战争的延长而发展，必能继续改善着敌强我弱的原来程度，到了一定阶段就将发生强弱和优劣形式上的大变化，从而达到敌败我胜的结果"。而一系列使敌我关系发生改善、有利于我方的应该是主要以我方的努力为主、国际援助力量和敌方国内自身矛盾发展为辅，不应当寄全部希望予别人和外力，如若那样即使我们是正义与进步的一方，胜利的曙光也很难提前到来。这既体现出前文所提到的辩证认识运动事物的思维方式，又体现出在这思维方式之下充分开动大脑、想办法、想出路的重要性，这两者不是割裂开的而是相互联系的，贯穿于抗日战争的始终。

因此，我们当代大学生在面对困难时，应发扬我校艰苦奋斗、自力更生的红柳精神。在立足于自身的前提下，再去努力寻找外界的帮助，充分利用有利资源。

有了科学的方法论指导和充分发挥主观能动性后，我认为并不能保证一定能解决问题、战胜困难，因为这只是具备了必要性条件而不具备充分性条件。要具备充分性条件，需要我们不仅关注文章本身，更要关注文章背后的创作历程，关注作者是如何创作出来的这部著作。

为了写好这部专著,毛泽东同志将自己关在了窑洞里,七天七夜没有出门。他的警卫员在回忆录里写道:毛主席连续五六天不分昼夜,废寝忘食地在创作。到第七天的时候,毛主席突然痛得跳了起来,原来他的右脚上穿的鞋被火盆里的火烧了一个洞,而他仍在沉思。这启迪我们要做出任何有意义的事情,专注是必不可少的。

科学的方法论、充分发挥主观能动性加上专注地投入到事情中去,这样便具备了解决问题的充分必要条件了。

以上是我在《论持久战》的阅读过程中的理解和感悟,我深知,这样启迪性的伟大著作读一遍是远远不够的,在未来的日子中应该常读常新,将其中蕴含的智慧充分地挖掘和汲取。

(指导教师:王海霞)

# 迈步向前,从认真考虑开始 朱丽红[*]

说起这次撰写实践心得,我真的是受益匪浅。可能是学文科的原因,在高中老师的思想灌输下,感觉马克思很伟大。因此,上大学之前,他伟大的形象早已深深扎根在我心中。但我想,如果你问我到底知道多少除了课本之外关于他的东西,得到的答案可能会是我毫不犹豫地朝你摇摇头,真的寥寥无几。尤其是没有这次实践的话,我今后可能有更多的遗憾是错过。

我的心得就从查找参考文献开始讲起吧。

起初,我的目标是《在马克思墓前的讲话》。因为之前见过原文,觉得更容易上手。但当某天我去了图书馆看了看马克思文库,惊!随后,我考虑再三,改变了此前的想法,最终选择了更切合自己当前现状的文章——《青年在选择职业时的考虑》。当我把文章从网上下载下来的时候,心里已经是沉甸甸的了。就个人原因,看文章之前,我喜欢先看它的背景资料,了解作者生平事迹等等。看了这篇文章,我更加坚信自己的做法是对的,真的有种"不看不知道,一看吓一跳"的感觉。

《青年在选择职业时的考虑》是马克思的中学毕业论文,如果在不知道是谁以及是什么时候写的情况下,我坚信,自己绝对想不到这只是一名中学生的作品。自己作为一名大学生写一篇心得体会就会把人吓个半死,半天编不出来,再对比对比一篇来自中学生的文章,更何况他是马克思,巨大的差距。古人言:"读书破万卷,下笔如有神。"是的,你的文笔体现你的思想。只有浏览的东西多了,视野和思维才可能会更远、更广,当然写出的东西也就自然更好了。我想,读书将成为我今后不懈地追求。

当我读完这篇文章,可以说是难以言表,也无从表达这种感觉。结合我之前上过的《就业指导》课程,可以说马克思思想的先进性无法预测。对于我们当代

---

[*] 朱丽红,法学院法学 17 级 1 班,1712450143。

大学生而言,尤其是即将就业和正在职业选择的路上的学生,选择职业时的考虑显得尤为重要,这直接关系到一个人今后发展的方向。看了这篇文章,就想分享给身边的人。

对于职业选择的考虑,马克思首先给的第一点建议是认真并且慎重,遵从内心的想法,把自己的目标找好。对的,"伟大的东西是光辉的,光辉则引起虚荣心",我们每个人都想找一份好的工作,面对社会就业难的问题,内心更是焦躁得不行,虚荣心泛滥,既想着找的工作好,又想着工作要体体面面,这时候内心的方向、目标就很容易偏差,影响自己的心情还影响身边为我们操心的人,最终一次次碰壁,也很难找到好的职业,最后只会是一种错误的流失。这样,一个人的价值可能更难发挥,足见目标、心中的信念是多么的重要。

对于职业定位的考虑,马克思指出的第二点是应该保持一个良好的心态,克服自身体质限制,加强锻炼,选择安静。面对大批优秀人才职场竞争的压力,大多数人难免会感觉到很辛苦,甚至痛苦之余想要放弃,此时,马克思的这一观点正值得我们考虑借鉴,只有保持好自己的心态,随时调整自己,一直向前看,相信很多事都不是问题,也不会有盲目的悲观感再次降临。

对于职业选择时的考虑,马克思指出的第三点,就我个人而言,是非常重要的一点。他提出,在选择职业时,我们要考虑去选择真正适合自己的工作,对自己的定位分析要准确,综合多方因素,然后再选择。通过对《青年在选择职业时的考虑》的阅读,对于未来选择职业时的考虑,我个人的总结如下:

第一,找到一个适合自己的工作,需要考虑体质。体质往往是要求我们在选择职业过程中带上自己的身体和灵魂,面对来自各种专业人才的竞争压力。体质一旦垮台,后面的事便无从谈起。

第二,找合适的工作,需要分析自身能力,不要高估自己,也不要低估自己。我认为,选择职业之前,对自己要有一个准确的定位,只有了解自己的情况,有怎样的能力才可去选择怎样的事业。这期间,最主要的是找到一个合适的度,对自身的能力分析不宜过高,也不能太低。针对自己评估有偏差的问题,可以选择去接受周围人的意见,定期分析、总结自己的近况,从中找到不足,更进一步地了解自己。

第三，找一个合适的工作，要点是去考虑我们在社会上的关系，考虑自己的生活条件。马克思也提到了"如果我们把这一切都考虑过了，如果我们生活的条件容许我们选择任何一种职业，那么我们就可以选择一种能使我们最有尊严的职业，选择一种建立在我们深信其正确的思想上的职业，选择一种给我们提供广阔场所来为人类进行活动、接近共同目标（对于这个目标来说，一切职业只不过是手段）即完美境地的职业"。是的，我认为，我们在考虑职业选择时应该结合自身情况，不一定要找多么体面的职业，只要自己觉得不违心，活出自己的价值就好了，活出自己要的精彩就好了，这样，大概就是自己最大的快乐！

全文令我印象最深的是最后四段，它们展现了马克思的伟大之处，从年少树立的为人类幸福而劳动的信念，"在选择职业时，我们应该遵循的主要指针是人类的幸福和我们自身的完美。不应认为，这两种利益是敌对的，互相冲突的，一种利益必须消灭另一种的。人类的天性本身就是这样的：人们只有为同时代人的完美、为他们的幸福而工作，才能使自己也过得完美。"这种观点，正应该是我们所需要学习的。当代青年选择职业时，更应该考虑自身价值与社会发展需求之间的关系。我认为，青年在选择职业前，是否应该去涉猎更广，是否应顺应社会潮流发展，这些问题都应纳入考虑之列。

总之，读了《青年在选择职业时的考虑》，不管是在学习，还是生活上，我都觉得有必要重新审视一下自己，也希望分享之后，身边的人能够有所收获。关于职业选择时应考虑的问题，我们继续努力吧！留给未来一个更好的自己，选择适合的路，从读《青年在选择职业时的考虑》开始。

（指导教师：王国斌）

# 青年的思考 康明杰[*]

那些没有被岁月的浪潮冲刷消殆的,沉淀下来的便称作经典。马克思的诸多作品即是这样的经典。它们经受了一百多年历史的考验,在当今时代依旧金光闪闪,在人类和社会发展进程中,如同一盏灯,指引我们前行。作为时代的弄潮儿,我们这一代青年应当如何发挥好承前启后的作用,正如习近平总书记在2019新年致辞时谈道的:"新时代是奋斗的时代,我们这个民族伟大复兴,不是一个人,不是少数人能完成的,需要千千万万普通人参与。"那么,正值青年的我们应该有怎样的思考?

十七岁,我们大多数人都处在高中和大学的转折点处,这也是人生发展一个重要的节点,那么,作为青年的我们是否对未来有明确的目标?是否有崇高的人生理想?在 1835 年的 12 月,一位青年写下了一篇题为《青年在职业选择时的考虑》的文章,对这些问题做出了自己的回答。而这篇文章的作者正是后来被人们称为全世界无产阶级的伟大导师、科学共产主义的创始人,伟大的政治家、哲学家、经济学家、革命理论家的马克思。对于青年的思考,他给出了自己的答案——为人类服务的崇高理想。

在文章开头谈道:"每个人眼前都有一个目标,这个目标至少在他本人看来是伟大的,而且如果最深刻的信念,即内心深处的声音,认为这个目标是伟大的,那他实际上也是伟大的,因为神决不会使世人完全没有引导;神总是轻声而坚定地作启示。我们应当认真考虑:所选择的职业是不是真正使我们受到鼓舞?我们的内心是不是同意?我们受到的鼓舞是不是一种迷误?我们认为是神的召唤的东西是不是一种自欺?但是,不找出鼓舞的来源本身,我们怎么能认清这些呢?"反观当下,我们在职业选择时,仅仅是考虑毕业后有没有一份稳定的工作,可以赚多少钱,其实不是的,我们接受教育,不是为了满足自己的物质需求,我们还应当考虑,我能用我所学到的知识做出点什么,为一个家庭、一个群体、一个国家……

---

[*] 康明杰,经济管理学院会计学 17 级 1 班,1710370104。

他还谈道:"如果我们把这一切都考虑过了,如果我们生活的条件容许我们选择任何一种职业;那么我们就可以选择一种能使我们最有尊严的职业;选择一种建立在我们深信其正确的思想上的职业;选择一种能给我们提供广阔场所来为人类进行活动、接近共同目标(对于这个目标来说,一切职业只不过是手段)即完美境地的职业。"

"尊严就是最能使人高尚起来、使他的活动和他的一切努力具有崇高品质的东西,就是使他无可非议、受到众人钦佩并高出于众人之上的东西。"这里他所谈到的是,一个人应当做一份让自己有尊严的职业,这种职业不是说多么好高骛远,而是能用自己的行动来给社会带来益处,教育家教授学生学业有成,政治家管理好国家和人民,清洁工人让城市更美好,选择的岗位是自己愿意用自己所拥有的一些知识技能去让更多人受益,这是一种价值的体现,也让人因为选择自己喜爱的职业而更加有尊严。

他在文章最后谈道:"如果一个人只为自己劳动,他也许能够成为著名的学者、大哲人、卓越诗人,然而他永远不能成为完美无疵的伟大人物。历史承认那些为共同目标劳动因而自己变得高尚的人是伟大人物;经验赞美那些为大多数人带来幸福的人是最幸福的人;宗教本身也教诲我们,人人敬仰的理想人物,就曾为人类牺牲了自己——

有谁敢否定这类教诲呢?如果我们选择了最能为人类福利而劳动的职业,那么,重担就不能把我们压倒,因为这是为大家而献身;那时我们所感到的就不是可怜的、有限的、自私的乐趣,我们的幸福将属于千百万人,我们的事业将默默地、但是永恒发挥作用地存在下去,面对我们的骨灰,高尚的人们将洒下热泪。"读完文章最后这段,真的引发了强烈的共鸣,是啊,荣格说:"一个人终其一生的努力源自于他年轻时就已经形成的性格",青年时代是世界观、人生观和价值观形成的重要阶段,青年应该有自己独立的思考。

作为当代大学生,青年才俊,我们在人生道路选择和职业选择时融进的是我们对社会、对人类奉献的崇高理想,在历史的长河中留下朵朵浪花,而不是随波逐流。青年是一个民族强大的不竭源泉,我们被寄予厚望,那么,青年们,我们还只在乎眼前的苟且吗?不,我们有自己的思考,关乎为人类服务的崇高理想。

(指导教师:马松红)

# 永不磨灭的共产主义 杨博通*

19世纪40年代,西欧一片腥风血雨,烟雾缭绕,资本主义渐渐席卷了欧洲大地。资产阶级压迫着苦难的劳动人民,英国等一些走资本主义路线的国家采用了大机器的生产方式。随着工业的发展,特别是在一些主要工业中,大机器生产已取得主导地位。产业革命在英国已经完成,在法国已经进行,在德国已经开始,而资本主义的发展使得资产阶级的矛盾暴露出来,这也导致经济危机频繁发生。

19世纪的世界并不太平,西欧各个国家爆发了多次战争。1831年和1843年法国里昂工人举行了两次起义活动;1836年到1848年,英国工人发起了以实现普选权为中心内容,持续了12年之久的宪章运动;1844年德国西里西亚纺织工人发动了大规模的武装起义,宣布反对私有制社会。虽然这些革命起义运动都被当局镇压下去,但毫无保留地反映了资产主义的弊端,在当时的历史背景下,卡尔·马克思却不甘于人后,他坚信资产阶级并不能支撑这些工人阶级生存,他坚信资本主义必将消亡,他坚信社会主义才能让人民生活得更加幸福。

1842年,马克思在科隆的《莱茵报》编辑部见到了他也未曾想将会是一生挚友的恩格斯,在他们会面之后,马克思和恩格斯的友谊迅速升温,由于马克思是共产主义事业的先驱,因此遭到了当时统治阶级的迫害,一生穷困潦倒,长期流亡在外,恩格斯在想他所想、做他所做的闲暇之余,竭尽全力地救济马克思,在短短的十余年,共接济马克思3 000多英镑,当然,马克思也不遗余力地帮助恩格斯度过他的困难时期。他们这种深厚的友情,为他们撰写《共产党宣言》奠定了牢固的基础。

作为共产主义的先驱,1846年,马克思和恩格斯共同创立了共产主义通讯委员会和德意志工人协会,他们坚定地批判了当时误解工人运动的多种思想,并

---

* 杨博通,计算机与通信学院计算机科学与技术17级3班,1701070222。

引导工人运动向正确的方向发展。1847年6月,恩格斯出席正义者联盟举行的第一次代表大会,大会将"正义者联盟"改为"共产主义同盟",在大会上,恩格斯起草了第一个纲领草案《共产主义信条草案》,成为共产主义的革命纲领,这个草案作为《共产党宣言》的前身,正确地为有理想的共产主义者指明了前进的航向。

在1847年11月到12月,马克思和恩格斯以叙述历史的方式撰写了一篇充满战斗性的宣言——《共产党宣言》,作为共产主义同盟的革命纲领,瞬间在西欧大地引起了强烈的反响,于1848年2月在伦敦刊印,以六种语言正式发表。迄今为止,《共产党宣言》已经用200多种语言出版,成为世界各国解放无产阶级的运动纲领,使得工人阶级能够真正地站起来,成为国家的主人,成为自己的主人,尽自己所应尽的义务,享受自己所应享受的权利。

《共产党宣言》的发表,惊醒了世界各国的无产阶级,共产主义作为一种政治观点和理论体系,最先在苏联得到实践,1917年列宁担任苏联共产主义中央委员会书记,苏联共产主义由此拉开帷幕,《共产党宣言》作为政治纲领,领导苏联走向了社会主义道路,然而,由于领导阶级的失利和社会矛盾层出不穷,共产主义在苏联走过了八十年的历程之后宣布解体,也意味着共产主义的第一次实践以失败告终。虽然苏联走社会主义道路失败了,却为我国共产主义事业的发展带来了曙光,1917年"俄国的十月革命为我们送来了马克思主义",马克思主义由此传入中国。1919年4月,陈独秀首次在《每周评论》上介绍了《共产党宣言》,即马克思主义在中国进入了一个新的历史阶段。

1920年8月,我国年轻学者陈望道潜心研究和翻译《共产党宣言》,克服了重重困难,在历经两个月之后,中文版的《共产党宣言》问世。没有革命的理论,便没有革命的运动,中文版的《共产党宣言》出版之时,正值五四运动,于是,一大批具有初步共产主义思想的知识分子,先后从资产阶级民主主义者变为坚定的共产主义者。1921年7月,这些有理想的共产主义者共同成立了中国共产党,以毛泽东同志为主要代表的中国共产党人,把马克思主义的基本原理同中国革命的具体实际结合起来,成立了中国共产党,以《共产党宣言》作为其指导思想,解救中国民众于水深火热之中,从此,中国共产党领导中国人民,建立了新中国,中国人民从此站起来了。

　　今天,中国人民在共产党的领导下,坚定不移地走社会主义道路,并为之坚持不懈地奋斗,马克思主义早已深入人心,170余年,《共产党宣言》百家传承,共产主义历久弥新,中国和共产主义早已不可分割,马克思主义伴随着中国走过了一年又一年,在中国的历史上起着不可磨灭的作用,在未来,我们要始终坚持马克思主义,走社会主义道路,以《共产党宣言》作为我们的行动指南,不断促进中国的发展,带领中国人民走向更加辉煌的时代。

（指导教师：刘海霞）

心得篇

# 山中一夜雨，树杪百重泉 蔡成安[*]

《共产党宣言》是科学社会主义最伟大的纲领性文件。这本书虽然简短，但它的价值确相当之高，是无产阶级重要的指导性文献。其中，"一个幽灵，共产主义的幽灵，在欧洲大陆徘徊"和"全世界无产者，联合起来"，这两句话尤其让我内心激动澎湃，久久不能平静。

人生中充斥着冥冥不可知又感之不可弃的因缘际会，而我与《共产党宣言》的相遇，也正是始于老师安排下来的结课作业。于是对我来说，稀松平常的12月，因着《共产党宣言》的陪同而有了与过往区分开来的别致的色彩，与其说是色彩，毋宁称之为收获了别样的力量。

在大一那年学校开设的思修课上，老师提到了《人民的名义》这部电视剧，老师说一个处长，贪污了两亿多元人民币。小官巨贪，让人触目惊心。就是这句话，让我一直想看看这部电视剧，在暑假我追起了剧，不到三天就看完了这部电视剧，这不仅仅是电视剧，更是对现实生活中一些官员的真实写照啊。后来《马克思主义基本原理概论》这门课结课，结课作业中老师给了多个主题，我一眼看中《共产党宣言》，脑海里也就出现了一组镜头，汉东油气集团总经理刘建新被审查，一言不合就背起了《共产党宣言》，能背诵《共产党宣言》的大贪官，真的又可惜又可恨，可惜的是只会背诵，却不能在实现这个宣言的道路上踏踏实实为国家、为社会服务，沦落到为一小撮利益集团服务，完全背离了曾经的誓言……

后面我拜读了《共产党宣言》，它揭示了资本主义社会的内在矛盾和发展规律，论证了资本主义灭亡和社会主义胜利的必然性。其中阐释的道理水乳交融地给予读者心灵和思想上的冲击，委实可谓情理皆大放异彩。

如读"资产者和无产者"部分时，使我想到我在第一年的大学学习生活中的状态。初期因为走入新环境而觉得无所适从，在大半年的时光里耗费了大量的

---

[*] 蔡成安，电气工程与信息工程学院电气工程及其自动化17级3班，1705230301。

时间给心灵找一个栖所,幸运的是,这一学期终于有了起色。正视己身优缺点,理解客观环境的有限度,具体表现为从容认真地对待学生学习生活、课外活动和社会实践过程中出现的问题,努力解决,过后总结经验和教训,当然最使我安心的举措是绝不错过老师和前辈的一言一语,能从中汲取他们的智慧使我深感欣慰,尤其当我意识到自己很有可能已经在这大半年的"心理自我挣扎"中,剑走偏锋地走向主观即附着了唯心主义色彩的时候,《共产党宣言》的出现给了我一个冷静批判的契机。我们应当正视并投身于客观规律,在顺应客观规律的同时使自己的意识走向成熟,在一定的时期,我们会获得发挥意识的主观能动性,弘扬部分被遗落的民族文化的机会,到那时,我们便可忘掉过往的担忧,凝聚力量壮大现代文明在现代社会的生命力,一切,都应该活在当下,且去努力,以寻机遇。

同时《共产党宣言》带给了我们很多启示,无论资产阶级如何变化,从资产阶级的本质出发分析当今世界的形势,才能不被表面现象所迷惑,看清世界的本质,从而坚定立场,搞好我国的社会主义事业建设。

我们坚信《共产党宣言》所揭示的两个必然是真理,并为之奋斗。正如邓小平同志在1992年南方谈话中所点明的:"我坚信,世界上赞成马克思主义的人会多起来的,因为马克思主义是科学。"它运用历史唯物主义揭示了人类社会发展的规律。封建社会代替奴隶社会,资本主义代替封建主义,社会主义经历一个很长的过程后必然代替资本主义。这是社会历史发展不可逆转的总趋势,但道路是曲折的。我们应对未来充满信心。

《共产党宣言》的思想永放光芒!

(指导教师:王国斌)

# 青年在职业选择中的初心和使命 高海苗[*]

《青年在选择职业时的考虑》是马克思十七岁时的中学毕业论文,他以优美的文笔、深刻的语言、缜密的思考和严格的推理畅谈了青年必须具备的职业观和职业选择时的若干考虑,读来使人兴奋、鼓舞。他认识到个人职业选择和社会需要之间的关系,指出应该遵循人类的幸福和我们自身的完美,这使得马克思在精神和方向上决定了自己的一生。青年马克思没有像其他的同龄人一样将目光放在追求所谓的个人的幸福,而是选择将实现全人类的幸福作为自己的责任,其胸怀之宽广,目光之远大,让我们不禁感慨他青年时就已有的崇高思想境界。

马克思是全世界无产阶级的伟大导师,是伟大的政治家、经济家、哲学家和革命理论家。马克思一生的非凡成就与他少年时的深刻觉悟和远大理想是密切相关的,在《青年在选择职业时的考虑》一文中,马克思向人们论述了青年择业时所进行的考虑,并提出我们在选择职业时应当遵循的原则和所考虑的问题,时隔一个多世纪,青年马克思在选择职业时的一些见解和哲理性的语句仍对广大的青年有着重要的现实意义。

马克思谈到影响职业选择的三大重要因素:个人喜好、身体条件、自身能力。良好的身体是我们选择职业时的一个重要方面,只有具备良好的身体,才会有源源不断的精力投入到工作之中去,如果我们选择了力不胜任的工作,那么我们的精力会很快被榨干,并且会产生妄自菲薄的不良情绪。当然,自身能力是我们择业时的一个基本条件,这在很大程度上决定着职业的好坏和个人价值的实现,学会理性认识自己的能力。俗话说兴趣是最好的老师,这就要求我们要选择自己喜欢的职业,而不是出于身边人的期望和社会环境的考虑去选择自己并不喜欢的职业,不盲目地出于虚荣心,而应选择我们喜欢的并能够长期从事而始终不会情绪低落的和最适合自己的职业。

"尊严是最能使人高尚起来,使他的活动和他的一切努力具有崇高品质的

---

[*] 高海苗,经济管理学院会计学 17 级 1 班,1710370137。

东西。"当所选择的职业会让我们感到有尊严时,我们会为此恪尽职守,使自己行为保持高尚,而重视我们职业的思想的基础就是提高我们自己的尊严,在从事职业时我们不是作为奴隶般的工具,而是在自己的领域内独立地进行创造。我们要始终记得应遵循的主要指针是人类的幸福和自身的完美,个人的表面荣誉不应该作为首要标准,不应把目光局限于个人的成败,要有"天下兴亡,匹夫有责"的主人翁精神,我们要把自己变得更好,同时也要服务社会,这才是职业的真正目的所在。这样职业不仅是我们生活的来源,更是我们一生所追求的事业,当我们从事有尊严的职业时,就可以努力创造出辉煌的成绩。同时,作为青年的我们应当有远大的理想和牢固不可动摇的信念,这个目标至少在他本人看来是伟大的,坚定的信念会使我们克服前进路途中的艰难险阻。

因此,当我们真正认定一份职业时,我们就要冷静下来思考:所选择的职业是不是真正使我们受到鼓舞?我们的内心是不是同意?我们受到的鼓舞是不是一种迷误?我是否真正对这份职业含有热情,我是否真正了解这份职业的含义,我是否能忍受这份职业所带来的艰辛。当所有的回答都是肯定的时候,我们就可以开始选择它。

在新的社会形势下,随着就业压力的不断增大和人才供应体系的变化,大学生就业的矛盾不断凸现出来,大学生的择业观念有待更新,就业机制有待完善。因此,作为即将步入社会的大学生,我们应当树立正确的择业观:既要追求自己的职业理想,更要符合社会的实际需要,不能仅从主观需求去选择职业,理性认识就业形势。同时我们要利用好大学的美好时光,树立远大的理想,努力学习专业知识,提高个人素养,完善自我,锻炼自己各方面的能力,时刻为将来的就业做好充分的准备,努力为自己的将来创造机会。

作为祖国新一代的青年,我们应当树立远大的理想追求,把个人价值的实现同中华民族伟大复兴的中国梦联系起来,将个人完美同人类幸福相结合,始终如一地向着目标迈进。这时,重担就不能把我们压倒,因为这是为大家而献身;那时我们所感到的就不是可怜的、有限的、自私的乐趣,我们的幸福将属于千百万人,我们的事业将默默地、但是永恒发挥作用地存在下去。

(指导教师:马松红)

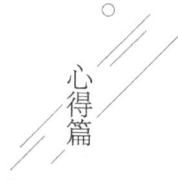

# 物尽其用，人尽其才   高雅婷[*]

在我的印象中马克思就是那个白胡子的伟人，写过一些听说超级厉害的东西。但当"马克思主义基本原理"结课论文的选题中有《青年在选择职业时的考虑》时，我的第一反应是：马克思还写过这个？认真研读后更是让我感到震撼，《青年在选择职业时的考虑》竟然是马克思中学时的毕业论文，这一方面让我感慨伟人对生活的细微思考，另一方面又启发我想了许多。作为一名大二学生，两年后是就业或是进一步学习成为必须要考虑的事情了。职业生涯考虑在很大程度上决定着我们人生成功与否、幸福与否。

马克思认为青年在选择职业时应该遵循的主要指针是人类的幸福和自身的完美，并且，不要把人类的幸福和自身的完美对立起来。他是这么思考的，也是这么做的，一个中学生就有了为了人类幸福而献身的价值理想，也难怪马克思会成为跨时代的伟人。作为新一代的大学生，我们虽然达不到马克思那样的境界，但我们至少可以明确自己的世界观、人生观和价值观，对自己有一个清晰的认识，选择最适合自己的职业，最大可能地展现自己的才能，力争成为一个对社会、对国家有用的人。

就业难是目前我国大学生的就业现状，在经济下行的压力之下，虽然近几年大学生就业率略有提升，但是人们的感受却是就业形势逐年严峻，很多大学生放弃考研的一个主要原因就是近两年研究生的就业率比本科生的就业率要低，担心三年研究生毕业之后就业形势更严峻。且目前还存在着一种伪就业的现象，据我认识的一些已经就业的学兄学姐说，好多他们的同学早就已经转行了，干着与自己专业不相干的工作。还有一些正在找工作的学兄学姐也面临同样的问题，在选择工作时基本上都服从调剂，到非本专业的岗位上。当听闻这样先就业后择业的现状的时候我非常震惊，为什么大学苦读四年自己的专业，最后却不能

---

[*] 高雅婷，土木工程学院给排水科学与工程 17 级 1 班，1706550149。

用自己所学去贡献社会呢？

马克思认为在选择职业时应该经过认真的考虑——我们所选择的职业是不是真正使我们受到鼓舞？我们受到的鼓舞是不是一种迷误？我们的内心是不是同意？我们认为神的召唤是不是一种自欺？选择一份职业是选择一个令自己内心感到欢喜的，是一种自我价值的实现。因此，在选择一份职业时我们应当认真地思考这些问题，不能受虚荣心左右，要明白虚荣心容易给人鼓舞或者是一种我们觉得是鼓舞的东西。但是，这并不是我们心里真正想要的，于是有了许多被名利弄得鬼迷心窍的人。随着我国经济的快速发展，快节奏的生活，加不完的班，熬不完的夜，人与人之间的距离并没有因为科技的发展而越来越近，反而越来越远，现代病随之出现，缺乏安全感，幸福指数下降，人们一边高喊着生活很累，还是要每天重复着一切。随之产生的速成产物更加加剧了这一现象。感受不到归属感大概是现代人的常态了吧，虚荣心大的人，一头栽进那不可抗拒的欲念驱使他去的地方。他已经不再自己选择他在社会上的地位，而听任偶然机会和幻想去决定它。因此我们在选择职业时应该考虑的因素不是这个工作是否体面，而是要明白自己想要什么，自己适合什么，即使面对着万般的选择，也要明白你自己想要的是什么，不要被眼前的诸如名利一类的浮云遮住了视线，而选择那些日后可能会让我们万分后悔的职业。

要想选择适合自己的职业，首先要求我们了解自己、认识自己，对自己有明确的定位。现在选择恐惧症在青年中普遍存在，很多人遇到人生中的选择时都不知道该怎么办。其实从侧面来看选择恐惧症，只不过是给自己没有主见找了一个好听的代名词而已。事实上不过是自己对自己不够了解，不知道自己究竟想要的是什么，才会在面临选择时不知所措、人云亦云。于是他们开始跟着别人的步伐走路，不管自己到底喜不喜欢、适不适合；不去思考自己是否可以胜任，既然大多数人都可以，自己为什么就不行。结果就是，可能得到了大多数人都觉得不错的岗位，虚荣心也得到满足，然而这仅仅是一时的幻觉。由虚荣心引起的对这种职业突然的热情不会维持很久，随之而来的就是厌恶自己的工作更甚者会否定自己。马克思说："我们的使命绝不是求得一个最足以炫耀的职业，因为它不是那种使我们长期从事而始终不会感到厌倦、始终不会松动、始终不会情绪低

落的职业,相反,我们很快就会觉得,我们的愿望没有得到满足,我们的理想没有实现,我们就将怨天尤人。"因为所从事的职业不适合自己,或是自己不喜欢,或是自己能力不足……此时由于虚荣心得到满足而引起的快感已无法平衡潜意识对自己能力产生的否认感,这种来自内心的自愧不如的声音足以吞噬自己,最终的结果必定是妄自菲薄。

认清自己,认清职业,这是选择一份适合自己的职业时的必备条件。所谓知己知彼百战不殆,只有真正地了解到你想要的是什么以及你要面对的是什么时,才能早日实现自己的人生目标与价值。

坚持走自己的路,坚定前方的路,终会有苦尽甘来的一天,必定会有意想不到的收获,这种收获会比任何事情都让你感到喜悦与获得成就感。

同样重要但往往容易被忽略的一点是体质问题。一个你很喜欢的工作,身体条件却跟不上,我们是该放弃还是继续坚持?这里笔者不做过多的讨论,每个人有每个人的选择,继续坚持或者放弃做力所能及的事情,每个选择都是值得被尊重的。人是一种群居动物,生活在社会这个大环境下,我们如何才能够在应对生活的冲击的同时安静地从事自己的工作是一个值得深思的问题。至少当我们选择了适合自己的职业后,我们才有可能做到"人尽其才",才有可能为社会、为人类的幸福做出贡献,才能达到像马克思说的那样把人类的幸福和我们自身的完美相结合,从而推动社会的发展。

总之,作为当代大学生的我们要学会认识自我,不断发掘自己的潜能,有自己明确的世界观、人生观和价值观,不盲目跟风,选择真正适合自己的职业,并为之奋斗、付出自己的时间,才有可能最终实现自己的理想,早日实现伟大的中国梦。

(指导教师:王国斌)

# 我与《毛泽东选集》二三事 王海壮[*]

从小到大,爷爷和爸爸一直都在给我讲毛主席和共产党的故事,我听得是如痴如醉。从小便产生了对毛主席的敬仰之情。我想,我以后一定要像毛主席一样,加入中国共产党,把广大人民从苦难中解救出来,解放全人类。但是这只是我的一个遥不可及的想法,现在,我应该脚踏实地,把眼前的事情做好,先成为一个优秀的人,才能为祖国贡献自己的力量。

爸爸在我小的时候就给了我一本厚厚的小红书,我一直都珍藏在我的小书房里面,从来都没有看过,等我学习到相关历史知识后,我拿出来小红书,才知道是《毛泽东选集》,当时的我无比激动。于是,我翻开了这本书,兴致勃勃地读了起来,当时还感觉不到什么,毕竟我当时还小,对历史知识没有太多了解。

直到我上了大学,我知道了我们要学习"毛泽东思想与中国特色社会主义理论体系概论",于是我把我的小红书带到了学校,这一次我仔仔细细地读了一遍,才知道,原来,读一本好书就好像是在和伟人对话,也是对自己思想的一次洗礼。随着书一页一页地翻过,沿着伟人的思维轨迹体验那段历史,更加加深了我对红色革命的认识,而且提高了自己的爱国热情。

《毛泽东选集》反映了中国近代的历史,反映了每一次的中国革命战争的历程。同时,也是中国共产党的编年史。没有共产党就没有新中国,没有那一次次的革命战争,没有那么多革命老前辈的牺牲,就没有我们的今天!

毛泽东作为一个世纪伟人,在这本书中论述的范围涵盖之广是少见的,从民族的问题、革命的问题、朝鲜战争的问题到社会主义建设和青年问题等等都有论述。从中可以感受到他老人家的宽阔的政治视野和清醒的政治头脑。"团结就是力量!团结自己人,团结别人,团结一切可以团结的人。团结起来,排除万难。……"这是伟人要告诉大家的。今天,我们学习毛泽东思想,研究毛泽东思想,运用毛泽东思想的精髓去认识、解决中国改革开放中的实际难题,对巩固这块社

---

[*] 王海壮,经济管理学院会计学 17 级 1 班,1710350103。

会主义阵地,不是没有好处的!

其中,我最喜欢的就是第一卷,在第一卷中,毛泽东指出:无产阶级要领导革命取得胜利,必须团结一切可能团结的阶级和阶层,组织革命的统一战线。他科学地分析了中国社会各阶级的状况,指出农民是无产阶级的天然的和最可靠的同盟军,工农联盟是革命的主要依靠力量。农民以外的小资产阶级也是无产阶级的可靠的同盟者。

同时,在第一卷中,我读到了也懂得了许多经常讲或经常听到的经典话语,如:"不解决桥或船的问题,过河就是一句空话""读书是学习,使用也是学习,而且是更重要的学习""长征是宣言书,长征是宣传队,长征是播种机"……在读的过程中,我才真正体会到一位伟大军事家的磅礴气势,一位伟大文艺家的豪迈浪漫。在《为人民服务》中,毛泽东说:"我们这个队伍完全是为着解放人民的,是彻底地为人民的利益工作的。张思德是同志就是我们这个队伍中的一个同志(张思德是四川仪陇人,在陕北安塞县山中烧炭,因炭窑崩塌而牺牲)。"

毛泽东是中华民族的骄子,是一个时代的象征。通过阅读《毛泽东选集》,我感受到了他身上集中了一个伟大民族和时代的精粹。这种境界,不是大家都能达到的。但是,我们每一个人都可以从他的人生经历和道路得到程度不同的启示。毛泽东酷爱读书,孜孜不倦地读书生活伴随着他的一生,用他自己的话说是"饭可以一日不吃,觉可以一日不睡,书不可以一日不读"。因此作为当代大学生的我们,就应该秉承他的品行,在书山学海中遨游,勤于思考,善于发现,从读书中不断得到解决实际问题的灵感。毛泽东的读书精神、读书方法永远是我们取之不尽的宝贵精神财富。

每逢手里拿着《毛泽东选集》的时候,仿佛伟人的种种事迹和思想在脑海中飘过,伟人给我们留下很多宝贵的思想和精神财富。

从此开始,每遇不顺,我都会展卷细读,体味伟人的奋斗历程,吸取力量。了解了毛泽东,也就了解了中国革命历史。中国有了这样的伟人,中国革命何愁不成!作为一个生长在和平年代的大学生,我衷心祝福祖国祥和、繁荣。

(指导教师:马松红)

# 有温度的《共产党宣言》 王莹雪[*]

在没有学习《共产党宣言》之前,我的潜意识里一直觉得,《共产党宣言》应该是和《宪法》一样的条条框框,用冰冷的文字警觉人们、约束人们。抑或是像《圣经》一样,向人们灌输虔诚的礼教思想,可是事实恰好相反,它是一部有温度的巨作。为什么这样说呢?

因为《共产党宣言》的诞生就是为广大的人民发声,它以广大人民的利益为利益,并且以最低的姿态站在广大的被压迫的人民身后,为他们传递温暖。

判断一种制度是否有温度,不仅要看它是如何对待富人的,更加要看它是如何对待穷人。人,作为推动社会经济的主要动力,用自己勤劳的双手和聪慧的大脑渴望并追求美好的生活,可倘若现实给予他们的只有冷酷的耳光,当付出和回报不成正比时,他们终会开始懈怠。懈怠造成的后果是社会经济停滞不前,穷人更加的穷,如此恶性循环,人们终是搬起石头砸自己的脚。在某种意义上,共产主义更多追求的是"开源"的经济结构。只有当经济掌握在多数人的手中,付出和回报达到了相对平衡的状态,随之而来的便是劳动力大幅度地增长,劳动力带动经济发展,加固社会体制,促进社会进步。这正好对应我国伟大诗人朱熹曾在《观书有感》一诗中提到的"问渠那得清如许,为有源头活水来"。在政策上,共产主义提出消灭资本主义私有制,一切的所有制关系都是经历了经常的历史的更替、经常的历史的变更,从历史的角度来看只有这样才符合当代所有关系,也是最具有温度、提升世界人民幸福感的最佳途径。

除此之外,更让我感到《共产党宣言》温情所在的是——它强烈指出资本主义社会之下人与人之间的关系除了赤裸裸的"金钱交易"之外,再无其他联系。资产阶级抹去了一切向来受人尊崇和令人敬畏的职业的神圣光环。它把医生、律师、教士、诗人和学者变成了它出钱招雇的雇佣劳动者。在中华文化源远流长

---

[*] 王莹雪,土木工程学院土木工程17级3班,1706300368。

的五千年时间里,从"一日为师,终身为父"到如今的"燃烧的蜡烛""辛勤的园丁",我们从小的认知观中就知道老师是一个神圣而伟大的职业。他们秉承传道授业解惑的理念,以一个"摆渡人"的身份,将我们从生命的一头渡到另一头。医生、律师、教士等亦和老师一样,医生治病救人,律师以法渡人,教士给予人们灵魂的慰藉,他们所代表的是一个社会的文明。如果说社会主义是现代文明的话,那么资本主义的文明就只停留在原始人类刚学会使用工具的时代。正是这种文明,让我更加深切地感受到《共产党宣言》的温暖。

《共产党宣言》从人文的角度出发,分析当下,展望未来。在资本主义企图用暴力的手段破坏人与人之间田园般的关系,妄想把人的尊严变成交换价值,用一种没有良心的贸易自由代替无数特许的和自力挣得的自由的背景下,社会主义的诞生、《共产党宣言》的诞生无疑为世界人民送去了温暖的曙光。时至今日,《共产党宣言》也在印证着很多伟大的预言,我们有理由相信《共产党宣言》将会是漫漫历史长河中最浓墨重彩的一笔,它来自光年之外,去往未知宇宙。

(指导教师:王国斌)

# 论文篇

思想的光芒
SIXIANG DE GUANGMANG
——新时代大学生读马列经典感悟集

# 浅谈马克思《1844年经济学哲学手稿》中的共产主义思想 车文丽[*]

**【摘 要】** 马克思第一次系统地论述共产主义是在《共产党宣言》中,在《1844年经济学哲学手稿》中初步提出共产主义思想。马克思通过对历史中两种共产主义的批判即粗陋的平均主义和具有政治性质的共产主义,提出共产主义是对私有财产的积极扬弃。这篇文章主要从对人的自我异化的扬弃,人向自身社会的复归,它是一种现实的可以被认识的运动以及共产主义是异化的扬弃、是历史之谜的解答这四个方面进行浅谈。《1844年经济学哲学手稿》中共产主义思想的提出不仅有利于人的自由而全面的发展,而且有利于坚定共产主义社会的理想信念。

**【关键词】** 马克思;共产主义思想;《1844年经济学哲学手稿》

## 一、马克思《1844年经济学哲学手稿》中共产主义提出的背景

1844年马克思流亡法国巴黎,并创作了《1844年经济学哲学手稿》,因为是在法国巴黎所写所以又被称作《巴黎手稿》。《1844年经济学哲学手稿》其中有关经济和哲学的思想在当时引起了很多人的关注。但是《1844年经济学哲学手稿》的正式公布是在马克思去世以后。马克思在法国巴黎流亡期间主要受三个方面的影响。第一是《德法年鉴》时期法的观念和国家的形式植根于市民社会中,因此明确必须要解剖市民社会;第二是马克思对法国革命产生了浓厚兴趣并且受到其影响,而且在法国流亡的过程中所见所闻给马克思研究这些理论提供了资料,如空想社会主义家傅立叶等的思想极大地丰富了马克思的精神世界;第

---

[*] 车文丽,马克思主义学院马克思主义基本原理18级,182030505001。

三是马克思认识到想要解决社会生活中的现实问题就必须通过无产阶级的革命斗争来达到共产主义,而阶级斗争必须立足于经济中。

马克思在流亡巴黎之前,曾在《莱茵报》担任主编,并且通过在报上发表文章来对旧的社会制度进行猛烈的抨击。因为就当时的社会制度而言是反动的,所以政府查封了《莱茵报》,这一查封让马克思醒悟到要想改变社会现实不能只是依靠理论。由此马克思在流亡巴黎之后,开始对当地社会与经济的发展状况进行调查,并且参加了巴黎公社。马克思在巴黎流亡期间,取得了一定的研究成果,例如《〈黑格尔法哲学批判〉导言》和为批判黑格尔青年学派而著的《神圣家族》。《1844年经济学哲学手稿》的完成具有非常重要的意义,它不仅仅将政治经济学与哲学联系在一起,以一种人们没有认识过的角度解释了哲学的内涵和意义,而且它其中的共产主义思想为科学社会主义的形成奠定了理论基础。

### 二、马克思对最初形式的共产主义的批判

(一)对历史上粗陋的共产主义的批判

马克思认为粗陋的共产主义只是把私有财产作为积极的共同体的一种卑劣性的表现形式。私有财产粗陋的共产主义是指当时18世纪平均主义社会主义,主要代表人物有马布利,主要代表著作是《道德原理》,其主要思想是唤醒公有欲,苦修苦练,禁绝一切享乐等。而粗陋的平均主义流派的主要思想表现在以下几个方面:第一,把妇女作为一种公共财产,也就是公妻制来反对婚姻;第二,认为私有财产的直接占有是生活中唯一的目的;第三,认为劳动者不是特定的一部分人,而是全部的所有人,是每个人生来就被赋予的;第四,他将不能够单独占有的由全部社会人占有的财产破坏。马克思批判这种粗陋的共产主义否定了人的个性的发展,而且没有认识到私有财产的本质,嫉妒少数拥有大量的私有财产的人,认为应将这些私有财产平均分配给每个人。因此这种形式的共产主义只是将私有制平均化而已,并没有达到真正意义上的进步。

(二)对"按政治性质是民主或专制社会主义"和"废除国家的共产主义"进行批判

马克思对"按政治性质是民主或专制社会主义"和"废除国家的共产主义"

进行批判,主要的代表人物有卡贝和得萨米,他们两人在自己的著作中主张消灭私有制和取消货币,建立过渡性专制社会制度并且得萨米在《公有法典》中主张废除国家,政治机器自然运转,取消强制性劳动分工。他认为这两种形式的共产主义认识到人向自身的复归就是人的自我异化的扬弃;但是他也认为这两种形式的共产主义还是受到私有财产的束缚,是不能够达到科学的共产主义的。

### 三、马克思《1844年经济学哲学手稿》中的共产主义思想

#### (一)共产主义是人的自我异化的积极扬弃

马克思通过批判粗陋共产主义和具有政治性质的共产主义思潮,认为这两种形式的共产主义虽然已经理解了这一概念,但是却没有理解私有财产的本质。异化劳动是指资本主义社会所导致的四个异化,第一是主体与对象之间的异化;第二是劳动自身的异化;第三是人的本质的异化;第四是人与人的异化。异化使得资本主义社会中存在各种形式的问题,例如阶级斗争等,而且异化使劳动者作为自身创造出来的商品的对立,因为劳动者自身创造出更多的价值,他自身就不会有价值,直到最后被自然界所奴役。马克思认为,自我异化的扬弃和自我异化走的是同一条道路,用辩证的眼光看来,私有制产生了异化,但是自它产生之日起就开始走向了灭亡,因此,私有制也成为异化劳动灭亡的条件。"私有财产的扬弃,是人的一切感觉和特性的彻底解放;但这种扬弃之所以是这种解放,正是因为这些感觉和特性无论在主体上还是在客体上都变成人的。"[1]P124 马克思指出想要达到人的彻底的解放,必须要立足于人的主体,只有立足于人的主体地位,即异化消失,劳动者才能成为自身和社会的主人,即达到共产主义。但是马克思在对私有财产积极扬弃的时候,并不是完全否定私有财产,而是肯定了私有财产为共产主义社会提供了物质基础。马克思认为共产主义是自我异化的积极扬弃。也就是对生产力发展的扬弃,因此,生产力的发展与人的自我异化是紧密相关的。

#### (二)共产主义是一种现实的运动

还没有完成的共产主义运动,如果我们仅仅只是从过去的历史中或者前人的经验中去证明共产主义存在的合理性,这样得到的共产主义是狭隘的。共

主义建立在高度发达的生产力的基础之上。作为人性的复归的共产主义，是在"以往发展的全部财富范围内生成的"[2]P81。从这句话我们可以看出，马克思对私有财产的积极扬弃，他肯定了资本主义社会所创造出的巨大的物质财富。马克思认为，要想建立高度发达的共产主义社会就必须拥有满足全部人类的生存的物质资料，没有丰厚的物质资料作为支撑，共产主义只是空中楼阁。"共产主义是作为否定的肯定，因此，它是人的解放和复原的一个现实的、对下一段历史发展来说是必然的环节。共产主义是最近将来的必然的形式和有效的原则。但是，共产主义本身并不是人的发展的目标，并不是人的社会形式。"[2]P93要想人类继续向前迈进，就必须对私有财产进行扬弃，因为私有财产的产生它会阻碍社会发展。随着资本主义的发展，私有财产导致社会两极严重分化，出现阶级斗争，从而产生社会革命来消除它所带来的社会的贫富差距。但是到这个时候，往往社会财富得到了极大的满足，不过对于共产主义它自身的发展历程而言，它的任务不仅仅是消灭废除私有制，共产主义和其他社会形态一样，它只是社会向前发展过程中的一个阶段，并不会就此停滞、不再向前。而且在共产主义社会中，人作为自身的主体，在自身的基础上发展，在对美好生活的创造中展现自己，这时物质财富与精神财富都得到极大提升，人们为了追求更好的发展，他会自觉地推动人类社会继续向前发展，不断丰富社会形态。因此，共产主义是一个现实的运动。

（三）共产主义是人向自身社会的复归

马克思曾在一部著作摘要中明确提出"人的本质是人的真正的社会联系"[1]P24。在私有制的社会中，由于异化的存在造成了人在社会生活中失去了自己的本质。因此，人要拥有自身的本质就必须对私有财产进行积极的扬弃，不是简单地从一方面进行，而是在精神和物质两方面进行，不仅从宗教这种意识领域出发，还要从现实生活中出发，因为经济的异化是现实生活的异化。因此，在马克思看来，在社会现实生活中实现这种复归并且达到了人与人、人与自然的和谐。从辩证法角度来看，这个过程并不是简简单单的，非常容易的，它是一个螺旋式的上升，是由量变向质变发展的过程。马克思在《1844年经济学哲学手稿》中认为其积极的扬弃是通过人对人的本质和人的生活的占有，不仅仅是对它的享有和拥有。这里的人是指人作为一个全面完整的人,把自己全面的本质占为己有。

(四)共产主义是异化的扬弃、是历史之谜的解答

共产主义是私有财产的积极扬弃,但是在这里马克思并不是说要消灭私有财产。马克思认为这种积极的扬弃能够使人摆脱这种困境,使人全面地从本质上占有自己。但是在现实社会生活中,人是被异化的存在,不是全面地占有自身,工人起早贪黑付出劳动,但是所生产出来的劳动产品归少数的资本家所有,而劳动者即工人们此时作为劳动力是被少数的资本家所占有的。在现实的生产过程中没有支配自己劳动产品的权利,因此这样人就失去作为人的本质,但是马克思认为扬弃了私有财产的共产主义,是人本质的复归,使人的劳动成为自身所持有的劳动,是自身占有的。马克思在《1844年经济学哲学手稿》中对共产主义做了规定,但是后来随着自然科学的发展,将自然完全与人分裂开来,形成了两者的对立。但是在共产主义社会中并没有将两者分裂开来,认为自然界是人类生存与发展的基础,但是这只是对在现实社会的人来说的。马克思虽然知道两者之间是紧密联系的,但是这种共产主义还是"历史之谜的解答"。

**四、马克思《1844年经济学哲学手稿》中共产主义的当代价值**

《1844年经济学哲学手稿》中的共产主义思想虽然没有《共产党宣言》中那样系统详细,但是它作为首次提出共产主义思想在马克思主义发展史上具有很高的地位。它的当代价值也对中国产生了很大的影响。

(一)有利于人的自由而全面的发展

马克思在《1844年经济学哲学手稿》中认为共产主义要积极扬弃私有制,实现人的解放,实现人对自身本质的真正占有,最后形成全面发展的思想。人的全面发展,其结果是全体社会成员的全面发展,不是单独的一部分人的全面发展,因此,要想实现全社会成员的全面发展需要一个较长的历史过程,需要物质的保证,因此生产力的发展是至关重要的。自新中国成立以来,国家在加速经济建设发展的同时,对人的关注也得到重视,党和国家领导人曾提出要实现人的全面发展,而且提出一系列有利于人的自由而全面发展的理论。如中国梦的提出,中国

梦反映了生活在美丽中国的人们对美好生活的追求,展现出人们在快速发展的今天,不仅要实现物质保障,而且精神上要得到满足。习近平新时代中国特色社会主义思想中有关人的全面发展的理论,提出要在实践中做到以人民为中心的发展理念,做到发展为了人民、发展依靠人民、发展成果由人民共享,努力实现满足人的全面发展需要的现代化的强国梦。

(二)有利于实现人与自然的和谐统一

马克思在《1844年经济学哲学手稿》中强调,共产主义要扬弃将人和人、人和自然对立起来的异化,实现人和人、人和自然的统一,并最终实现两者的统一。但是随着工业化大发展,科技革命随之而来,人们逐渐以破坏环境为代价发展经济。而且在资本主义社会中,工人不能够拥有自己所生产的劳动产品,而且在产品中失去了自己的本质,成了被压迫被奴役的一方,导致人与自然两者之间的对立。但是在共产主义社会中,私有制被消灭,工人在劳动中生产出来的产品全部都归自己所拥有。因此,人们在自然界的改造中,充分发挥了自己的力量,从而实现了人与自然界之间的和谐发展,进一步而言有利于人们树立科学的自然观。这种和谐统一就是人类认识到自然与人之间是可以相互协调的,并且在发展过程中,减少对自然界的破坏,保护自然环境,与自然界的其他生物共生共存对于人类自身的生存至关重要,因为自然界的生态环境中,各种生物都是相互依存的,如果自然界被人类过度破坏,它将威胁整个自然界的平衡,进一步威胁人类自身的生存和发展。

(三)有利于树立共产主义的理想信念

从《1844年经济学哲学手稿》中马克思对共产主义的理论论述来看,马克思主要是立足于共产主义中有关人的价值,而不是作为一种期待的社会状况,其共产主义思想对我国社会主义的建设具有理论和实践意义。中国共产党长期坚持以马克思主义思想作为指导方针,来建设中国特色的社会主义国家,作为社会主义大国达到共产主义社会是全体人民以及国家建设的最为长远的目标。对于党员和领导干部而言,只有树立共产主义的理想信念才不会在面对四种危险时摇摆不定,贪污受贿损害的是国家与人民的利益。要保持先进性,这种先进性是指在政治上的,即明确正确的政治方向,遵守党的规章制度,在受到诱惑时能够坚持原则,坚定信念,全心全意为人民服务,做好自身的本职工作。在马克思对共产主义的分析中,我们对共产主义有了更深刻的理解,更加有助于坚定建设共产主义的理想信念。

**注释:**

[1]马克思恩格斯全集:第42卷[M].北京:人民出版社,1979.

[2]马克思.1844年经济学哲学手稿[M].北京:人民出版社,2000.

（指导教师:杨 莉）

# 马克思的剩余价值理论及现实价值研究

樊倩倩*

【摘 要】马克思剩余价值理论的创立经过了三个发展阶段,蕴含丰富的内容。该理论对古典政治经济学的创新,包括区分劳动和劳动力,揭示了剩余价值的来源;区分剩余价值和利润,从具体形态中抽象出一般;提出平均利润理论,科学地解释了剩余价值的分配问题。马克思的剩余价值理论科学地阐释了当代资本主义社会出现的新变化,为社会主义市场经济的健康发展提供了重要启示。

【关键词】马克思;剩余价值理论;现实价值

马克思的剩余价值理论以劳动价值论为基础,科学地揭示了剩余价值的真正来源,揭示了资本主义的剥削本质和必然灭亡的历史趋势,具有丰富的科学内涵,对于解释当代资本主义社会的新变化和建立健全社会主义市场经济体系,建设社会主义现代化强国具有深刻的理论指导意义。

## 一、马克思剩余价值理论的产生

马克思的剩余价值理论是经过长时间的研究逐步建立起来的,它的创立经历了三个发展阶段。

首先,马克思的剩余价值理论萌芽于19世纪40年代。马克思在他担任《莱茵报》主编时"第一次遇到要对所谓物质利益发表意见的难事"[1]P31,成为他研究政治经济学的开端,马克思认为对市民社会的解剖应该到政治经济学中去寻求。《1844年经济学哲学手稿》是马克思对政治经济学的初步探索,在这里马克思不仅考察了私有制下劳动与资本的对立,而且指出劳动与生产资料相分离导致了劳动的异化,提出了异化劳动理论。之后在《德意志意识形态》中,马克思

---

* 樊倩倩,马克思主义学院马克思主义发展史17级,172030502003。

详细地考察了随着资本主义产生而发展起来的资本与雇佣劳动的关系。1847年,《雇佣劳动与资本》问世,马克思全面地分析了"劳动商品",第一次把剩余价值理论公布于世,这表明马克思在当时"不仅已经非常清楚地知道'资本家的剩余价值'是从哪里'产生'的,而且已经非常清楚地知道它是怎样'产生'的"[2]P12。其次,马克思的剩余价值理论基本形成于19世纪50至60年代。在《1857—1858年经济学手稿》中,马克思分析了货币到资本的转化,考察了雇佣劳动市场的形成与特点,创立了劳动力商品原理并第一次明确地提出了"剩余价值"这一概念。最后,马克思的剩余价值理论全面确立于19世纪60年代后期至80年代。在《1861—1863年经济学手稿》中,马克思批判了古典政治经济学家的阶级局限,阐明了剩余价值与利润的含义和区别,引入了"超额剩余价值"这一概念。1867年9月,《资本论》第一卷问世,在这一巨著中,马克思科学系统地阐释了剩余价值理论,阐明了资本主义生产过程是劳动过程和价值增值过程的统一,揭示了资本主义的剥削本质和必然灭亡的历史趋势。

**二、马克思剩余价值理论对古典政治经济学的创新**

马克思的剩余价值理论是在批判地继承古典政治经济学研究成果的基础上形成的,对古典政治经济学有诸多的创新。

(一)区分了劳动和劳动力,揭示了剩余价值的真正来源

威廉·配第把政治经济学的研究从流通领域转到了生产领域,最先提出劳动创造价值的思想,并指出生产商品所耗费的劳动时间决定商品的价值。亚当·斯密指出任何部门的劳动都是财富的来源,资本积累和劳动分工能够增加国民财富。大卫·李嘉图坚持和发展了劳动价值论,认为商品的劳动时间决定商品的价值,但在一些场合,李嘉图却矛盾地认为资本也可以创造价值。古典政治经济学家提出并发展了劳动创造价值的思想,并接触到了剩余价值,但并没有认识到劳动与劳动力的区别。马克思在批判地继承古典政治经济学家劳动价值论的基础上,区分了劳动与劳动力,揭示了剩余价值的真正来源。在《1857—1858年经济学手稿》中,马克思第一次比较系统地阐释了劳动价值论,明确了劳动和劳动力的不同,区分了劳动价值和劳动力价值。马克思认为资本家用货币购买

的并非雇佣工人的劳动而是劳动能力,从而劳动力成为一种商品,而劳动力的价值则是生产和再生产这种劳动能力所需的物质生活资料。资本家的资本增值实现于生产过程,"资本迫使工人超出必要劳动来做剩余劳动。只有这样,资本才能增殖自己的价值,创造出剩余价值。"[3]P408 在这一过程中,资本家以支付工资的形式付给工人劳动力的价值,而不是劳动的价值,实际上工人无偿"让渡"了自己的部分劳动,这样资本主义工资的本质也被揭示了出来。

(二)区分了剩余价值和利润,从具体形态中抽象出一般

李嘉图的理论中包含着等价交换的价值规律与利润来源之间的矛盾。一方面李嘉图坚持劳动价值论和等价交换的价值规律,认为商品的利润来源于生产这一商品的劳动;另一方面他把资本与劳动之间不等价交换的现象看作是价值规律的"例外"。需要指出的是,李嘉图将剩余价值与利润混为一谈。马尔萨斯否定了李嘉图关于利润来源的观点,指出利润来源于商品所交换到的价值量与商品本身所包含的价值量之间的差额,并提出"第三类买者"论来论证这一观点。实质上,这是马尔萨斯对价值规律的否定。古典政治经济学家没有区分开利润与剩余价值的本质区别,也就不能科学地分析和认识资本主义社会经济发展规律。马克思在《1857—1858年经济学手稿》中,将剩余价值本身与其具体表现形式严格地区分开,从具体形态中抽象出一般,阐明了利润与剩余价值的区别。马克思指出,在资本主义生产方式中,剩余价值是从可变资本来考察的,是指物化在商品中的劳动超过有酬劳动的金额,而利润则是资本家全部预付资本的产物。利润是剩余价值的转换形式,而剩余价值是利润的本质,这二者之间存在质的差别。

(三)提出了平均利润理论,科学解释了剩余价值分配问题

剩余价值的分配问题是剩余价值理论的重要组成部分。亚当·斯密分析了工资、利润和地租三种收入的分配。斯密指出,工资是劳动者的收入,是商品价值的组成部分,工资的高低与供求关系、人口数量和物价水平因素有关;利润是资本所有者的收入,是资本所有者从劳动者生产的全部产品中扣除的一部分;地租是地主的收入,这三种收入构成了一个国家年产物的全部价格。在这里,斯密已经初步认识到利润是剩余价值的一种形式。李嘉图认识到,各行业之间的竞

争促使各行业间的利润按一定的比例朝着同一方向变动的趋势,但他并没有科学地分析利润与平均利润、价值与生产价格之间的转化过程。而在《1861—1863年经济学手稿》中,马克思分析了剩余价值的本质与其表现形式的关系,论证了价值到生产价格、利润到平均利润的转化。在《资本论》中,马克思对剩余价值的分配做了系统的阐释,认为资本主义生产方式中剩余价值被利润代替,剩余价值率表现为利润率。资本主义生产各部门相互竞争促使利润表现为平均利润,价值转换为生产价格。由于商品资本独立化为商业资本,受平均利润率支配,利润被分割为产业利润和商业利润,职能资本家由于借用货币资本而以报酬形式支付给借贷资本家的一部分利润则表现为利息,这样就实现了剩余价值在各个行业的分配。

正是马克思剩余价值理论对古典政治经济学的创新,马克思才能科学分析"资本主义生产方式以及和与它相适应的生产关系和交换关系"[4]P8,揭示资本主义社会发展规律,论证资本主义的内在矛盾和必然灭亡的历史趋势。所以,马克思剩余价值理论的提出,在政治经济学发展史上具有里程碑意义。

**三、马克思剩余价值理论的现实价值**

马克思的剩余价值理论是基于19世纪资本主义社会发展变化的历史现实进行的理论创造。在当今世界,资本主义社会出现了新变化,社会主义国家也在发展市场经济,但需要指出的是,马克思的剩余价值理论仍然适用于分析当今资本主义社会的经济发展问题,对我国社会主义市场经济的良性健康发展有重要启示意义。

(一)剩余价值理论仍然能够科学解释当代资本主义社会的新变化

当今时代,资本主义最大的变化就是由国家垄断走向国际垄断,而对于这一变化仍然可以用马克思的剩余价值理论来解释本质,这就是当资本在一国之内集中到形成国家垄断的程度时,为了获得更广阔的市场和廉价劳动力,资本开始了世界范围内的扩展和集中,从而使资本主义形成了国际垄断。与马克思所处的时代不同,当今的资本主义生产方式突破了国家的界限走向世界。但要强调的是,资本主义的发展仍然是以私有制为基础的,雇佣劳动制度并没有被消灭,

劳动力仍然作为商品存在,所以资本主义运行的实质并没有改变。除此之外,资本的社会化程度在不断提高,资本的有机构成也在不断提高,资本主义的剥削方式发生了变化,但资本主义剥削并未消除。资本主义国家为了更好地适应社会发展的需要,或主动或被动地采取一系列的措施来调整生产关系,改善经营管理,提升工人的工资、福利待遇,工人或拥有企业部分股权,或参与企业经营管理,他们的生活环境和工作条件得到了改善,工作时长相对减少,但这些新变化并不意味着工人不再受到剥削和压迫。在当代资本主义生产中,工人得到的这些"福利"源于他们为资本家创造了更多的剩余价值。也应该注意到,当今时代科技进步可以部分地代替人类劳动,创造出更多的剩余价值,但科技、知识、信息水平的提高,人工智能、无人工厂的出现,也正是人类劳动的产物,这里的劳动包括体力劳动和脑力劳动。因此,劳动仍然是剩余价值的唯一源泉,人工智能也并不能取代人类劳动。同时,马克思的剩余价值理论还能够为当代资本主义危机给出合理的解释,包括资本主义经济危机、社会分配不均带来的社会危机、经济利益争夺带来的政治危机和资本家追逐利益导致的生态危机。可以说,这些危机的出现就是资本家追逐剩余价值的必然后果。

从根本上说,资本主义制度并未改变,私有制仍然是当代资本主义社会经济制度的基础,剩余价值的来源和实质均未发生改变,工人受剥削和压迫的境况在实质上也并未改变,剩余价值理论仍然适用于分析当代资本主义社会的经济问题。

(二)剩余价值理论为社会主义市场经济健康发展提供重要启示

马克思在《资本论》中指出,对剩余价值的追求是导致资本积累的原因,而资本积累的结果必然导致两个极端,一端是财富的积累,一端是贫困的积累。马克思指出:"贫困、压迫、奴役、退化和剥削的程度不断加深,而日益壮大的、由资本主义生产过程本身的机制所训练的、联合和组织起来的工人阶级的反抗也不断增长。"[4]P874当社会贫富差距和两极分化不断扩大,资产阶级和无产阶级的矛盾达到不可调和的程度时,资本主义私有制的丧钟就要敲响了。而在无产阶级消除资本主义私有制,建立的自由人联合体中,要促进社会经济发展就必须在公有制基础上重建个人所有制,激发人们的主动性、创造性、积极性,极大地发展生产力,丰富物质生活资料,这对于我国建设和发展社会主义市场经济具有重要的启示。

首先,要坚持社会主义公有制的主体地位不动摇。在资本主义社会中生产资料私人占有,资本家为了攫取更多的剩余价值而剥削和压迫无产阶级,致使社会矛盾不断激化。作为社会主义国家,要保障人民的权益,要坚持正确的发展方向,必须坚持社会主义公有制的主体地位。同时,从我国国情出发,要鼓励、引导、支持非公有制经济发展,发挥其在促进科技创新、增加就业岗位、稳定经济增长等方面的积极作用,公有制经济与非公有制经济协同发展,共同促进经济持续稳定增长。具体来说,就是要允许不同所有制形式的企业追求合法的、正当的经济利益,促使企业之间利用竞争机制、价格机制、供求机制等展开公平竞争,从而推进技术革新,缩短社会必要劳动时间,提高社会生产率。但经济发展要能够普惠到广大人民群众,必须要坚持公有制经济的主体地位,发挥公有制经济的引领作用,努力克服功利主义价值导向给社会主义市场经济发展所带来的负面影响,将社会主义的原则与市场经济的活力、效率结合在一起,促进我国经济社会良性健康发展。

其次,要改革完善分配制度。马克思的剩余价值理论阐释了产业利润、商业利润、借贷利润和地租在各资本家之间的分配,指出资本家追求剩余价值的生产导致资本主义的政治危机、经济危机、社会危机和生态危机,这警示我们在发展社会主义市场经济的过程中,要不断完善社会主义分配制度,注意调节社会分配,缩小贫富差距,促进社会公平正义,充分调动劳动者的劳动积极性。要看到,有效的分配制度能促进劳动者内部竞争,从而提高劳动者自身的专业素质,进而促进整体国民综合素质的提升。在坚持以按劳分配为主体的同时重视按生产要素分配等其他分配方式,并建立完善的社会保障制度,将眼光放在弱势群体上,允许因天赋、运气等因素导致的"非社会性机会"不平等分配,但教育、低保等"社会性机会必须平等"[5]P53-60。此外,要健全法律法规体系,有效保护人民群众的合法收入。

最后,要切实保障劳动者的合法权益。受市场经济的趋利性和功利主义价值观的影响,在我国一些非公有制企业也会出现不规范行为,损害劳动者的合法

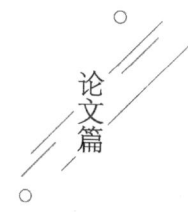

权益。就国家而言,就需要健全劳动法律法规体系和工会组织,加强监管,督促经营者规范自己的行为,承担应该承担的责任和义务,保障劳动者的合法权益。同时,政府要完善社会保障体系,发挥好宏观调控的作用,指导劳动者就业,让劳动者共享发展机会。就企业而言,要遵守劳动法律法规的要求,满足职工的利益诉求,保障职工的合法权利,正确处理新技术运用与吸纳劳动者就业之间的关系,营造和谐的具有人文情怀的企业文化氛围,避免和克服企业过度的功利主义追求给劳动者所带来的负面影响。

总之,马克思的剩余价值理论并未过时,它包含的科学内容对于分析当今世界资本主义社会发展出现的新变化,对于我国完善社会主义市场经济制度均具有重要的理论指导意义。

**注释:**

[1]马克思恩格斯选集:第1卷[M].北京:人民出版社,1995.

[2]马克思.资本论:第2卷[M].北京:人民出版社,1975.

[3]马克思恩格斯全集:第46卷上册[M].北京:人民出版社,1979.

[4]马克思.资本论:第1卷[M].北京:人民出版社,2004.

[5]郭彩霞,李永杰.马克思分配正义的历史逻辑及其当代价值——从资本参与分配是否符合正义的争论谈起[J].中共中央党校学报,2018,22(06).

(指导教师:王海霞)

# 青年马克思的择业观对当代大学生的启示

高军礼[*]

**【摘　要】** 当代大学生选择职业时存在着很多价值偏差,职业选择的价值纠偏是大学生亟待解决的现实问题。马克思的《青年在职业选择时的考虑》(以下简称《考虑》)一文系统阐释了青年职业选择的前提、标准和遵循的主要指针,为大学生的职业选择指明了方向。职业的选择一定要充分地认识自己的主客观条件,不倾向虚荣、不趋于名利、不依靠幻想。坚持马克思的择业标准,遵循为人类幸福和自身完美这一主要指针,力求使个人的职业臻于完美境地,牢固树立在职业选择中的责任意识、诚信意识、奉献意识。

**【关键词】** 马克思;职业选择;择业观;现实启示

马克思的择业观在他的中学毕业论文《青年在选择职业时的考虑》中得到了充分的体现。马克思在《考虑》中,对青年在选择职业时应遵循的主要指针、择业原则、择业态度、择业影响,以及职业选择与人生幸福观等问题,都做了深刻的阐述和分析。在这篇文章中,洋溢着马克思深切的人文关怀和为人类社会谋求幸福的崇高理想。"充满了理想主义色彩,洋溢着要通过一种方式把人的个性完全发展出来的热情,即规避权力和荣誉、用自我牺牲的精神来为人类整体谋福利"[1]P12。《考虑》一文对我国当代大学生形成正确的择业观有着深刻的现实启示。

## 一、职业选择的前提:认真考虑

马克思认为,每个人都有自己看来是伟大的目标,通过"轻柔而真实"的内心声音来暗示出来。"但是,这声音很容易被淹没;我们认为是热情的东西可能

---

[*] 高军礼,马克思主义学院思想政治教育17级,172030505005。

倏忽而生,同样可能倏忽而逝。"[2]P455-456它很容易被虚荣心和欲望所迷惑,因此谨慎也是必要的。正如马克思所说:"所选择的职业是不是真正的怀有热情?发自我们内心声音是不是同意选择这种职业?"[2]P456从这句话可以看出:青年在选择职业时应当充满热情,倾听内心的召唤并认真细心地考察,发现自己真正适合做什么。如果冷静地考虑了所有的因素,那就应该充满热情地从事自己所选择的职业,忠于自己的职责。

从事一种抽象真理研究的职业应特别谨慎,因为"这些职业能够使才能适合的人幸福,但也必定使那些不经考虑、凭一时冲动就仓促从事的人毁灭"[3]P140。马克思论述了青年在职业选择中的二重性,即职业的选择是一把双刃剑。选择"可取"的职业能够成就一个人的一生,反之,也能摧毁一个人的人生。因此,在职业选择过程中一定要权衡利弊,认真考虑上述问题是青年在职业选择中的首要前提,以便充分发挥个人的主观能动性。

接着,马克思提醒青年在职业选择时,一定不能被那些建立在虚荣心、名利、幻想等直觉和盲目的力量所迷惑。他认为"虚荣心容易给人以鼓舞或者一种我们觉得是鼓舞的东西;但是被名利弄得鬼迷心窍的人,理智已经无法支配他"[2]P456;幻想则可以把一个人所选择的职业美化成至高无上的东西,让人只能在远方窥见,而不能认清它所赋予我们的重大责任。当职业的选择被虚荣心、名利、幻想等非理性认识所驱使时,理智将无法充当顾问,职业的选择将不再是理性支配下的科学思维,而是受冲动和幻想的美好驱使。因此,职业的选择还应当考虑那些虚无幻想的诱惑,通过沉着冷静的思考,认清选择的职业赋予我们的重大责任和困难。综合诸多因素并经过反复推敲,这样做出的选择才能经得起时间的考察和实践的检验,才能在复杂的环境中坚持自我而不随波逐流。

马克思认为:"我们并不总是能够选择我们认为适合的职业;我们在社会上的关系,还在我们有能力对它起决定性影响以前就已经在某种程度上确立了。"[2]P457也就是说,职业的选择在一定程度上是受到社会环境、家庭条件等因素影响的。青年在择业的时候应该认清自己所立足的社会和家庭的实际环境,做出正确合理的选择。同时,除了社会条件,身体条件也是职业选择中应当首要考虑的前提。马克思认为,超过个人体质的限制会使我们垮得更快。因为超过体制的限制工作就要无休止地进行个人精神和肉体的斗争,而这种自我内部的斗争会使得我们筋疲力尽,如此就无法安静的工作,也就无法忠于自己的职业。因此,在职业选择的过程中一定不能妄自菲薄,应当正确地估计自己的能力,经过深思熟虑选定能够胜任的职业,这样才不至于对自己要从事的工作陷入心有余而力不足的境地。

**二、择业标准:完美境地的职业**

在我们认真考虑了职业选择的前提后,当实际条件都允许我们从事任何一种职业时,我们就可以选择一种使我们有尊严的职业,"选择一种建立在我们深信其正确思想之上的职业;选择一种能给我们提供广阔场所来为人类进行活动、接近共同目标的职业"[2]P458。这里,马克思认为,只有坚持正确的思想,并且这种思想是为人类共同目标所努力、为人类共同活动所服务,只有选择这样的职业才能使我们有尊严,也只有选择了为人类共同目标而努力才是臻于"完美境地的职业",而"对于这个目标来说,一切职业只不过是手段"[2]P458。也就是说,无论我们选择何种职业,只要是为了人类的共同目标,从事什么样的职业只是我们用来实现这一目标的手段,即职业的本质是相同的。这样选择的职业就会使我们变得高尚,从事职业的主体和其作用的对象也就具有了崇高的品质。

对于选择的职业是否建立在正确的思想之上,即我们的思想是否符合客观事实、遵循客观规律。马克思在《关于费尔巴哈的提纲》中阐述:"人的思维是否具有客观的真理性,这并不是一个理论的问题,而是一个实践的问题。"[4]P16这就是说,正确的思想是建立在长期实践的基础之上的、符合社会发展一般规律的客观真理,即职业选择所要遵从的真理标准。也就是说,青年在选择职业时要以个人社会关系和家庭环境等实际情况作为参考,一定要脚踏实地,而不是把职业理想作为一个没有良好基础的空中楼阁,职业的选择不能好高骛远。

什么样的职业才能带给人尊严?马克思认为:"在从事这种职业时我们不是作为奴隶般的工具,而是在自己的领域内独立地进行创造;这种职业不需要有不体面的行动。"[2]P458这样的职业就是有尊严的职业。这就是说,能给人以尊严的职业就是深信其正确思想的职业。这种职业没有高低贵贱之分,只要我们深信它是可取的,那么职业本身就会给予从业者尊严。人们从事职业的过程将不再是被动地接受,而是主动地争取。

目前很多大学生在选择职业时,仅仅把职业看作是一种谋生的方式或手段。在职业选择时,往往以地位高低、声望大小、环境变定、薪资多少等作为择业标准。选择的职业让他们感到被动和压抑。马克思在《1844年经济学哲学手稿》中这样表述:"如果人把他自己的活动看作一种不自由的活动,那么他是把这种活动看作替他人服务的、受他人支配的、处于他人强迫和压制之下的活动。"[5]P56 也就是说,选择的职业如果使人失去了主观能动性,就会使劳动变成异己的存在,即劳动异化。人们就会成为从事职业的奴隶般的工具而失去自我。这样选择的职业就无法给予人尊严,也无法使人的行为变得高尚。

人们在选择职业时,并不是职业本身让人变得高尚而有尊严,而是人让职业变成一种具有某种崇高品质的东西。因此,职业选择应当建立在深信其正确思想的基础上,选择一种为"人类进行活动、接近共同目标即完美境地"的职业。这样的职业非但不会使我们感到疲倦,反而会让我们能够忘我地投入。

**三、职业选择遵循的主要指针:利人利己**

马克思深入剖析了青年选择职业的前提和标准,进一步提出了青年职业选择的最高目标就是人类的幸福和自身的完美。这就要求青年在选择职业时遵循利人利己这一主要指针,做到先公后私、公而忘私,在实践中不断提高自身服务社会、服务他人的本领,实现自身能力的提高和价值的升华。"奉献社会"和"成就自己"并不冲突,人作为一切社会关系的总和,社会和个人就是辩证统一的,只有正确处理个人与社会的关系,并在二者的统一中才能更好地实现人生价值。因此,人生的真正价值在于个人对社会的贡献。正如马克思所言:"人们只有为同时代人的完美、为他们的幸福而工作,才能使自己也达到完美。"[2]P459

当代青年不仅要把握好人生的"总开关",还要增强个人的责任意识、服务意识、奉献意识。"历史承认那些为共同目标劳动因而自己变得高尚的人是伟大人物。"[2]P459 因此,青年应当选择一种能为最广大人民利益而劳动的职业,能为最广大人民的幸福而奋斗一生,在劳动中获得乐趣,在奋斗中体验幸福,个人才会因为纯粹而完美无瑕,这样的品格才会变得高尚。

**四、马克思青年择业观的现实启示**

面对当代青年的职业选择存在着许多亟待解决的问题:职业理想倾向功利

化、职业目标倾向近期化、职业价值自我化。由于社会生活环境和家庭条件等因素影响,导致许多大学生在选择职业时出现价值偏差。习近平总书记在党的十九大报告中指出:"青年兴则国家兴,青年强则国家强。青年一代有理想、有本领、有担当,国家就有前途,民族就有希望。"[6]P69这既是总书记对青年一代的厚望,也是时代赋予青年一代的使命,更是青年一代义不容辞的责任。因此,当代大学生应当加强职业选择的责任意识、诚信意识、奉献意识,积极践行社会主义核心价值观,树立正确的人生观、价值观、世界观。

马克思的《考虑》一文,从主观和客观上分析了选择职业时首要考虑的问题,从理性和感性上阐述了职业选择时的价值诉求,表现出马克思青年时期在职业选择上的睿智与冷静。虽然,文章中略带马克思早期思想的局限性,但他把职业的选择从社会环境和人类生活的角度加以审视,并认为只有利他主义才能使个人的幸福惠及大众,在平凡中成就伟大。通过对《考虑》的理解,使我们深刻领悟到:青年马克思的择业观并没有因时空变换而黯淡无光,而是随着人们不断深入解读,在21世纪的今天愈发熠熠生辉。他的思想对我国当代青年的世界观、人生观和价值观具有不容忽视的指导意义,他的择业观也对当代青年的职业选择具有极其深远的现实启示。

第一,加强大学生职业选择的责任意识。责任是思想和行动互通的桥梁。由于缺乏责任意识,使得大学生在选择职业时不能谨慎考虑而成为职业的"工具",缺少积极性、主动性、创造性。大学生的责任意识影响青年一代能否承担起历史赋予他们的使命。因此,加强对大学生的责任教育是事关社会主义事业成败的关键。一方面,在家庭教育中,父母应当让孩子多参与家庭事务的处理,而不是给予他们一个无忧无虑的环境,让孩子成长在温室中;另一方面,学校应当加强制度的完善和思想的引导,鼓励学生组织并策划一些校园或社会实践活动。

第二,加强大学生职业选择的诚信意识。"言不信者,行不果",没有诚信就没有大的作为。"人无信不立",一个想要成就一番事业的人,首先要做到信守承诺、一言九鼎。因此,大学生一定要树立诚信意识。以立志成才为己任,以服务人民为目标,以"人类的幸福和自身的完美"作为个人的价值追求。一是学校应当加强诚信教育管理,制定相应的诚信评判机制,加强对学生诚信意识的培

育;二是学生应当加强自身修养,积极参与学校的各种诚信教育活动,严格要求自己,努力做到"言必行,行必果";三是政府应当把诚信问题上升到法律层面,对于漠视诚信、消费诚信的现象给予严肃处理。事关诚信的重大事件应当做到赏罚分明。

第三,加强大学生职业选择的奉献意识。"欲将取之,必先予之",一个人要实现自己的人生价值,首先要对社会有所贡献。因此,青年一定要树立奉献意识,奉行利他主义,努力做到"先天下之忧而忧"。培育大学生的奉献意识要求青年一代在实践中体验服务他人的意义和乐趣,使大学生真正意识到人生的意义在于奉献他人。在一定程度上学校需要组织学生参与志愿者活动,并把学生的奉献意识培育纳入学生考核制度,增强学生积极主动投身为他人服务的事业当中。

第四,端正大学生职业选择的价值观念。在市场经济快速发展的今天,大学生择业观念同样发生着深刻的变化,很多大学生以薪资判别一种职业的贵贱,忽视了学历、能力、阅历的差别,往往把学历同能力、阅历相提并论。同时,大学生职业选择缺乏主动性,造成许多大学生被动择业,导致大学生从事职业与自身专业不匹配、工作任务与个人能力落差大等现象。端正大学生职业选择的价值观念已迫在眉睫。大学生应当树立正确的价值观念,首先应当从实际出发,从个人学历、能力、阅历等方面正确认识自己,根据自身实际条件选择一份对个人和社会有意义的职业。其次,大学生应当不断增强自身的服务意识和服务水平,不断提高自身服务社会和他人的能力,努力学好科学文化知识和专业技能。唯此,大学生才能选择一份更加适合自己的职业,才能在自己从事的岗位上做出应有的成绩和贡献。

当代大学生作为即将步入社会的一分子,家庭教育对孩子的引导依然不容忽视。父母作为孩子的启蒙老师,对孩子职业选择中的责任意识、诚信意识、奉献意识有着重大的影响。父母是孩子的一面镜子,大学生的择业观与他成长的家庭环境有着密不可分的关系。因此,一方面家长需要以身作则,种下"慈爱"的种子,改变自身不适当的思想和行为;另一方面家长应当摒弃传统的"唯成绩论",摒弃那些绝对功利化的教育模式,积极引导孩子端正自己选择职业的态度。

青年的职业选择是人生的一个重大事件,需要认真考虑个人的社会条件、家庭条件和个人条件,然后对自己的职业做出"可取"的选择。摒弃不合时宜的择业观念,树立马克思主义的科学择业观。通过认真思考,选择一种力所能及并为他人幸福而劳动的职业。积极参与到家庭事务、社会实践等活动中,践行社会主义核心价值观,端正自己人生的"总开关",努力克服功名、利益、幻想等不合理因素对自身职业选择造成的迷惑。

**注释:**

[1]戴维·麦克莱伦.马克思传[M].王珍,译.北京:中国人民大学出版社,2010.

[2]中共中央马克思恩格斯列宁斯大林著作编译局.马克思恩格斯全集:第40卷[M].北京:人民出版社,2002.

[3]中共中央马克思恩格斯列宁斯大林著作编译局.马克思恩格斯全集:第31卷[M].北京:人民出版社,1995.

[4]中共中央马克思恩格斯列宁斯大林著作编译局.马克思恩格斯选集:第1卷[M].北京:人民出版社,1972.

[5]中共中央马克思恩格斯列宁斯大林著作编译局.1844年经济学哲学手稿[M].北京:人民出版社,2014.

[6]本书编写组.党的十九大报告辅导读本[M].北京:人民出版社,2017.

(指导教师:洪 涛)

# 《1844年经济学哲学手稿》中异化劳动理论与人的解放

高雪倩[*]

**【摘 要】**《1844年经济学哲学手稿》是体现马克思思想转变时期的重要著作之一。在该著作中马克思从四个方面分析了异化劳动导致人的主体地位的丧失和自身价值贬值的具体表现；考察了异化劳动与私有财产之间的关系，从而揭示了劳动发生异化的原因；最后探讨了实现人的解放的条件和路径，为处于社会底层的无产阶级求得自身解放指明了奋斗目标和根本方向。

**【关键词】**马克思；异化劳动；人的解放

马克思的《1844年经济学哲学手稿》（以下简称《手稿》）自其出现在世人面前开始，就闪烁着智慧的光芒，历久弥新。这部《手稿》于1844年8月出版，其中马克思把异化问题与人的解放问题结合起来，是学术界研究的重点。尽管马克思在《手稿》中的异化劳动理论在马克思的思想中具有前期性和阶段性，但是它也是作为剖析资本主义乃至人类社会许多现象的重要理论工具。在当代中国，进一步讨论异化劳动理论与人的解放之间的关系对正确认识当代中国人的自由而全面的发展具有重要意义。

## 一、《手稿》对异化劳动导致人的价值贬值的分析

"异化"一词最早出现于17、18世纪，是唯物主义者和契约论者提出的，表明了一种财产的让渡和转让关系。黑格尔把"异化"作为一个哲学范畴，在"对象化"和"外化"的基础上提出了"异化"的概念。费尔巴哈也用"异化"表明宗教的存在是人在本质上的一种异化。而马克思提出的"异化"是基于现实的、特

---

[*] 高雪倩，马克思主义学院马克思主义发展史17级，172030502002。

定历史条件下的人而言,认为"异化"作为一种社会现象,是伴随着阶级的产生而产生的,是人的物质生产与精神生产及其产品变为异己力量,反过来统治人的一种社会现象。异化概念所反映出来的,是人们的生产活动及其产品反对人们自身的一种特殊性。在异化劳动中,人的能动性丧失,受到异己力量或物质或精神的奴役。"我们现在必须弄清楚私有制,贪欲和劳动、资本、地产三者的分离之间,交换和竞争之间,人的价值和人的贬值之间,垄断和竞争之间等等,这全部异化和货币制度之间的本质联系。"[1]P40马克思在异化劳动理论中用四个本质规定性说明了这诸多关系导致的人与人、人与社会之间的矛盾与对立。

第一,劳动者与劳动产品相异化,是马克思异化劳动理论中的第一个本质规定性。马克思在这里阐述了一种"反常"的现象,即工人生产的产品越多,工人就越贫穷。按照正常的思维理解,如果工人能够生产更多的产品,那么工人自身的价值就越大,得到的就越多,自然也就离贫穷越来越远。这样一件众人皆知的事实放在资本主义社会却是不同的。"这一事实无非是表明,劳动所生产的对象,即劳动的产品,作为一种异己的存在物,作为不依赖于生产者的力量,同劳动相对立。"[1]P41具体来说,劳动者价值的大小完全是由他们自己生产出来的产品的价值的大小来体现的。在资本主义的社会条件下,生产资料由资本家私人占有,劳动者即使是在工作中耗费了大量的脑力和体力来进行生产,但是他们亲手生产出来的却是与自身相对立的、异己的力量,随着劳动强度的增加,他所生产出来与之相对立的力量也会随着劳动的增加而逐渐强大,属于劳动者自己的东西也就逐渐减少。这样一种现象的出现就如同人们在宗教中的活动那样,奉献给上帝的越多,归于自身的就越少。劳动者把自己的劳动悉数灌注于劳动对象的体内,但也因此赋予了劳动对象新的生命,一个与劳动者相对立的生命。按照正常的人与物之间的关系而言,谁生产了商品,谁就能拥有该商品,这才是最符合社会发展规律的状态。然而在资本主义制度下,这样的一种符合人性的东西全然不存在了,国民经济学家竟然用最"反常"的现象维护资本主义,这就呈现出了一种极不协调甚至是互相对立的社会状态。

第二,劳动者同劳动活动相异化,是马克思异化劳动理论中的第二个本质规定性。马克思认为,劳动的存在,是人的内在需要的结果。人之所以从动物的世

界脱离出来,就是因为劳动。当人们处于异化劳动的状态中时,劳动变成一种不属于自己的异化的力量去迫使工人为了生存而为他人进行生产活动,在这样一种毫无幸福感可言的生产活动中,工人能够体会的除了痛苦和不断的否定之外别无其他。"只要肉体的强制或其他强制一停止,人们就会像逃避瘟疫那样逃避劳动。"[1]P43 劳动本来是由生命创造的自主性活动,而在资本主义私有制下,劳动对于工人而言,只不过是谋生的手段,不再是他自身的本质的东西,一旦丧失了这样一种自觉的、本质的属性,劳动真正的价值便会消失,异化劳动也就开始逐渐浮出水面。人们只有在逃避劳动、脱离劳动时,才能感觉到幸福,劳动者只有在实现自己动物的机能,至少是在穿衣打扮时,才能感觉到自己是自由的,是属于自己的,而在实现自己作为人类的机能时,却认为自己只能当作动物般的存在。具有异己性的劳动只能不断地造成人对自身价值的贬值,劳动者作为工具,在劳动过程中丝毫不会感觉到光荣,而资本家也自然不会尊重劳动者。根据马克思的唯物史观,人民群众作为历史的创造者,既然自己都已不再感到幸福,只是像动物一样生产商品的时候,创造本身也就不存在了。

第三,劳动者同他的"类本质"相异化,是马克思异化劳动理论的第三个本质规定性。人的本质是一切社会关系的总和,人并不是孤立的存在,而是社会的一员。"类"这一概念是马克思继承黑格尔的东西,在他看来,人首先必须得是类存在物,要证明他是类存在物,就必须要有生产活动,"生产生活就是类生活,这是产生生命的生活,一个种的全部特性、种的类特性就在于生命活动的性质,而人的类特性恰恰就是自由的有意识的活动。"[1]P46 异化劳动的出现夺走了劳动者生产出来的一切产品,同时也夺走了劳动者实现类生活的手段,它把劳动者自由地、自觉地劳动贬低为谋生的手段,人的类生活由于劳动对象的剥夺而被剥夺,人的类本质也就不再真正作为类本质来促进人的进步与发展,劳动者的一切生产生活都在"类本质"异化的结果下丧失了,而"弱肉强食"的动物世界里,人类价值的丧失令人们重新退回到动物界。

第四,人与人相异化,是马克思异化劳动理论中的第四个本质规定性,也是一切异化导致的最终结果。也可以说,以上三个异化导致了最后一个异化的存在,正是因为劳动者所拥有的产品本身、劳动本身以及自己都不再是自己能够掌控的存在,工人已经完全沦为工具被资本家使用,工人与资本家之间才存在极大的对立。那么,工人与工人之间有没有对立呢?答案是肯定的,工人要想生存,要想满足自己和家庭的需求,就必须要同其他工人进行竞争,这样一种关系一旦形成,无论是工人与资本家、还是工人与工人甚至是人与自然之间的和谐关系都将不复存在。

以上的四个本质规定性是马克思对人的价值逐步贬值的现实分析,也是资本主义社会本末颠倒现象的基本表现。马克思的异化劳动理论揭示出在资本主义生产条件下,资本家贪欲的逐渐增长,私有制不断深化,最终使得资本成为统治世界的力量。

## 二、《手稿》对异化劳动与私有财产关系的探析

私有财产,一个存在了几千年的人类社会发展的物质基础,曾经被英国的大法官托马斯·莫尔认为是罪恶之源。随着生产力的发展,私有制内部巨大的矛盾也逐渐显露了出来。马克思通过对国民经济学的研究,深刻地分析了私有制带来的巨大灾难以及它无法调和的内部矛盾。在经济学家眼中,他们把私有财产当成一切发生的首要因素,却从未分析过究竟是什么原因导致了私有财产的出现。马克思深入考察异化劳动与私有财产之间的关系,从异化劳动的四个本质规定性出发,揭示了经济学家掩盖着的资本主义社会的秘密,从异化劳动入手,揭开了私有财产产生的原因和秘密。

正是因为异化现象的发生促使劳动者"丧失掉自己的产品并使它变成不属于他的产品,他也生产出不生产的人对生产和产品的支配"[2]P61。马克思从非工人的角度进行考察的时候,揭示了私有财产的秘密。既然工人的劳动已经呈现出一种异化的态势,那么在这样一种异化的状态下呈现出来的关系,相较工人而言,就是一种外在的、不以工人的力量为转移的关系。这个关系本身是由工人生产出来的,但却不受工人的支配,它站在劳动之外,由非劳动者来控制。由于异化关系的形成,使人丧失了自己作为人的真正价值。在私有制下的每个人都想要试图获得一种可以控制他人的力量,以便从他人身上攫取属于自己的利益。"私有财产是外化劳动即工人对自然界和对自身的外在关系的产物、结果和必

然后果。"[2]P61 私有财产导致了这样一种新的外在的社会关系,也就是工人和资本家的矛盾关系,这个矛盾关系表现为外化劳动。基于此,经济学家把这样一种外化劳动产生的原因归结为私有财产的出现,殊不知"私有财产一方面是外化劳动的产物,另一方面又是劳动借以外化的手段"[2]P61。马克思在对私有财产的分析中,克服了因果逻辑的颠倒,认为在劳动过程中形成的扩大化的私有财产进一步推动了异化劳动的发展,只能说私有财产也是劳动成果的一种异化。因此,在工人和资本家这一矛盾关系中,劳动不仅导致了"对象的丧失",还导致了"被对象奴役"。矛盾的进一步深化是私有财产进一步扩大带来的必然结果。

资本主义私有制使资本主义社会的阶级关系固化,下层阶级无法通过自己的努力更好地改善自己以及家庭的生活,上层阶级即资本家却通过压榨劳动人民,积累了越来越多的财富,贫富差距逐步拉大。正是因为社会财富归资本家所有,他们才能更加肆无忌惮地剥削劳动人民,工人生产出来的产品不属于他们自己,他们的工资只能维持自己的生存。马克思正是因为看到了这样一种不公平的社会现象的存在,才彻底地揭开了异化劳动现象产生的秘密。

马克思在对资本主义社会中的异化现象进行分析时,不仅发现了劳动异化为非劳动,也发现了人异化为非人的这样一种结论,同时他还指出私有财产的出现和异化劳动之间的关系是错综复杂、彼此相联系的。在资本主义制度下,私有财产的逐步深化造成了资本主义社会的全面异化,造成人与人之间严重的社会冲突与贫富差距。因此,扬弃异化劳动,消灭私有制,才能为人的解放提供基础和动力。

### 三、《手稿》对实现人类解放的条件和路径的探讨

《手稿》中马克思明确指出,造成异化劳动的根源在于资本主义生产资料的私有制,而要想在真正意义上消除异化劳动,实现劳动者对其本质的真正的占有,实现人的解放,就只有从根本上消灭资本主义制度,建立共产主义社会。只有共产主义是人向自身、向社会的复归,是实现人的解放的路径。共产主义不是一种孤立的、静止的存在,而是一种向往美好生活的运动过程。正如马克思在《手稿》中所说:"要扬弃现实的私有财产,则必须有现实的共产主义行

动。"[2]P128 马克思在这里提出要实现"合乎人性的人的复归",而异化劳动与私有财产的扬弃则真正意义上为实现人的解放创造了可能。

(一)扬弃异化劳动为人的解放奠定基础

在马克思当时所处的异化状态下的社会中,劳动者"非人",资本家也"非人"。劳动者无法真正成为劳动主体,占有自己的劳动产品,而资本家也只是人格化的资本的存在。即使资本家迫使劳动者为其创造价值,劳动者也只有在逃避劳动的时候才是幸福的,这样一个颠倒黑白的世界是马克思极力批判的。"任何一个存在物只有当它用自己的双脚站立的时候,才认为自己是独立的,而且只有当它依靠自己而存在的时候,它才是用自己的双脚站立的"[3]P129。上文已经分析了马克思异化劳动理论中的含义和内容,发现了马克思所说的私有财产与异化劳动之间的关系。要想扬弃异化劳动实现人的本质的复归,就必须消灭私有制。私有制的出现虽然为人们创造了许多生产力,极大改善了人们的生活环境,但是不得不承认,它也为生态、为社会带来了无法磨灭的伤害。马克思在《手稿》中阐述了什么是共产主义,认为共产主义是"人和自然界之间、人和人之间的矛盾的真正解决……它是历史之谜的解答……"[2]P81。虽然在《手稿》中,马克思的共产主义只是一个设想与期望,但是他却在后来《资本论》的撰写中,一步步梳理了如何才能达到共产主义,如何才能扬弃异化劳动。马克思指出,在未来的共产主义社会中,一部分人占有另一部分人的劳动这样一种不公平、不合理的现象将被自由人联合体所替代。在这个联合体中,"他们用公共的生产资料进行劳动,并且自觉地把他们许多个人的劳动当作一个社会劳动力来使用"[4]P96。在这样一种联合体中劳动所生产出来的产品,就会有一部分作为生产资料从属于社会全体,而另一部分作为生活资料由联合体的各个成员自行分配。这是一种全新的生产方式,人与人之间不会再用所谓的权力和阶级地位将彼此区分开来,任何人都不会再有借口推脱自己应该参与生产的部分,同样,他们也拥有了展示自己脑力和体力的机会,这样一来,生产活动从奴役人的活动变成了解放人的活动,人们在生产中真正体会到了满足感和成就感。这样一种全新的生产方式的出现,并不是偶然性的也不是臆想中的,而是建立在现实的社会历史发展之上的。因此,人的解放不仅仅要关注于人的劳动条件的解放,人自身

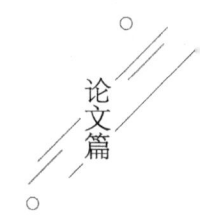

的解放也是十分重要的,现实的解放只有立足于现实中才能成为可能。

(二)通过现实的共产主义运动实现人类的真正解放

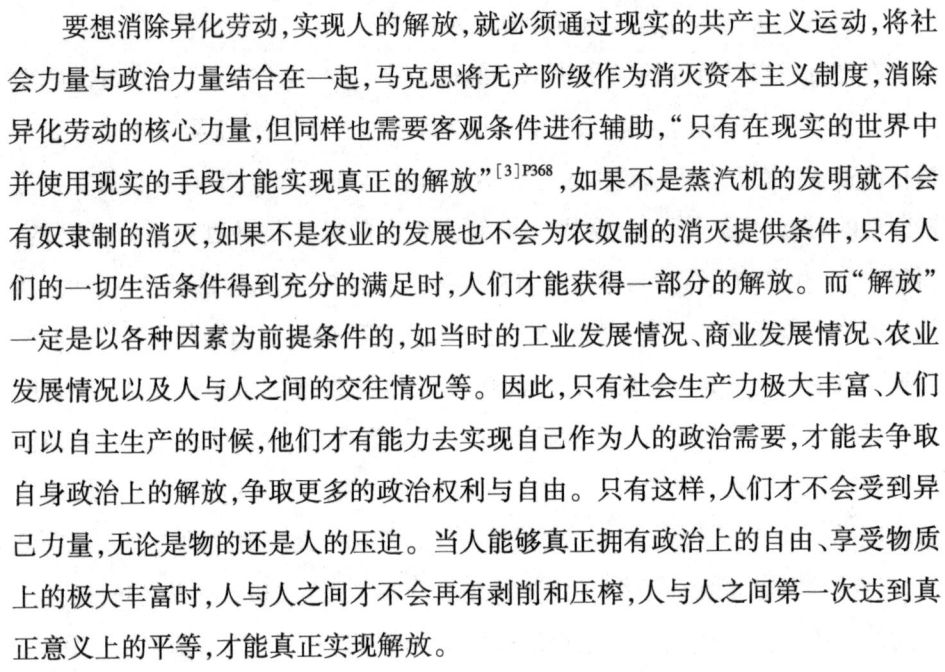

要想消除异化劳动,实现人的解放,就必须通过现实的共产主义运动,将社会力量与政治力量结合在一起,马克思将无产阶级作为消灭资本主义制度,消除异化劳动的核心力量,但同样也需要客观条件进行辅助,"只有在现实的世界中并使用现实的手段才能实现真正的解放"[3]P368,如果不是蒸汽机的发明就不会有奴隶制的消灭,如果不是农业的发展也不会为农奴制的消灭提供条件,只有人们的一切生活条件得到充分的满足时,人们才能获得一部分的解放。而"解放"一定是以各种因素为前提条件的,如当时的工业发展情况、商业发展情况、农业发展情况以及人与人之间的交往情况等。因此,只有社会生产力极大丰富、人们可以自主生产的时候,他们才有能力去实现自己作为人的政治需要,才能去争取自身政治上的解放,争取更多的政治权利与自由。只有这样,人们才不会受到异己力量,无论是物的还是人的压迫。当人能够真正拥有政治上的自由、享受物质上的极大丰富时,人与人之间才不会再有剥削和压榨,人与人之间第一次达到真正意义上的平等,才能真正实现解放。

同时,人之所以成为人,一定要拥有一个完整精神世界。所以,在马克思看来,当物质条件极大丰富以后,人还必须要使自己的精神世界极大丰富。当人们实现精神富足的时候,才不会受到物抑或是利益的控制。也就是说,当私有制被消灭,人们拥有了一切生产资料,生产对象归自己支配的时候,人们才有权决定自己的劳动,拥有自己的权利,这样才是真正实现了自我享受。因为此时的人,不再受到资本家或奴隶主抑或是地主的控制,他们对这个世界的认知建立在自己主动接受的基础之上,而不是被迫去接受,人们主动地认识到自身与世界之间的关系,按照自己的方式能动地去创造和改变世界。只有人们不再仅仅为了生存而活着的时候,精神生活才重新回到这个世界。通过精神文化生活加强人的自我满足感,减少对贪欲的渴求,不受欲望的支配,在交往过程中真诚友善,充分掌握自己生而为人的那种主动性与创造性。在当今的中国,要想真正实现人的解放,达到人的本质的复归,光建立社会主义公有制,实行按劳分配,确保人们拥有生产资料的所有权是不够的,还要重视人们社会关系的和谐,政治权利的完整,精神文化生活和道德的建设,使人们不再受欲望左右,成为自己真正的主人。

**注释:**

[1]马克思恩格斯选集:第1卷[M].北京:人民出版社,1995.
[2]马克思.1844年经济学哲学手稿[M].北京:人民出版社,2000.
[3]马克思恩格斯全集:第42卷[M].北京:人民出版社,1979.
[4]马克思恩格斯文集:第5卷[M].北京:人民出版社,2009.

(指导教师:王海霞)

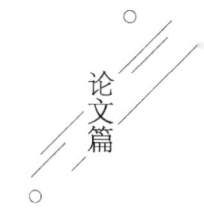

# 《共产党宣言》中的无产阶级意识形态思想及启示

高祎婷*

**【摘 要】**《共产党宣言》(以下简称《宣言》)中的无产阶级意识形态思想在社会物质生活不断发展进步、对资产阶级意识形态思想的批判以及无产阶级革命的现实需要的基础上形成发展起来,包括了"两个决裂"和无产阶级意识形态将是未来社会统治阶级思想等主要内容。《共产党宣言》蕴含的丰富的意识形态思想对我国坚持马克思主义在意识形态领域的指导地位、加强意识形态教育以及合理科学对待各种社会思潮有重要启示。

**【关键词】**《共产党宣言》;无产阶级;意识形态思想

《宣言》的发表既代表着共产主义作为一种势力开始被公众认可,也代表共产党人开始拿自己的理论反驳一切反对声音。《宣言》作为第一次全面阐述科学社会主义原理的著作,为国际共产主义运动提供了理论指导。《宣言》通过对包括资本主义意识形态在内的形形色色的意识形态批判,提出"两个必然"思想,证明无产阶级意识形态形成发展的必然性,对我国坚持马克思主义在意识形态领域的支配地位、保障国家意识形态安全提供了理论借鉴。

## 一、《共产党宣言》中无产阶级意识形态思想的形成

马克思、恩格斯在很多经典著作中都提及"意识形态"思想,但《德意志意识形态》是一个重要转折点,其在唯物史观的基础上对意识形态思想进行了理论性的论述,《宣言》则是从无产阶级解放运动的基础上论述无产阶级意识形态的形成发展,在肯定资产阶级在历史上发挥的积极作用的基础上,驳斥资产阶级对

---

\* 高祎婷,马克思主义学院思想政治教育17级,172030505004。

无产阶级的污蔑,批判了资产阶级意识形态的虚假性,在对无产阶级历史使命分析基础上阐述了无产阶级意识形态的形成与发展。

(一)社会物质生产水平发展是无产阶级意识形态形成的社会基础

在序言中恩格斯着重强调了贯穿《宣言》的基本思想:"每一个历史时代的经济生产以及必然由此产生的社会结构,是该时代政治的和精神的历史的基础。"[1]7结合经济基础与上层建筑的关系,可以看出生产力的飞速发展为无产阶级意识形态的产生发展提供了物质基础。伴随着工业革命的爆发,资本主义社会生产力迅速发展,蒸汽和机器的产生大大提升了生产效率,世界市场在此基础上不断扩大与形成,促使各国的封建制度不断瓦解,在这一过程中资产阶级不断壮大,生产力不断提升,但高度发达的生产力带来的不仅仅是社会物质生活的不断丰富,同时带来极大的社会矛盾。资本主义社会固有矛盾的爆发,导致无产阶级作为被剥削被压迫阶级在生产力高度发达的社会中无法维持自我生活需要,剩余价值被无情剥削,因此,无产阶级开始反抗现存社会制度。恩格斯在《英国工人阶级状况》一书中描述了英国工人阶级的生存现状,温饱得不到保障,居住环境极差,他们付出劳动却无法维持基本生活条件,因此,伴随着社会生产力的高度发展和无产阶级被剥削压迫日益严重的现状,无产阶级意识形态开始凝聚与形成。

(二)对资产阶级意识形态的批判是无产阶级意识形态形成的思想基础

第一,对资产阶级意识形态欺骗性的批判。资产阶级意识形态作为观念"本身是资产阶级的生产关系和所有制关系的产物",是为统治阶级谋求最大利益的上层建筑,而资产阶级在广大人民群众中宣扬自由、平等,为人民勾画一幅和谐美好的社会蓝图,但却在另一面无休止地剥削压迫无产阶级,实际上实行的是对于统治阶级的自由,这只是一种相对性自由,他们在无形中欺骗着无产阶级。第二,对资产阶级意识形态虚假性的批判。资产阶级作为资本主义社会的统治阶级,披着维护社会稳定发展的外衣宣扬自己变形的道德观念、价值观念,资产阶级意识形态是资本主义社会经济基础的反映,但并不符合生产力的高度发展,而相反在一定程度阻碍了生产力的发展,因而具有虚假性。第三,对资产阶级意识形态利己性的批判。《宣言》说到"你们的利己观念使你们把自己的生

产关系和所有制关系从历史的、在生产过程中是暂时的关系变成永恒的自然规律和理性规律"[1]P45,资产阶级通过对无产阶级各个方面的教育来为自己宣传,他们只关心自己统治的合理性与合法性,却不去真正关心无产阶级的生存状况。资产阶级对无产阶级的一切关心都是以利己为出发点,通过欺骗无产阶级来维护自己的统治,但对于无产阶级真正的境遇却没有丝毫关心。恩格斯曾详细描述了无产阶级生活的悲惨,资产阶级生活越来越富足而无产阶级却越来越贫穷,资产阶级少数人口却占着社会大部分的生产资料,因此,对资产阶级意识形态虚假性、欺骗性、利己性的批判对无产阶级意识形态的发展具有重要影响。

(三)无产阶级革命的现实需要是无产阶级意识形态形成的阶级基础

19世纪三四十年代,法、英、德等国家无产阶级展开独立的政治运动,主要标志就是欧洲三大工人运动,虽然运动都以失败告终,但其为马克思、恩格斯创立科学的理论提供了理论借鉴和实践基础,同时为以后工人运动的展开提供经验教训。随着工业的发展,无产阶级队伍不断壮大,但由于生产力发展带来的机器大生产,使无产阶级工资水平不断下降。无产阶级付出比资产阶级还要多还要大的劳动,生活却越加艰辛,在这一状况持续严重的情况下,无产阶级开始了反抗和斗争。他们的斗争大多以失败告终,虽然工人们有时也会取得胜利,但是这种胜利只是暂时的,并且只是一种表面现状改变的胜利,而不是最终的胜利,最终只是造成无产阶级越来越扩大的联合。"当人们意识到自己的利益一致性以及与别人的利益存在差异和冲突的时候,为了维护自己的利益并与别的利益相对抗而组织起来进行斗争"[2]P182-183,他们就会联合起来形成组织。在经历流浪者同盟——正义者同盟的发展后,共产主义者同盟作为世界第一个无产阶级政党建立起来,有同盟的联合无产阶级队伍愈加壮大,联系也愈加紧密,但他们的革命运动缺少理论指导。《宣言》第一章强调资产阶级在社会斗争中进行社会教育,这是无产阶级思想形成的萌芽。无产阶级在革命实践的要求下,以为大多数人谋取利益为目标,以此为基础开始凝聚自己的思想意识,因此,无产阶级意识形态就是在实践需要的基础上不断建立起来的。

二、《宣言》中无产阶级意识形态思想的主要观点

《宣言》是第一个国际性工人政党纲领,主要论述了资产阶级在历史上起到

非常革命的作用以及无产阶级的先进性,阐明了共产党的性质、特点和目标等,最关键的是对资产阶级提出的种种责难进行了公开回击,关于无产阶级意识形态虽然没有进行系统阐述,但贯穿于各个思想论述中。通过《宣言》的主要思想内容论述了意识形态的阶级性、历史性,以及无产阶级意识形态的重要性。

(一)"两个决裂"思想是无产阶级意识形态的主要内容

"两个决裂"即同传统的所有制关系实行最彻底的决裂;同传统的观念实行最彻底的决裂。伴随历史发展的进程,人类社会经历了由原始社会到资本主义社会的转变,此时社会统治阶级和被统治阶级变为资产阶级和无产阶级,而资本主义社会最根本的矛盾就是社会化大生产与生产资料私有制之间的固有矛盾,矛盾的爆发导致阶级关系不断严峻升级,因此,共产主义革命首先就是要与传统的所有制实现最彻底的决裂。"无产阶级革命的成功,不仅要废除原有的物质生产方式,也要废除原有的精神生产方式"[3]P148-157,无产阶级意识形态是符合大多数人的思想意识,它同资产阶级意识形态存在根本不同,目的是实现社会公有制。马克思、恩格斯在《宣言》中强调对于资产阶级的灭亡和无产阶级的胜利两者都是历史发展无法避免的,因而无产阶级必须要与传统观念实现最彻底的决裂,发展和创新无产阶级意识形态,最终实现思想上的进步。因此,实现与传统的所有制和传统的观念的决裂既是无产阶级意识形态的出发点也是重要内容,既为无产阶级意识形态的发展奠定经济基础也提供精神生产。

(二)无产阶级作为代表大多数人利益的阶级,其思想意识应是未来社会统治阶级的思想意识

唯物史观作为马克思的重大发现之一,强调社会存在决定社会意识,即强调社会经济生活的重要性,社会形态从原始社会到资本主义社会的转变,都伴随着思想意识的发展与转变,一定时代的思想总是由那个时代的社会关系决定的。在《宣言》中马克思、恩格斯认为"任何一个时代的统治思想始终都不过是统治阶级的思想",同样共产主义社会作为最终社会形态,要实现生产力的高度发展,人们按需分配,无产阶级作为共产主义社会的统治阶级,因此,"在未来社会,必须是无产阶级的思想体系(意识形态)成为统治思想。"[4]P99-102 "《共产党宣言》是无产阶级政党对全世界的政治宣言,其中提到的马克思主义理

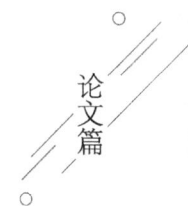

论教育问题极其重要,甚至关乎马克思主义政党兴衰成败。"[5]P21-27无产阶级代表大多数人利益,为大多数人谋利,其意识形态也必须在社会占统治地位。而无产阶级意识形态要成为统治思想,首先,认识到旧意识形态思想的问题,同时批判和揭露旧意识形态思想的矛盾与问题,从而展开与资产阶级意识形态的斗争;其次,要科学分析其他各种社会主义思潮,合理看待不同思潮的不同问题与价值;最后,全面丰富和发展无产阶级意识形态,从而使其更具人民性和全面性,伴随着人类社会发展规律,无产阶级意识形态会成为主流意识形态,反作用于社会发展。

(三)共产主义社会最终是实现每个人自由而全面的发展

共产主义社会作为社会发展的最终形态,人们的科学水平、思想觉悟、道德水平都得到了极大的提高,每个人能够各尽所能共同发展。共产主义社会中人与人之间将实现真正的平等,得到真正的自由,在高度发达的社会中人与人相互尊重、包容、团结协作,要想实现这样的社会,人们的思想意识必须得到全面发展,每个人思想意识的提升是社会整体思想水平提升的前提,因而每个人自由而全面发展的是无产阶级意识形态发展的重要基础和目标。《宣言》强调社会发展最终是一个联合体,那时只有每个人自由发展整个社会才能实现真正的发展。只有满足人民群众的物质需要,人们才会开始考虑精神需求,因此,这一目标实现的前提是社会生产力水平达到高度发达状态。《宣言》强调无产阶级"在实践层面指引广大无产阶级在暴力革命中废除私有制,最终实现真正意义上的人的自由发展"[6]P33-36,在废除私有制化解资本主义社会固有矛盾的基础上去追求全人类的解放,从而不断满足精神生活的丰富,实现共产主义。在共产主义社会中生产力高度发达,人们的物质生活得到满足,精神生活也更加丰富,此时无产阶级意识形态也就得到了高度发展。

三、《宣言》揭示的无产阶级意识形态思想的时代价值

伴随着历史发展,即使社会发展展现出不同的特征,但《宣言》的基本思想是正确的。《宣言》强调:"不管最近25年来的情况发生了多大的变化,这个《宣言》中所阐述的一般原理整个说来直到现在还是完全正确的。"[1]P3中国坚持走

中国特色社会主义道路,因而坚持马克思主义在意识形态领域的指导地位是必然的,认真分析《宣言》中无产阶级意识形态思想能为当代中国意识形态安全提供理论指导和实践遵循。

(一)坚持马克思主义在意识形态领域的指导地位

《宣言》强调任何一个时代的统治思想都是社会统治阶级的思想,我国作为社会主义国家,必须坚持和发展马克思主义。一方面,在资本主义生产力迅速发展,致使世界市场不断形成的过程中,各国之间从经济、政治到文化之间的联系日益密切,因此,当代世界经济全球化、文化多样化趋势不可阻挡。自1978年中国实行改革开放以来,与世界各国的联系不断加深,在经济相互促进的基础上,各国文化也相应涌入中国市场影响国民思想价值观念,面对思想多元化的现状,必须加强马克思主义的指导地位。另一方面,意识形态作为上层建筑与社会发展各个方面紧密相连,要在各个领域维护和坚持意识形态的重要性。经济发展作为坚持马克思主义意识形态的物质基础,政治建设作为发展马克思主义意识形态的制度保障,都为在不同领域坚持马克思主义意识形态提供基础,而意识形态内容丰富,包含经济思想、政治思想、法律思想、道德、宗教等方面,都能为各个领域提供指导,因此,必须在经济、政治、文化、社会、生态等领域坚持马克思主义意识形态领域的指导地位不动摇,从而维护我国意识形态安全。

(二)不断加强马克思主义意识形态教育

资产阶级推翻封建统治,把人们从封建社会带到资本主义社会,人们在表面上成为自由的人,获得新的发展,人们对资本主义的意识形态思想处于接受、肯定的状态。无产阶级作为在压迫剥削中产生的阶级,其思想意识不为广大民众认识、接受和理解,因此,应从时代背景出发对无产阶级本身以及其他社会阶层进行意识形态教育。伴随着中国新的历史定位,以及社会主要矛盾的变化,中国意识形态教育也面临新的机遇和挑战。习近平总书记在全国宣传思想工作会议上强调"经济建设是党的中心工作,意识形态工作是党的一项极端重要的工作"[7]。在当今时代中国不仅要增强经济实力,也要重视文化等"软实力",中国要在新时代的历史定位下,把握中国发展主旋律。"社会主义核心价值观,吸收和借鉴了世界优秀文化成果的精华,对时代文化进行了

'扬弃'。"[8]P5-11因此,应通过社会主义核心价值观的宣传与教育加强意识形态教育,从而保障我国意识形态安全,为我国建设成为社会主义现代化强国奠定理论基础。

（三）以科学的方法正确对待各种社会思潮

《宣言》第三章论述社会主义的和共产主义的文献,对包括反动的社会主义、保守的或资产阶级的社会主义等各种社会主义思潮进行深层剖析和批判,马克思、恩格斯对不同思潮的科学分析为中国对待社会各种思潮提供了借鉴。在复杂的国际、国内背景影响下,西方各种思潮涌入中国,非马克思主义、反马克思主义意识形态对当代中国主流意识形态教育形成冲击,影响着人们的价值观。例如个人主义思潮,其强调个人自由、个人利益,是一种个人至上主义,这一思潮对大众尤其是大学生产生极大影响。网络的迅速发展造成信息传播的便捷化,大学生在其价值观形成阶段受到来自各方面的影响,而个人主义则使大学生张扬个性,不接受学校统一管理,违规犯纪的事情增多,对大学生成长造成极大影响。再者历史虚无主义,其不加具体分析便盲目否定人类社会的历史发展过程,习近平总书记指出历史虚无主义就是从根本上否定马克思主义的指导地位。西方各种社会思潮对马克思主义意识形态在中国的传播造成各种影响,在《宣言》的指导下,要合理剖析各种社会思潮带来的影响,以历史尺度和价值尺度的统一来考察它们,在符合社会发展方向、历史进步趋势的进程中坚持无产阶级意识形态,促进社会发展进步。

（四）促进当代青年不断加强对马克思主义理论的学习

马克思主义理论内涵丰富,包含马克思主义基本立场、方法、观点,每一方面都对青年的世界观产生重大影响。当代青年作为新时代的接班人,必须既有较强的专业技能也有深厚的理论知识素养,因此,高校必须加强马克思主义教育。一方面,高校要加强理论教育,即有关马克思主义的课程,如马克思主义基本原理概论、毛泽东思想和中国特色社会主义理论体系概论等应招聘专业老师进行教学,激发学生对于马克思主义的兴趣,能够自觉主动学习马克思主义理论。习近平总书记在哲学社会科学工作座谈会上的讲话中提到"对马克思主义的学习和研究,不能采取浅尝辄止、蜻蜓点水的态度"[9],青年更应秉持这一理念深入研究学习马克思主义,从而丰富自身。另一方面,引导学生理论指导实践,在实践的基础上进一步丰富对理论的认识。马克思主义能够帮助青年认识世界、改变世界,丰富的世界观和方法论既能够指导青年的学习,也能引导生活。因此,当代青年要学会理论联系实际,用马克思主义来解决生活学习中遇到的问题,做到理论与实践相结合。马克思主义作为无产阶级的科学体系,蕴含着深厚的意识形态思想,既包括对资产阶级意识形态思想的批判,也包括对无产阶级意识形态思想的肯定,因此,青年必须深入学习马克思主义才能理解和坚持无产阶级意识形态思想。

**四、结语**

马克思、恩格斯刚开始认为意识形态是虚假的意识,对其持否定批判态度,但这主要针对的是资产阶级意识形态。随后在他们合著的《德意志意识形态》中,在唯物史观的基础上阐明社会意识的重要性,至此对无产阶级意识形态思想开始全面阐释。《宣言》中蕴含着丰富的意识形态思想,进一步强调意识形态的重要性,同时对当代中国进行马克思主义意识形态教育提供借鉴,从而保障我国意识形态安全。

**注释:**

[1]马克思,恩格斯.共产党宣言[M].北京:人民出版社,2017.

[2]杨希.马克思恩格斯的阶级意识理论研究[J].人民论坛,2012(08).

[3]余一凡.《共产党宣言》中的思想政治教育思想探析[J].马克思主义理论学科研究,2018(05).

[4]杨军.《共产党宣言》的意识形态思想及其启示[J].新视野,2013(05).

[5]魏强,周琳.《共产党宣言》的马克思主义理论教育思想研究纵观与前瞻[J].教学与研究,2018(04).

[6]张一璠.无产阶级意识形态理论基本框架形成的考察——基于《共产党宣言》及其之前的若干文本[J].思想政治教育研究,2015(03).

[7]习近平.胸怀大局把握大势着眼大事,努力把宣传思想工作做得更好

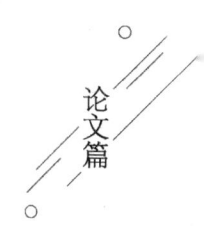

[N].人民日报,2013-8-19.

[8]李俊卿,张泽一.新时代马克思主义意识形态认同提升的根源探析[J].理论月刊,2018(10).

[9]习近平.在哲学社会科学工作座谈会上的讲话[N].人民日报,2016-5-18.

(指导教师:饶旭鹏)

# 《共产党宣言》中"人的解放"思想及其现代启示 郭凤龙*

**【摘　要】** 马克思在《宣言》中,深刻地分析了资本主义制度的本质以及资产阶级与无产阶级的对立,论述了关于人的解放的共产主义美好蓝图及其实现路径。《宣言》中"人的解放"思想对新时代中国特色社会主义建设具有重要的指导意义。

**【关键词】**《共产党宣言》;人的解放;现代意义

170年前,马克思、恩格斯合力创造了伟大的著作《共产党宣言》,揭示了在资本主义条件下,无产阶级备受压迫、剥削的情形。针对资产阶级与无产阶级的对立,提出要使无产阶级从当时的条件中解放出来,就必须团结起来反对资产阶级的压迫,实现自身的解放。通过"两个必然"的论证,对共产主义进行了描绘,绘制出一幅关于"人的解放"的美好蓝图,成为指导无产阶级解放和发展的主要纲领。《宣言》中关于"人的解放"思想对于引领新时代中国特色社会主义建设具有重大意义。

## 一、《共产党宣言》中"人的解放"思想的内涵

马克思在《宣言》中指出"代替那存在阶级和阶级对立的资产阶级旧社会的,将是这样一个联合体,在那里,每个人的自由发展是一切人的自由发展的条件"[1]P422。在这里,马克思并没有直接论述人的解放,而是通过对共产主义社会的描绘指出了一个联合体的存在,只有实现这个联合体,人的真正解放才能实现,马克思从"现实的人"出发,对人的解放做了论述:

---

＊ 郭凤龙,马克思主义学院马克思主义发展史18级,182030502003。

(一)人的自由而全面的发展

人的全面发展主要是指人的体力和智力等协同发展,德智体美劳各方面都能按照自身意愿和谐发展。而自由发展就是在充足的自由时间里,人们自己支配并合理安排自己的时间,去从事自己理想的工作,发挥特长,实现自身价值。要实现人的全面而自由的发展包含着两个方面的解放:一是从自然中解放出来。主要是指充分认识自然发展的规律,适应规律的发展,调节自身的行为,而不是盲目地崇拜自然,成为自然的奴隶。使人通过自身的劳动去利用自然、改造自然、保护自然,实现人与自然的和谐统一。二是从社会中解放出来。在资本主义的社会条件下,人成为机器的附庸,机器大工业的发展解放了人的双手,对人的能力要求单一化、简单化,人们掌握技术只是为了更好地适应机器的生产,对于发展自身的才能、素质等的要求也随着资产阶级对于剩余价值的无尽追求而失去了可能,全面发展无从谈起。在这种情况下,人们生产的产品越多,维持自身发展的条件就越艰难。人们日复一日地重复单一的生产劳动,要获得维持自身的生产资料,就只能靠延长劳动时间来实现,这样可支配的自由时间便没有了保障。劳动本身只是人们按照自己的意识去改造自然、实现自身价值的一个过程,但在资本主义条件下,人们的劳动仅仅成了创造财富的一个手段,并且创造的财富却成为自身发展最大的阻碍。工人阶级被物化为一种简单可循环利用的劳动工具,受劳动产品的支配、资本家的奴役,人的价值无法得到实现,精神生活空虚。《宣言》中所描绘的实现人的解放的共产主义社会成为理想的社会,也是每个人向往的目标,引起了无产阶级的共鸣,人们迫切希望从当时的生产力中解放出来,实现真正的人的解放。

(二)消除人与人之间社会关系的对立

马克思在《宣言》的第一章就着重讨论了资产阶级与无产阶级的对立。资本主义社会就是从等级明显的封建社会中脱离出来的,没有改变封建的私有制,而且使这种私有制在资本的发展下变本加厉,使它成为人剥削人、人压迫人的社会。资产阶级凭借占有的生产资料对工人阶级进行无尽的剥削,以获取更高的利润。人与人之间的不平等,使人们之间感情淡化,有的只是金钱或者利益关系,利益成为衡量一切的标准。财富聚集在少数人的手里,受苦的却是劳苦大

众。马克思批判了这种以利益为主的阶级对立,指出"共产主义并不剥夺任何人占有社会产品的权利,它只剥夺利用这种占有去奴役他人劳动的权力"[1]P416。无产阶级只有消灭私有制和阶级对立的社会经济根源,才能使人实现平等。在共产主义社会,所有的生产资料都是公有制,人的劳动会被当作社会劳动来使用,这样消除了不平等的经济根源,才能实现人与人的平等的关系,人们按意愿发展自己的喜好,大量可支配的自由时间也可以使人从劳动中解放出来去注重道德素质的提高,以及精神文化财富的创造。

(三)实现一切人的解放,达成自由人的联合体

在消灭阶级对立与私有制后,无论是使人从自然的解放还是社会的解放来说,都是要实现每个人的解放。它不是单个人的解放,马克思所倡导的是全人类的解放,充分考虑现实人的需要,这也是马克思人的解放思想的理论特色。要实现联合体那样的社会,就必须重视无产阶级的力量。无产阶级的利益代表着全人类的利益,他们的利益是一致的,他们通过联合推翻资产阶级的统治,以及为资产阶级服务的经济根源,建立无产阶级政权。那时,人不仅具有相对独立性,还可以真正地支配自己的生活。在联合体中,国家消失,阶级消失,人人平等,不再以金钱和利益关系而存在,不再是仅仅为了维持生计而奔波,可以充分发挥自己的主观能动性。在那样的联合体中,个人利益与集体利益一致,一切人都是自由的人,一切人都可以得到全面的发展。

## 二、人的解放的实现路径

(一)政治上,推翻资产阶级统治,夺取无产阶级政权

在马克思看来,要实现人的解放,首先必须进行政治解放。资产阶级在推翻封建制度后,建立的是资产阶级政权。资产阶级政权只不过是为自己的统治服务的上层建筑,资产阶级通过经济上的优势地位,使无产阶级的被剥削变得合理化。使无产阶级在资产阶级的统治中成为资本的奴隶,资产阶级的这种解放并非是真正的解放。要实现真正的全人类的解放,必须是建立无产阶级的政权,无产阶级与全人类的利益的一致性决定了无产阶级的阶级使命,必须通过暴力推翻资产阶级的统治。正如《宣言》中指出的:"现代的国家政权只不过是管理整

个资产阶级的共同事务的委员会罢了。"[1]P402 资本主义条件下资产阶级剥削和压迫的实质使无产阶级觉醒,要获得解放,首先必须从政治上消灭统治自己的国家机器,用暴力革命推翻资产阶级的政治统治,建立无产阶级政权。只有采取这种方式,无产阶级才能从奴役的状态中解放出来,获得政治权利,参与政治生活,实现自身价值。

(二)经济上,消灭资产阶级私有制,解放生产力和劳动者

政治上的解放不能独立地实现,无产阶级政权的建立必须有为自己服务的经济基础。因此,无产阶级还必须意识到消灭压制自身发展以及阻碍生产力进步的生产关系的重要性。生产资料所有制的占有方式决定了这个社会的经济形态,但是资本主义所有制不愿消灭为自身利益服务的私有制的存在,使生产资料和劳动者相分离,必然导致少数人对多数人的剥削,这也是资本主义背离无产阶级的主要根源。资本家以最低的价格雇用工人为他们创造最大的利润,进而导致资本不断集中在少数人的手里,社会贫富差距不断扩大,激化了资本主义社会的基本矛盾。马克思正是基于以上的考虑,提出要消灭资产阶级的私有制,代之以生产资料公有制。只有彻底消灭私有制,才能使劳动者彻底解放出来,发挥自己的脑力和体力,让一切创造社会财富的活力充分涌流,才能解放生产力,促进经济的发展。

(三)思想上,挣脱资产阶级思想的束缚,重建无产阶级意识形态

"统治阶级的思想在每一时代都是占统治地位的思想。"[1]P178 历史表明,上层建筑有赖于经济基础的发展。《宣言》中也强调了人的思想的解放依赖于在经济、政治上的解放,首先要从当时的代表资产阶级的生产力发展中解脱出来。"任何一个时代的统治思想都只不过是统治阶级的思想。"[1]P420 在教育方面,人们接受的教育与思想文化都是代表统治阶级的思想,都是为资产阶级服务的,都是为了使资产阶级对工人的剥削合理化。意识形态是占主导地位的,如果无产阶级长期受资产阶级思想的影响,那么他就意识不到自己的阶级本质及其被剥削的根源,从而也找不到解放的途径。《宣言》的第三章中对反动的社会主义进行了揭露和批判,这些包括封建主义的、小资产阶级的和反动的小市民的利益的思想都有自己的服务对象,他们都是反动的、空想的,因此,不可能成为无产阶级

的意识形态。

（四）组织上，坚持无产阶级政党的领导，全世界的无产者相联合

资产阶级生产力的发展带来的不仅是资本的积累和生产规模的扩大这些可控的因素，同时它也产生了自身的掘墓人。"资产阶级不仅锻造了置自身于死地的武器；他还产生了将要运用这种武器的人——现代的工人，即无产者。"[1]P406史上著名的三次工人起义奠定了工人联合的基础。无产阶级作为一个底层的阶级，由于长期受资产阶级的统治，他们的内心是反抗的，他们的群体庞大，在推翻封建主义的过程中，由于他们的参与也掌握了一些经验，存有潜在的革命性。但是他们缺乏正确的理论指导以及有组织的行动，从而使每次解放的要求都变成一种暂时的缓和状态。因此，无产阶级政党的领导就变得格外必要，只要全世界的无产者联合起来，组织起来，便迈出了走向解放的第一步，"联合的行动，至少是各文明国家的联合的行动，是无产阶级获得解放的首要条件之一"[1]P419。

### 三、《共产党宣言》关于"人的解放"思想的现代启示

（一）始终坚持"以人民为中心"，进行中国特色社会主义建设

习近平总书记指出："必须始终把人民利益摆在至高无上的地位，让改革发展的成果更多更公平的惠及全体人民，朝着实现全体人民共同富裕不断迈进。"[2]这是对《宣言》人的解放思想的核心和关键的继承与发扬，即要让全体人民实现共同富裕。《宣言》中人的解放是一个漫长而又持久的过程，无产阶级自身的觉醒，全世界无产者的联合，直至全人类的解放。唯物史观充分肯定了人民群众的历史作用，因此，坚持"以人民为中心"在新的历史起点上，又向全人类的解放迈进一步。始终将人民作为一切工作的出发点和落脚点，是党和国家一切工作的核心要义。首先，创新是引领新时代发展的第一动力。进入新时代，依然要大力发展生产力，在鼓励科技创新思想发展的基础上，逐步消除旧的社会分工的束缚，使人得到人性化的对待。其次，摒弃资本家一元主体发展及资本家剥削本性的思路，要兼顾各种利益主体，保持公有制的主体地位，也要为民营经济等多种所有制开辟道路。兼顾各种主体，将命脉掌握在国家手里，是实现全人类解放的经济基础。再者，要将社会民主渗入到更广泛的范围内，体现中国的政治特

色。充分保障人民的各项权利,义务的实行才有保障,进而使人民有实现自身解放的政治基础。在文化上,要大力发展教育文化事业。百年大计,教育为先。只有全面提高公民的文化水平及其素质,国家的发展、民族的未来才有可靠的接班人。总之,中国特色社会主义是以人民为中心的社会主义,是向着共产主义迈进的社会主义,是实现人类解放的必由之路。

(二)坚持中国共产党的领导,实现全体人民的共同富裕

在《宣言》中马克思、恩格斯指出,共产党人"没有任何同整个无产阶级的利益不同的利益"[1]P413。共产党人和人民大众的利益诉求是一致的,他始终将人民的利益放在首位,并将实现人民的解放当作自己的历史使命。在《宣言》中就指出了无产阶级要实现解放,必须坚持无产阶级政党的领导,它是无产阶级一切行动的指南,给予思想和路径的指导。中国共产党自成立之日起,就致力于全心全意为人民服务,这也是马克思主义政党的优越性之一。在共产党的领导下,人民的物质生活水平提高,贫困人口减少,教育水平越来越高,精神文化生活越来越丰富,人民可以更多更广泛地发展自己的喜好,从事自己喜欢的职业,在法律允许的范围内做自己想做的事,这是向人的自由而全面发展的又一重大进步,是人的解放的突出表现。因此,在新时代,必须始终坚持中国共产党的领导,建立和完善社会利益协调机制,致力于逐步缩小社会成员的贫富差距,实现共同富裕。在新的时代条件下,党始终教导我们,不忘初心,牢记使命。中国共产党的初心和使命就是为中国人民谋幸福,为中华民族谋复兴。只有坚持中国共产党的领导,人民的利益才能得到保障;只有坚持中国共产党的领导,人民的前进方向才不会偏离;只有坚持中国共产党的领导,人民离过上共产主义生活的目标才会越来越近。

(三)坚持改革开放的伟大实践,大力发展科学技术

1978年,实行改革开放的战略给中国的发展指明了道路。2018年,正值改革开放40周年,习近平总书记在纪念改革开放40周年的讲话中,深刻地指出了"40年来的实践充分证明,中国为发展中国家走向现代化提供了成功的经验、展现了光明的前景,是促进世界和平与发展的强大力量,是中华民族对人类文明做出的重大贡献"[3]。这40年来,我国进行了全面的改革,经济、政治、文化、社

会、生态"五位一体"的实践是创造性的。改革开放的经验表明,中国的发展战略是正确的。因此,必须始终坚持对这一战略的与时俱进的发展。习近平总书记说,我们推进改革的根本目的,是要让国家变得富强,让社会变得公平正义,让人民生活得更加美好。40 年来,我们国家在各领域都实现了相应的进步,一步步将人民的希望变成了生活的现实。这 40 年来,我国的人民生活水平不断提高,经济稳步发展,供给侧结构性改革深入推进,区域经济协调发展,新农村建设进展顺利,精准脱贫的目标越走越近,"蛟龙号"下水,"C919"飞机的首飞,"天眼""墨子号""嫦娥四号"的月球背面探测,互联网的发展,文艺事业欣欣向荣,展现了中国的实力。这些成就的取得是在马克思主义的指导下完成的,是迈向共产主义的体现,《宣言》中的人的解放图景在中国的实践中一步步靠近,"人的联合体"就是不久的将来。

（四）着力构建人类命运共同体,共建美好世界

人类命运共同体是马克思人类解放思想的当代新理念,与马克思人类解放思想有着深度的内在一致性。《宣言》强调,人的自由而全面的发展的联合体是共产主义社会的状态,也是人类社会发展的规律。在共产主义社会中,人的解放是指人的自由而全面的解放,是全人类的解放。在以"和平与发展"为时代主题的今天,各国之间的关系变化莫测,世界各国暗流涌动,地区热点问题不断发生。人类共住一个地球村,各个国家都处于同一个世界,2012 年 11 月,中共十八大明确提出倡导人类命运共同体意识,它是中国政府反复强调的关于人类社会的新理念。经济全球化的发展,促使世界之间的联系更加紧密,成为一个"我中有你,你中有我"的大世界,在这其中,任何一个国家的行动都不可能独善其身,有着"牵一发而动全身的"作用。中国是一个爱好和平的国家,在发展的同时始终兼顾他国的利益,用"一带一路"带动周边国家的发展,中国欢迎世界各国搭乘中国发展的便车,也一直秉持着共建共治共享的理念,顺应经济全球化的大势,不断推动各国走向共同繁荣和富强的道路。只有这样,共产主义社会的实现才有可能,人的自由而全面发展才有保障,全人类的解放才会有希望。

马克思绘就的关于人的解放的蓝图,不仅成为指导当时无产阶级解放的重要思想武器,对于经济全球化发展的今天依然具有重要指导意义。人的解放不

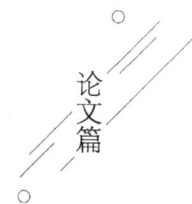

是一蹴而就的,而是不同时代、不同地域的全人类的共同努力。中国共产党的伟大力量,人类命运共同体的发展以及一带一路的发展都是在为实现人的自由而全面的解放目标而奋进。马克思在《宣言》中提出的这一思想成为地球人的梦,而所有的劳动者都是追梦人。

**注释:**

[1]马克思恩格斯选集:第1卷[M].北京:人民出版社,2012.

[2]习近平.在中国共产党第十九次全国代表大会上的报告[N].人民日报,2017-10-28.

[3]习近平.在庆祝改革开放40周年大会上的讲话[N].人民日报,2018-12-18.

(指导教师:戴春勤)

# 习近平对马克思劳动主体性思想的继承与发展

郭苗苗[*]

**【摘　要】**马克思的劳动主体性思想作为马克思主义理论的核心与灵魂,其本质是人民群众是社会实践的主体、是社会历史的创造者,推动着人类社会的进步,体现了马克思主义所具有的深厚人文情怀。中国共产党作为马克思主义执政党,以马克思主义理论为根本指导思想,坚定继承和发展了这一思想。当前我国站在新的历史起点,以习近平同志为核心的党中央高度重视贯彻落实马克思的唯物史观,其创造性地提出了以人民为中心的发展思想。因此,从马克思劳动主体性思想出发,对这一思想的科学内涵和当代价值进行梳理,无论对理论还是实践,都具有深刻的现实意义。

**【关键词】**习近平;劳动主体性思想;以人民为中心的发展思想

## 一、马克思的劳动主体性思想

纵观马克思的整个思想体系,其中贯穿始终的就是其劳动主体性思想,马克思的劳动主体性思想的形成不是一蹴而就的,而是在批判继承古典经济学家关于劳动创造价值理论的基础上,伴随着唯物史观的创立而不断地孕育和形成,直至今天,依然闪耀着真理的光芒,引领着中国特色社会主义事业的蓬勃发展。

（一）马克思的劳动主体性思想产生的社会背景

马克思劳动主体性思想产生的社会背景是,随着资本主义工业的不断发展,资本主义生产方式发生巨大变化,工人阶级以无产阶级的身份登上历史舞台,但是在生产技术不断提高的基础上,工人阶级的生活却越来越困难,为什么会这样

---

[*] 郭苗苗,马克思主义学院马克思主义中国化研究17级,172030503003。

呢？究其原因，我们不难发现是资本主义机器大工业的发展对工人阶级的生产实践构成了威胁，原来一些需要工人从事的物质生产全部被先进的科学技术带来的大生产所代替，于是在资本主义社会里，我们可以看到许多工人失业、忍饥挨饿的现象，其作为劳动者的主体性进一步丧失。

（二）马克思的劳动主体性思想的本质

马克思基于对资本主义社会中工人阶级的极大关注与同情，他深刻思考着，是什么造成了这样的现象，而今后又该如何去解决呢？在《1844年经济学哲学手稿》中，马克思通过对资本主义社会中存在的异化劳动的批判，集中表达了其劳动主体性思想的本质与内涵。他认为：在资本主义社会中，劳动者作为劳动主体丧失了其主体性，劳动者的主体性集中体现为人们在生产过程中所进行的劳动应是一种自由自觉的劳动，人们在劳动过程中应该是享受、幸福的状态，而不是表现为受人压迫下的痛苦与无助。劳动主体性思想基于劳动创造价值理论而生，马克思认为，劳动者作为价值的创造者，理应是价值的获得者，但是在资本主义社会中却表现为，私有制下资本家要追求剩余价值的最大化，于是他们昧着良心无情地剥削、欺骗着处在社会最底层的劳动者。纵观人类社会的物质生产系统，一个完整的劳动过程必须是劳动者、劳动对象、劳动工具三者的有效结合。而劳动者无疑是这一劳动过程中最为重要的因素，只有劳动者发挥作用，才可能使得劳动工具作用于劳动对象，生产出所需要的劳动产品。劳动主体性作为劳动者特有的宝贵属性，理应得到人们的重视而非资本主义社会中资本家对劳动主体性的蔑视。

人类为了满足自己的生活需要，就必须要进行生产实践，在此基础上，人类作为实践主体，发挥着主观能动性改造着、发展着人类社会。而人类在这一具体的历史的客观物质活动中只有其主体性地位得到肯定与重视，才能进一步发挥其能动性和创造性。经济力量作为一种客观的物质力量，是不以任何人的愿望或意志为转移的，但在资本主义社会中，由于人们的社会生活被完全颠倒，人的主体性得不到发挥，人在生产实践过程中体现出来的是一种受动性，表现为人在很大程度上受自己创造出来的物质力量的约束和奴役，这是一种不正常的现象。劳动者的主体性能否得到很好的发挥取决于在劳动生产过程中，劳动者、劳动对象、劳动工具能否协调发展。因为，只有这三者协调发展，才会促进生产力的进步。而只有生产力不断地向前发展,在物质财富极大丰富的条件下,才可以实现分配方式上的按需分配,才能实现从必然王国到自由王国的转变。自由王国其实就是马克思、恩格斯毕生所追求的共产主义社会。共产主义社会是一个美好的理想社会,在这一社会里,人们所进行的劳动不再是为了满足基本的生活需要,而是获得了更高层次的发展,人们所进行的劳动已成为日常生活的需要,在劳动过程里他们感到很快乐,劳动完全成为一种享受。在《1844年经济学哲学手稿》中,马克思进一步指出在异化劳动中,人作为劳动主体的创造性、自主性、自享性被剥夺,人作为价值创造的主体性受到蔑视,为了解决这一问题,就需要彻底地改造异化劳动赖以存在的社会基础,即资本主义制度,在社会主义社会中,不会有异化劳动发生发展的基础,也就不会有劳动主体性的丧失。社会主义社会的本质是消灭剥削、消灭两极分化,最终达到共同富裕。在社会主义社会里,劳动者作为劳动过程中的主体得到了充分的肯定和重视,所以,劳动者可以得到充分的自由、劳动者可以实现自身的解放,在真正意义上实现了对其作为人的自由自觉的类本质的占有。

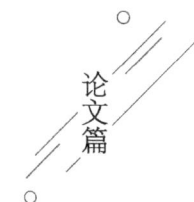

**二、习近平以人民为中心的发展思想的主要内容**

自党的十八大以来,以习近平同志为核心的党中央,在科学认识当今世界发展形势、深刻把握我国实际情况的基础上,极富创造性地提出了一系列对我国发展具有指导意义的新理念、新思想、新战略,其中的"以人民为中心"的发展思想作为新时期我国所坚持的发展观的最集中的理论概括内涵丰富,意义深远。从习近平的众多重要讲话和演讲中,不难发现,其始终贯穿着"人民"二字,足以见得习近平同志将人民置于我国社会主义现代化建设事业中极其重要的位置。习近平以人民为中心的发展思想是在十八届五中全会上首次提出来的,在党的十九大报告中,习总书记进一步强调:"必须坚持以人民为中心的发展思想,不断促进人的全面发展,全体人民共同富裕"[1]P19,从而向全中国人民表明了党和国家坚持以人民为中心的发展思想的奋斗目标。

自我们党成立,就把全心全意为人民服务鲜明地写在自己的旗帜上,并融入党和国家全部的奋斗实践中。无论是毛泽东首创的群众路线、邓小平强调的"是否有利于提高人民生活水平"、江泽民"三个代表思想"中阐述的是否始终代

表最广大人民的根本利益、胡锦涛提出的坚持以人为本的科学发展观都深刻体现了中国共产党与人民群众血浓于水,团结奋斗推进党和国家事业发展的坚定信念和决心。习近平以人民为中心的发展思想是以马克思的唯物史观为理论依据,继承发展我国历届党的领导人的群众观并吸收创造我国优秀传统文化中的人民本位思想而形成的,因此,这一思想是21世纪的马克思主义中国化重要理论成果,蕴含着深厚的科学内涵,从政治层面、经济层面、文化层面、民生层面、党的层面对党和国家事业发展提出了新的发展要求。

(一)政治层面:坚持人民主体地位

当前,我国现代化进程呈加速发展趋势,我国政治、经济、文化、社会、生态等方面都取得了良好发展,但在取得一系列发展成就的背后,也出现了不少困难和挑战。比如,随着市场经济的繁荣发展,带来了人们道德领域的滑坡、思想观念的变化、拜金主义、享乐主义和奢靡之风泛滥成灾,如果任由其发展下去,必然会给党和国家事业的发展带来沉重的打击。习总书记以其广阔的发展视野提出:"必须坚持人民主体地位,坚持立党为公、执政为民,践行全心全意为人民服务的根本宗旨,把党的群众路线贯彻到治国理政全部活动之中,把人民对美好生活的向往作为奋斗目标,依靠人民创造历史伟业。"[1]P21这一论述,一方面体现了中国共产党的执政宗旨,另一方面体现了习总书记对民心是最大的政治的深刻认识。此外,习总书记倡导中国共产党人将为人民谋幸福、为民族谋复兴这一初心和使命牢记于心,并在实际行动中努力践行之,他相信中国共产党在执政过程中只有把人民当作亲人,与人民心连心,这样人民才会相信党,才会团结在党中央周围,在此基础上中国共产党的执政基础才会更加稳定和坚固。

(二)经济层面:坚定不移贯彻五大发展理念

习近平以人民为中心的发展思想,体现了逐步实现共同富裕的目标要求。2015年11月23日,习总书记在主持中央政治局第二十八届集体学习时强调:要坚持以人民为中心的发展思想,这是马克思主义政治经济学的根本立场。这一表达明确了我国经济发展所要遵循的价值立场。十九大报告明确指出我国社会主要矛盾已转变为人民对美好生活的需要同发展不平衡、不充分之间的矛盾。习总书记进一步指出:"党和国家的奋斗目标就是实现人民对美好生活的期盼"[1]P23,而美好生活究竟是什么样的一种生活呢?从社会矛盾的转变可以看出,人民的基本物质生活得到了充分保障,随着生活水平的显著提高,人们对于生活的质量有了高要求,这也对党和国家事业的发展提出了更高的要求。当前我国处于全面建成小康社会的决胜期,我们必须在推动经济发展的进程中坚定不移地贯彻五大发展理念,坚持科学发展,使广大人民群众主动参与和推动我国经济高质量发展,不断壮大我国经济实力和综合国力,从而为人民创造美好生活。

(三)文化层面:坚持以人民为中心的文化发展导向

习总书记以其深厚的文化底蕴提出了要坚持文化自信,在党的十九大报告中,他指出:"文化自信是一个国家、一个民族发展中更基本、更深沉、更持久的力量。"[1]P23中华文化上下五千年,以博大精深、源远流长、影响深远而著称,所以中华文化有足够的自信屹立于多姿多彩的世界文化之林。文化是一个国家的根、也是一个民族的魂,随着文化全球化的深入发展,其在一个国家发展进程中所占据的重要地位越来越明显。习总书记强调:"文化兴国运兴,文化强民族强。没有高度的文化自信,没有文化的繁荣兴盛,就没有中华民族伟大复兴。"[1]P40-41这一论述明确表达了坚持以人民为中心的发展思想的最终落脚点就是要实现中华民族伟大复兴,而实现中华民族伟大复兴则离不开坚持文化自信和坚定不移地走中国特色社会主义文化发展道路,并在此基础上进一步激发全民族的文化创造力,从而向世界人民弘扬中华优秀传统文化,讲述中国故事、传播中国好声音。我们更要深刻认识到,要使我国文化得以大力发展以提高我国文化软实力、增强我国综合国力,不单单要在国际传播上下功夫,重要的是从我国文化自身的发展来考虑增强文化软实力。习近平以人民为中心的发展思想,要求我国文化发展要坚持毛泽东提出的发展文化的"二为"方针,也就是文化要坚持为人民服务、为社会主义服务。这一要求向文艺创作者指明了其今后的工作方向,要求文艺创作者在广泛了解人民群众生活、长期扎根人民群众的基础上坚持以人民为中心的创作导向,创作出无愧于时代、深刻影响人民的并为人民群众所喜闻乐见的文艺作品,丰富人们的文化生活,提高人们的精神境界。

(四)民生层面:坚持在发展中保障和改善民生

在党的十九大报告中,习总书记指出:"增进民生福祉是发展的根本目的"[1]P23,他进一步强调"带领人民创造美好生活,是我们党始终不渝的奋斗目

标"[1]P45,以上论述都集中反映了党和国家一切事业的出发点和落脚点都是人民。习总书记深刻认识到,只有把人民放在心中最高的位置,把人民遇到的问题当作党和国家遇到的问题,把人民群众关心的事情当作自己的事情加以解决,才会得到人民群众的信赖和支持,才会实现带领人民创造美好幸福生活的目标。在新的历史时期人民向往什么呢？习总书记对这一问题进行了具体回答,他说:"我们的人民热爱生活,期盼有更好的教育、更稳定的工作、更满意的收入、更可靠的社会保障、更高水平的医疗卫生服务,更舒适的居住条件、更优美的环境,期盼着孩子们能成长得更好、工作得更好、生活得更好。"[2]P64 从其真诚朴实、生动具体的话语中,可以看出中国共产党始终把人民利益摆在至高无上的地位,进一步阐明了我们党着力保障和改善民生的重要意义。除此之外,习总书记明确指出:"检验我们一切工作的成效,最终都要看人民是否真正得到了实惠,人民生活是否真正得到了改善。"[2]P67 这一论述表明党和国家事业发展完全是为人民的,也就是为了给人民带来更多福祉,而这就决定了党和国家在制定一系列方针政策时要广泛倾听人民群众的呼声,集中反映人民群众回馈的意见、充分尊重人民群众的切身利益、不断让改革发展成果更多更公平惠及全体人民,从而朝着全体人民共同富裕目标的实现奋力前进。

（五）党的建设层面

全心全意为人民服务是中国共产党在执政 98 年以来,始终如一坚持的执政宗旨。当前,我国发展步入新的历史时期,为响应时代要求、顺应人民期盼,我们党要以新的精神风貌进行新的工作。为此在党的建设层面,习近平总书记指出:"打铁必须自身硬"[1]P61,这不但表明了习总书记对加强党的建设的重要性有深刻认识,也对提高我们党的执政能力有了明确要求。无论是在革命时期、建设时期,还是改革开放时期,为了更好发挥党的创造力、凝聚力和战斗力,从而团结带领中国人民推进伟大的社会主义事业,党始终重视加强自身建设。在新的历史时期,要带领人民实现伟大复兴的中国梦,就需要加强党自身的建设,将党建设成为一个严守纪律、作风良好、本领强大的执政党。十八大以来,以习总书记为核心的党中央高度重视加强党的建设,坚持以"零容忍"态度严厉打击党内腐败分子,杜绝一切腐败现象,赢得广大人民群众的一片赞誉。习近平以人民为中心的发展思想要求党要管党,全面从严治党,更要深刻认识到"全面从严治党永远在路上"[1]P61,对党内存在的问题和党面临的风险考验要勇于面对,更要以顽强的意志品质严肃党内法规法纪、以零容忍的态度反腐惩恶,竭力消除影响党内政治生态良好发展的严重隐患,使得党内政治生活民主性增强,从而使党的团结统一更加巩固,党群关系和谐发展。只有这样,党才会焕发出强大的生机活力,从而在实践中科学指导人民群众创造历史伟业。

### 三、习近平以人民为中心的发展思想的时代价值

自党的十八大以来,习总书记紧跟时代发展潮流、结合我国发展实际、顺应人民期盼,以其非凡的思想智慧和强烈的责任担当,提出了对党和国家事业发展具有重大意义的以人民为中心的发展思想。这一思想不但丰富和发展了党的科学理论,而且使党和国家事业发生重大历史性变革,也为我们在新时期实现伟大复兴的中国梦提供了基本遵循。

(一)习近平以人民为中心的发展思想的理论价值

习近平以人民为中心的发展思想主题鲜明地回答了党所面临的一系列重大发展问题,实际上也回答了党实现怎样的现代化和民族复兴、党怎样实现现代化和民族复兴等重大课题,是指导党和国家事业进一步向前发展的科学指南。从这一思想的形成过程看,其作为习近平新时代中国特色社会主义思想的重要组成部分,是习近平对毛泽东称为三大法宝之一的群众路线在当代的生动诠释;从这一思想的科学内涵来看,其深刻体现了我们党全心全意为人民服务的宗旨,明确表达了新时代中国特色社会主义事业的根本追求,在当前和今后一个时期都必将指导我国经济社会持续健康的发展。总而言之,习近平以人民为中心的发展思想是马克思主义群众观中国化的最新理论成果,是当代中国的马克思主义发展观,这一思想丰富和发展了中国特色社会主义发展观,开辟了马克思主义中国化发展观的新境界,深化了我们党对马克思主义群众观的认识,升华了中国特色社会主义发展思想。

(二)习近平以人民为中心的发展思想的现实意义

回顾98年来我们党所走过的路,无论是在革命年代、建设年代还是改革开放的新时期,我们党始终不渝地坚持人民主体地位的执政立场、坚定不移地贯彻为人民服务的执政宗旨。这不仅体现了我们党所具有的先进性,也进一步揭示

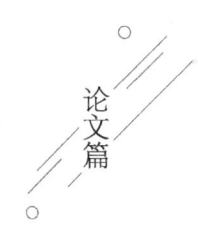

了我们党不断发展壮大的根本原因。正是因为党始终保持同人民心连心、同呼吸、共命运,人民群众才会坚定不移地团结在党中央周围,听党话、跟党走,党和国家事业才会取得一系列重大成就,中华民族才会在世界上创造出一个又一个伟大奇迹。当前,我们党处于全面建成小康社会的决胜期,党和国家事业面临着新形势、新矛盾、新挑战和新机遇。要想如期实现全面建成小康社会的目标、要想推进社会主义现代化强国的建设并最终实现中华民族伟大复兴的中国梦,我们在推进中国特色社会主义伟大事业的进程中,就要坚定不移地贯彻习近平以人民为中心的发展思想。只要我们坚持以实现人民的利益来制定一切政策、落实一系列措施、推进一系列工作,我们相信,没有什么艰难困苦不能跨过,没有什么能阻挡党和国家事业前进的脚步。

结语:习近平以人民为中心的发展思想是马克思劳动主体性思想的当代旨归,要把握这一思想的科学内涵就要明确发展是为了谁、发展依靠谁、发展的成果由谁享有、发展的衡量标准是什么等根本性问题。而只有真正领悟了这一思想的科学内涵,才会自觉从人民立场出发想问题,才会做出符合人民利益要求的事。当前和今后我们要坚持以习近平以人民为中心的发展思想作为党和国家事业发展的根本原则,只有这样,党和国家事业才会沿着正确的发展轨道前进,在此基础上才会顺利实现全面建成小康社会的目标,才能推进社会主义现代化强国的建设,才能最终实现中华民族伟大复兴的中国梦。

**注释:**

[1]习近平.决胜全面建成小康社会 夺取新时代中国特色社会主义伟大胜利——在中国共产党第十九次全国代表大会上的报告[M].北京:人民出版社,2017.

[2]何毅亭,主编.以习近平同志为核心的党中央治国理政新理念新思想新战略[M].北京:人民出版社,2017.

(指导教师:张铁军)

# 《共产党宣言》关于生态危机的阐释及现实意义

胡晓燕[*]

**【摘　要】**《共产党宣言》(以下简称《宣言》),是马克思主义诞生的重要标志,其中蕴含着丰富的生态思想。生态危机主要表现为资本主义生态剥削,这是由资本主义私有制和资本扩张全球化导致的,而要从根本上破解生态危机,需要建立共产主义社会。《宣言》中蕴含的生态思想对于正确处理经济建设与环境保护的关系、城乡一体化建设以及全球生态文明建设具有重要的理论和实践指导意义。

**【关键词】**《宣言》;生态危机;私有制;生态剥削;共产主义

工业革命以来,随着科学技术的发展,人们具备了改造自然的强大力量,但是因为人们不加限制地使用这种力量,最终引发了全球性生态危机。一百多年前,马克思在《宣言》中揭示了生态危机的表现、产生的原因以及破解生态危机的途径,对此进行梳理和分析有助于推动我国的绿色发展,加快生态文明建设,同时有助于更好地应对生态危机。

## 一、生态危机的表现

"马克思恩格斯深刻揭示了资本主义对大自然的剥削秘密。"[1]P5-9 在《宣言》中采取间接的方式揭示资本主义对自然剥削的秘密。资产阶级毫无限制地掠夺自然资源的目的是为了按照自己的目标创造一个世界,用以满足资本扩张的需要,同时为了进一步巩固自己的社会地位。资本主义生态剥削表现为多种

---

[*]　胡晓燕,马克思主义学院马克思主义基本原理17级,172030501003。

形式。首先,资产阶级使农村屈从于城市的统治。资产阶级为了追求利润的最大化,过度开发农村中的各种自然资源。随着机器大工业的出现,资本主义国家开始了历史上大规模的"圈地运动",迫使农民失去了土地,成为"生态难民",最终变成无产阶级的一员。同时,在"圈地运动"中,资产阶级大规模掠夺耕地资源,破坏农村中的生态环境。具体表现为农村中的耕地面积大规模减少、土壤肥力下降、自然资源遭到大规模掠夺等。其次,资产阶级和无产阶级在生态资源的占有和享有方面存在不平等。随着资产阶级和无产阶级两极分化日益加剧,资产阶级采取一切手段使生产资料和财产日益集中在自己手中,改变过去生产资料和财产分散的状态。机器大工业使一切被掠夺的自然资源转化为资产阶级的生产资料,将公共资源转化为私人财富,并集中在少数资产阶级手中。在当时的资本主义国家中80%的财富都集中在20%的资产阶级手中,目前这种贫富差距大的状况仍然没有改变,甚至在继续扩大。资产阶级在掠夺了大量自然资源的同时,还剥夺了无产阶级享有良好生存环境的权益。资产阶级通过"圈地运动"迫使农民失去了土地,使他们进入工厂,生活环境特别差,出现了许多城市中的贫民窟。资本家给工人的工资,仅限于满足工人基本的生活和后代必需的生活资料。恩格斯在《英国工人阶级状况》一书中就指出资本主义在发展过程中造成的生态破坏严重影响工人的生活。最后,资本主义发达国家在发展中对其他国家的生态侵略。资本主义发达国家实行资本扩张,离不开对其他国家生态资源的掠夺。资产阶级随着技术和交通的发展,不断开拓海外市场,建立起了世界性的生态殖民体系。发达的资本主义国家成为世界财富的增长中心,而欠发达的国家和地区则成为为发达资本主义国家提供原材料的产地和垃圾场。发达资本主义国家为了实现利润最大化,大量掠夺了国外的生态资源,并且转移了污染性的产业,以此减轻国内的生态压力,使发达资本主义国家和欠发达的国家和地区差距不断拉大。

**二、生态危机产生的原因**

资本主义在发展过程中,由于不合理处理人与自然的关系,最终引发生态危机,使生态危机成为资本主义发展的必然结果。其中,资本主义私有制是生态危机产生的根源,而资产阶级为了追求利润的最大化,不断开拓世界市场,实现资本扩张全球化,这成为引发生态危机的重要因素。

(一)生态危机产生的根源在于资本主义私有制

在资本主义社会中,追求剩余价值的最大化是资本家的最终目的,资本家最终成为人格化的资本。资产阶级在资本主义社会中最终取得的成就远远高于过去的任何时候,"资产阶级在它不到一百年的阶级统治中所创造的生产力,比过去一切世代创造的全部生产力还要多,还要大"[2]P36。马克思分析了资产阶级科技的应用、交通发展等方面取得的成就,同时深刻揭示了资本主义社会中人与人之间的关系,人们打破了过去封闭式的发展状态,转变为互相联系、整体交往的模式,发生这种变化的一个重要因素就在于当时交通运输业以及科技的发展和进步。马克思还分析了在当时的社会中人与自然的关系,人与自然之间实现了人对自然的部分征服,人们征服自然的能力不断提升。资本主义制度本身就包含对生态的破坏,因为这种对自然的控制会受到资本家追求资本无限增值因素的影响,所以在这样的条件下,人与自然的关系是征服与被征服的非和谐关系。在资本主义社会中对人与自然关系的处理方式,导致环境污染和生态破坏,严重威胁了人们的生产生活。因为马克思明确指出人们的生产生活都要以自然界为前提,自然界是人们一个重要的无机身体,人与自然两者在本质上是相统一的,所以一旦人们破坏了生态环境,最终也会受到自然的惩罚。资本家为了实现利润的最大化,不断扩大生产规模,使生产具有一定的盲目性,缺乏对生态环境的关注,对资源的开发和利用超过生态系统自身的修复能力,最终导致生态失衡。在资产阶级社会中出现的固有矛盾,最终导致经济危机的爆发,使生产的产品出现了大量剩余和浪费。同时还在一定程度上引发了生态危机。资本主义生产力的发展和生产的无限扩张本身就会造成环境污染和生态破坏,在经济危机的影响下,部分人的生产生活资料遭到了大量的销毁,造成了自然资源和工人劳动力的浪费,同时废弃的产品在一定程度上会污染环境,影响生态系统的良性运转,使自然和工人受到了双重压榨。资产阶级应对经济危机的方式是在拥有原来市

场的基础上,积极抢占新的市场,这样的方式无法从根本上解决问题,因为资产阶级社会中的私有制是产生一切问题的根源,要从根本上解决问题,需要消除资本主义制度。

### (二)资本扩张全球化导致全球生态危机

资本扩张全球化最终会引发全球性的生态危机。要实现资本扩张需要从扩大生产规模、增加产品数量、拓宽销售市场等方面着手。因此,资产阶级需要建立世界市场来实现资本扩张。《宣言》中指出"资产阶级,由于开拓了世界市场,使一切国家的生产和消费都成了世界性的了"[3]P9。从生态的角度出发,马克思指出资产阶级通过资本扩张的形式,转移国内的生态环境问题,会在很大程度上破坏其他国家和地区的生态,最终引发全球性生态危机。资产阶级为了扩大生产,实现利润的最大化,通过扩张世界市场的形式,占有并掠夺了全球的自然资源,尤其是对一些经济发展落后的地区资源的占有,使该地区遭到了生态破坏和环境污染。随着世界市场的开拓,资产阶级对全球资源的占有需求也在急剧增加,他们毫无限制地占有自然资源,进一步提高了产品生产的速度,而科技的进步,就进一步提升了资产阶级生产和销售的能力。这种发展趋势进一步提升了人们控制自然的能力,同时由于资产阶级以利润的最大化为目的,因此,他们会采取一切手段开拓新市场,利用旧市场,残酷地剥削压迫无产阶级,使无产阶级成为生产剩余价值的手段和工具。资产阶级在生产的过程中为了实现利润的最大化,会以牺牲生态环境为代价,追求眼前利益。这种破坏自然的行为如果超出了自然的承受力,就会使自然界难以实现自我修复,另外,城市中的工业废弃物、生活污水等没有得到及时的处理,最终会使生态系统遭到极大地破坏。资本扩张会使自然资源遭到大量掠夺,同时进一步加深对无产阶级的剥削和压迫,最终引发全球性的生态危机。开拓世界市场,不择手段地侵略扩张,使生态危机的范围进一步扩大。当前出现的全球性生态危机从侧面反映了马克思的前瞻性,资本扩张全球化会引发全球性的生态危机。

### 三、破解生态危机的对策

在《宣言》中,马克思指明要解决资本主义社会中出现的生态环境问题,需

要从制度着手,废除资本主义私有制,最终建立共产主义社会,因此,共产主义能否实现以及如何实现是破解生态危机需要解决的首要问题。

(一)解决生态危机需要消除私有财产及其文明形态

马克思强调的消除私有财产是指资本家的私有财产,即资本家将这部分财产用来剥削和压迫劳动者的劳动,从而为自己带来更多剩余价值的那部分财产,而不是劳动者用于维持基本生活需要的财产。资本主义社会中形成的资本,是通过剥削工人形成的,而工人只是资本家用于获取剩余价值,实现价值增值的工具和手段。共产主义社会就消除了将财产用于更大规模地压迫他人劳动的权力,实现了劳动力的解放。资产阶级的私有财产是通过剥削工人,不断积累形成的,以此形成的就是资本。资本使资产阶级获得了剥削工人劳动的权力,同时对自然资源进行大规模的掠夺。资产阶级唯一的目的是实现剩余价值的最大化,从而忽略了生态环境的因素以及工人的生存发展需要。为了剩余价值,资产阶级会采取一切手段扩大生产规模,利用各种市场销售产品,在产品的生产过程中,忽视了生态环境的因素,仅仅将自然界视为获取所需原料的产地和污染废弃物的排放地。只有靠消灭私有制,使资本转化为社会公共财物,消除资本的阶级属性,人们才不会将自然仅仅视为大规模掠夺资源的对象。由于社会存在决定社会意识,在资本主义社会中作为统治阶级的资产阶级思想也相应地成为占有统治地位的思想。在资本主义社会中以自由竞争为特点的资产阶级意识形态,以极度个人主义为显著特点,资本主义社会的文明形态是只注重个人利益,而不会考虑生态环境的因素,该社会中的资本,"会遵循这种逻辑而不择手段地掠夺和压榨工人和自然"[4]P10-16。这种文明形态没有从整体出发,只关注局部和眼前的利益,因而在发展过程中会造成生态的破坏,需要改变这种文明形态,学会以一种整体和动态平衡的生态思维解决问题,正确处理人与自然的关系。资产阶级没有遵循人类社会的发展规律,大肆宣扬资本主义制度的永恒性。共产主义革命就是要实现同资本主义私有制和资产阶级意识形态最彻底的决裂。

(二)破解生态危机的前提是无产阶级夺取政权

破解生态危机需要消灭私有制,建立共产主义社会。消灭了资本主义私有

制的共产主义社会,将会消除对劳动者的剥削,最终实现人的自由全面发展。马克思、恩格斯强调共产主义社会追求的是实现人和社会的全面发展,这就蕴含着马克思在生态方面的最终目标是追求人与自然以及人与人的双重和解。而实现共产主义的历史使命,最终要依靠无产阶级。马克思针对实现共产主义,提出了两个方面的要求:一方面需要在积极遵循人类社会历史发展规律的基础上,大力发展生产力和科学技术水平;另一方面需要无产阶级不断壮大自己的力量,以革命的方式消除资本主义制度,实现无产阶级专政。无产阶级要推翻旧的国家机器,大力发展生产力,推动社会的发展和进步。在《宣言》中能够直接体现马克思对生态环境重视的是,马克思非常重视开垦荒地和改良土地,结合农业和工业,有效减少城乡之间的差别。破除城乡之间的对立,有助于实现物质的正常循环,有效解决城乡中面临的城市环境污染、交通拥挤、农村贫困问题以及工人和农民被压迫和被剥削的局面。无产阶级登上历史舞台,用革命的手段推翻资产阶级,实现无产阶级专政,也就消灭了资产阶级旧的生产关系,破除了阶级之间的对立,为建立共产主义社会创造条件,有助于更好地推动人类从"必然王国"进入"自由王国",人类通过自身的力量实现人的复归,最终实现人的自由而全面的发展。而这种自身的力量已经不再是人类自身不可驾驭的力量,而是以一种最有效的方式,实现人与自然和人与人的双重和解。马克思生态思想的最终目的就是建立"自由人联合体",实现人与自然和人与人的双重和解。

**四、《宣言》关于生态危机阐释的现实意义**

随着全球化的不断发展,人类开始面临生态危机、环境污染和生态霸权主义等问题,《宣言》关于生态危机的阐释对于我国生态问题的治理以及解决全球生态危机具有重要的现实意义。

(一)实现经济建设与环境保护相结合

《宣言》中揭示出了资产阶级为了实现利润的最大化,实行资本扩张,不惜以牺牲生态环境为代价进行生产,最终引发了生态危机。生态危机的爆发严重破坏了生态系统原有的平衡,同时会反过来阻碍生产力的发展。资本主义社会在经济发展过程中,无视生态环境的因素,出现了经济发展与生态环境的对立,使生态环境遭到破坏。因此,我国的经济发展,要坚持走可持续发展的道路,实现经济建设和环境保护相结合。党的十八大以来,我国高度重视生态文明建设,加强生态环境问题的治理,习近平指出"'树立绿水青山就是金山银山'的强烈意识"[5]P393,生态环境与生产力密切相关,保护生态环境就保护了生产力,要积极将生态优势转化为经济优势。要积极转变经济发展方式,有效改变资源配置方式,积极调整经济结构发展模式。在资源利用方式方面,要转变过去传统粗放型的资源利用方式,坚持绿色发展的理念,走一条经济发展与生态环境相协调的道路。党的十九大指出我国社会的主要矛盾发生了变化,这就需要在满足人们基本的物质生活需要的同时,还要满足人们日益增长的教育、民主、生态等多方面的需求。中国特色社会主义进入新时代,"我们的现代化是人与自然和谐共生的现代化"[6]P50,因此,在发展过程中,需要正确处理经济发展与环境保护的关系,实现经济建设与环境保护相结合,更好地建设美丽中国。

(二)积极推进城乡一体化建设

马克思在《宣言》中指出,资本家为了利润的最大化,不断开拓海外市场,同时通过"圈地运动"的方式,进一步推动城市化的发展。发达的资本主义国家实行"圈地运动",迫使农民失去土地,被迫进入工厂。在城市工厂中工人受到了资本家的残酷剥削和压迫,生活环境恶劣,而资产阶级对农村也不择手段地开发自然资源,导致农村中出现自然资源枯竭、生态破坏的局面。资本主义国家的工业化进程是在剥削农村的基础上发展的,最终使城乡差距拉大。因此,我国在发展过程中要注重提高城乡协调发展水平,积极推进城乡一体化建设。一方面,需要统筹城乡的规划一体化。做好城市建设规划和小城镇的发展规划。其中在城市规划的过程中要将县城与周围的农村作为整体,加强统筹规划,在土地利用、功能分区、基础设施建设等方面进行合理规划布局,形成宜居性的城市。另一方面,抓住重点,注重转变农业发展方式的同时加强农村环境保护。需要积极转变农业发展方式,在遵循农业资源环境承载力的基础上,积极调整农业的产业结构和布局。同时要注重综合治理农村生态环境,坚持以水环境为治理重点,加强对

农村中的污染源的治理,实行有针对性的重点区域生态环境治理,更好地保护农村生态环境。针对生态环境脆弱的农村贫困地区,要积极整合生态资源,加快推进省、市、县、乡的纵向生态资源的整合,加强城市对农村的生态合作和生态帮扶,帮助农村贫困地区实现生态脱贫,进一步缩小城乡差距,推进城乡一体化进程。

(三)共谋全球生态文明建设

"共谋全球生态文明建设,共建清洁美丽世界,是中国和世界各国人民的共同追求。"生态危机是全人类共同面临的问题,需要各国人民的共同努力。一些发达资本主义国家实行零和博弈,以停止发展中国家工业化以及城市化的发展进程的方式,保护全球的生态环境,甚至将自身发展过程中产生的污染废弃物排泄到邻近的发展中国家,在通过核心技术获取暴利的同时,将一些高污染、高消耗的产业设立在发展中国家,将生态危机转移至发展中国家。采取环境霸权主义的形式,以牺牲他国绿色来实现自我绿色,无法真正应对全球生态危机。因此,要坚决反对环境霸权主义,积极主张生态正义,需要世界各国共同努力,共谋生态文明建设,通过联合国以及一些自然保护协会等组织,加大对全球生态环境的保护力度,积极治理全球生态问题,并且有效制止发达资本主义国家转移生态危机的行为,通过理论指导和经济融合的方式,调动世界各国共同建设生态文明,应对全球生态危机。生态问题是世界各国共同面临的问题,整个人类都处在同一个生态圈内,当前,积极构建人类命运共同体的目标是我国为全球治理提供的重要国际公共产品,是全球化时代背景下,解决生态危机,共谋全球生态文明建设的中国方案。这一中国方案无论在理论还是在实践中都是时代发展的现实诉求,同时,我国实行的"一带一路"倡议,也有助于解决全球生态问题,破解生态危机。

**注释:**

[1]王建明,王爱桂.红色经典的绿色视野——《共产党宣言》中的社会正义和生态正义[J].苏州大学学报:哲学社会科学版,2008(05).

[2]马克思恩格斯文集:第2卷[M].北京:人民出版社,2009.

[3]马克思恩格斯选集:第1卷[M].北京:人民出版社,2012.

[4]王永灿.挣脱生态牢笼的路径探幽——《共产党宣言》中马克思生态思想解读[J].重庆邮电大学学报:社会科学版,2018(04).

[5]习近平.习近平谈治国理政:第2卷[M].北京:外文出版社,2017.

[6]习近平.决胜全面建成小康社会 夺取新时代中国特色社会主义伟大胜利——在中国共产党第十九次全国代表大会上的报告[M].北京:人民出版社,2017.

(指导教师:刘海霞)

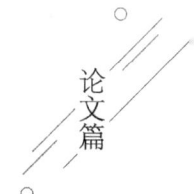

# 马克思择业理想对当代青年职业规划的启示

靳丹红[*]

**【摘　要】**《青年在选择职业时的考虑》展现了青年马克思在选择职业时的心路历程,追溯了为人类的幸福而工作的崇高理想的产生渊源,它从如何选择职业、选择什么样的职业、制定什么样的职业目标几个方面向我们阐释了青年马克思在选择职业时的分析与思索。这有助于指导当代青年从结合自由意愿、认真考虑自身条件、制定职业理想几个方面来规划适合自己的职业道路,也有助于启示当代大学生在职业道路的选择中坚定理想信念,结合客观条件,修养自身品格,最终实现人生价值。

**【关键词】**马克思;择业观;启示

1835年,卡尔·马克思写下了《青年在选择职业时的考虑》。这是他的中学毕业论文,踌躇满志的青年马克思从对职业的自由选择、理性思考、目标制定等几个方面阐述了他选择职业时的考量,他没有仅仅局限于实现个人理想,而是立志为人类的幸福而奋斗终生。通过学习《青年在选择职业时的考虑》,有助于我们用马克思的择业理想来引导当代青年,帮助他们树立正确的择业观,为他们合理规划自己的职业道路打下良好基础。

## 一、马克思择业理想的基本内容

### (一)自由选择是制定择业理想的前提

人与动物的区别在于人具有主观能动性,人们可以根据自己的意志、客观条件选择自己需要的事物。自主选择事物的权利决定着实现个人自由发展的程

---

[*] 靳丹红,马克思主义学院思想政治教育17级,172030505009。

度,而自由始终是人类追寻的目标。在《青年在选择职业时的考虑》的开篇就提道:"神也给人指定了共同的目标——使人类和他自己趋于高尚,但是,神要人自己去寻找可以达到这个目标的手段;神让人在社会上选择一个最适合于他、最能使他和社会都得到提高的地位"[1]P5。可以看出,职业的选择是为了推动自身的完善和整个社会的发展。人们通过努力寻求职业可以增长技能,获得经验,使自身逐渐得到完善。当大家各司其职,做好本职工作的时候,社会也会趋于稳定并得到发展。自由可以决定我们是什么,而职业的选择将决定我们的生活方式是什么。一方面,人具有自主选择职业的自由,通过仔细的挑选和不懈的努力我们会获得最适合我们的职业。好的选择不会带来枯燥乏味的工作,而会使我们在工作中不断发挥自己的才能和特长,使工作变得积极而富有创造性。另一方面,"能有这样的选择是人比其他生物远为优越的地方,但是这同时也是可能毁灭人的一生、破坏他的一切计划并使他陷入不幸的行为"[1]P5。可见,盲目的自由也可能毁掉一个人的生活,在选择职业的同时,我们还需要客观地判断、理性地思考。

(二)认真思考是实现择业理想的基石

1.青年人选择职业不能被虚荣心左右

青年人对于工作的向往和热情是他们做出职业选择的内驱动力,这使他们在工作过程中更好地保持积极性和创造力。但同时,他们也容易受幻想的蒙蔽,受虚荣心和名利的诱惑。"虚荣心容易给人鼓舞或者是一种我们觉得是鼓舞的东西;但是,被名利弄得鬼迷心窍的人,理智已无法支配他,于是他一头栽进那不可抗拒的欲念驱使他去的地方;他已经不再自己选择他在社会上的地位,而听任偶然机会和幻想去决定它。"[2]P5当今社会虽与青年马克思所处的时代背景不同,但虚荣心和名利给青年择业时所带来的困扰却是相同的,甚至是加剧的。在经济飞速发展的今天,随着物质生活的逐渐提升,金钱在生活中扮演着越来越重要的角色,它拉开了人们的生活水平,代表着不同的资源与地位,人们也随之延伸出了各种各样的需求和欲望。拜金主义、享乐主义侵蚀着当下的青年人。有些青年人在选择职业时将工作环境、福利、社会地位放在首位,希望通过更广阔的平台,更发达的城市,满足自己对于金钱的需求。在工作环境方面,相对于条

件艰苦、基础设施欠缺的西北地区,物质条件优越的"北上广"更受青年就业群体的欢迎;在工资福利方面,相对于薪资平平的返乡就业和风险较大的创新创业,能提供更多资金和保障的国企、外企是青年人择业的主要意愿;在社会地位方面,青年人更偏向于社会认可程度更高,有一定权威性的职业。青年人选择职业要结合对职业理智的分析和对自我正确的认知,不要被一些职业虚浮的华丽外表所迷惑。

面对不同的工作机会,我们要撇开名利因素,进行冷静的分析,了解所选择的职业的优势和困难,结合自身情况,看看这项工作是否适合自己,是否能使我们甘之如饴,是否能让我们发挥自身价值和社会价值。只有这样我们才能不被社会浮华所诱惑,才能始终坚持自我并在工作中源源不断地迸发出创造力。

### 2. 青年人选择职业要结合身体条件

身体是一切活动的根基,选择职业也需要考虑自己的身体条件。面对再热爱的工作,一旦超出了身体可以负荷的范围,就像在沙滩上筑造大厦,不仅过程艰辛,而且没有根基的大厦最终也只能带来坍塌的结果。当今社会生活节奏不断加快,工作压力不断加大,越来越多走上工作岗位的年轻人没有充足的休息时间,甚至没有充裕的用餐时间。加班、熬夜变成了工作常态,简餐、外卖成为必点菜肴。除此之外,工作压力增强的另一个原因是青年人没有选择适合自己的岗位,对岗位不熟悉、不擅长,不仅降低了工作效率,拉长了工作时间,还使个人优势无法得到发挥。工作谋求的是对个人、社会长久的发展,个人体质如果不能承担自己所热爱的工作,工作过程就会变成精神和肉体长久的博弈。

青年人要胜任工作,在工作中不断发挥自己的价值,就要正确评估自己的能力、身体素质、身体条件,经过冷静的分析、周密的思量,才能了解从事此项工作的可能性以及它会给我们带来的发展空间。我们不仅要从德智体美劳几个方面要求自己,还要增强体育锻炼,提高身体素质。有了过硬的体质,才能扩展择业选择,为以后的工作做好准备。我们要为自己规划一条长远持久的奋斗之路,使肉体与精神在工作中达到和谐统一,从工作中获得成就,推动自身的发展。

## (三)人类幸福是指引择业理想的航灯

### 1. 实现自身价值理想

我们通过自由的选择和对客观条件的理性评判,得出要选择的是高尚的、无可非议的职业的结论。马克思认为有尊严的工作即是高尚的工作,它不仅让我们免受如工具般机械化的劳动,还能为人类活动带来广阔的场所,是近乎完美的职业。职业的选择有两种结果,在第一种选择当中,我们持有重视的态度,选择我们热爱的并建立在正确思想上的职业,我们尽心竭力地完成工作,精益求精地完善工作,通过创造性的劳动发挥我们的价值并从中获得快乐。第二种是选择建立在错误思想上的职业,我们会因贪图虚荣和名利,变得对工作本身失去兴趣,最终因没有办法投入身心完成工作而惶惶不可终日。

大学生在选择职业时应结合我国国情和自身特点,志存高远,艰苦奋斗。在我们身边就有许许多多仰望星空,脚踏实地的鲜活实例可以作为我们的榜样。路遥作为第三届茅盾文学奖的获得者一直将"像牛一样劳动,像土地一样奉献"作为自己一生的座右铭。在文学技巧花样翻新、文学形式求新求变的年代,路遥用朴素的语言生动形象地描绘出了改革开放给中国城乡和人们的思想带来的巨大变化,历经13年,最终写成《平凡的世界》这一名著。青年人应该像路遥一样扎根群众,从群众中汲取营养和养分,培养吃苦耐劳的精神,跳出舒适圈,不要好高骛远,选择需要的岗位进行创造性的工作,发挥自身的价值。

2.个人价值与人类幸福相统一

职业的选择,个人价值的实现使我们趋向于自身的完美。但人的本质是一切社会关系的总和,在社会之中,个人价值的实现与履行社会责任、实现社会价值、助力全人类的幸福也是密不可分的。人工作价值的实现,为社会发展增添了力量。但这是远远不够的,一个人若只为自己而努力,在职业上他也许会有所成就,变成优秀的学者、哲学家等等,却不会成为伟大的人,让人敬仰,受人尊敬。只有为人类的共同目标而奋斗的人、为大多数人带来幸福的人、为了他人牺牲自己的人才称得上伟大的人。

实现自身的价值和人类的幸福不是对立冲突而是相统一的。为人类的幸福而劳动是最高尚的理想,只有为这种理想努力,你所获得的幸福才不会是自私的、狭隘的、局限的个人追求,而会是无私的、有尊严的、属于千千万万的人类的高尚理想。马克思从职业选择的目标阐述了他为人类幸福而奋斗的崇高追求。他认为我们所追求的不应是华丽的、自私的工作,而应是默默无闻,为大家奉献

的工作,这种工作将永远发挥它的作用。由此可见,青年马克思虽然在思想上带有人本主义色彩,但他所选择的人生方向和价值目标却是崇高的、令人敬佩的。在他努力实现理想的几十年中,他不畏条件的艰苦、反对派的污蔑,耗费40年时间最终写出《资本论》,揭示了资本主义的本质及矛盾,为无产阶级解放指明了道路。

## 二、马克思择业理想对当代青年职业规划的启示

马克思在《青年在选择职业时的考虑》一文中分析了选择职业的种种要素,表述了为人类幸福献身的崇高理想,为大学生的择业提供了理论帮助和指导。在我国经济不断发展,综合国力不断提升的21世纪,当代大学生选择职业还需要树立精神信念,坚持理想目标;学会理性分析,把握客观情况;不断修养品格,务实进取,在发展和创新中实现自己的价值追求,为人类幸福做出自己的努力。

### (一)青年人要坚定信念、志存高远

马克思讲过自己的特点是"目标始终如一"[2]P588,他坚持把为人类幸福而劳动作为自己的价值目标,为此付诸实践并取得了巨大成就。大学生在选择职业时要有坚定的理想信念,才能不被虚浮的、表面的利益所迷惑。习近平在2010年中央党校的开学典礼中讲道:"革命前辈们为什么能够无私无畏地英勇献身?就是为了实现崇高的革命理想,为了坚守崇高的政治信仰,为了在中国彻底推翻黑暗的旧制度,为了实现民族的独立和人民的解放。"[3]P61为了实现民族的独立和人民的解放,一代又一代的共产党人苦心钻研理论知识,在实践中不断奋进和探索,将自己的一生甚至生命全部奉献给了自己所追寻的信仰。革命先驱方志敏在战场被捕,全身上下搜不出一块铜板。在狱中,尽管条件极其艰苦,他还写出了为无数共产党人提供精神食粮的《狱中纪实》等著作;在翻译《共产党宣言》时陈望道把墨汁当作红糖,体会到了精神之甘、信仰之甜;宋书声的翻译生涯便是从重校《共产党宣言》开始的,他在自己的申请书里动情地写下:"党为我找到了出路,如果没有党,还不知道,我今天又在何处。"理想信念为无数仁人志士点亮了人生的灯塔,他们又何尝不是为了自己的信仰奋斗终生。当代大学生也要补足精神之"钙",像一代代革命前辈一样,脚踏实地,敢为人先,用信仰之灯,点

亮人生之路。

(二)青年人要客观分析、付诸实践

马克思在《青年在选择职业时的考虑》指出青年人在选择职业时要考虑自身体质和社会关系的客观要求。身体是一个人从事一切活动的基础,个人的身体条件决定了对工作的投入程度、进行工作的持久程度。社会关系的客观要求包括家庭背景、成长环境、社会需求等,它限制了个人选择职业的范围。大学生只有客观分析自己的身体条件和才能,理性分析理想与现实之间的差距,才能找到适合自己的岗位。高薪职业不一定能充分发挥每个人的人生价值,优越的环境也不一定能实现每个人的理想追求。理想源于现实而又高于现实,青年人职业规划除了要考虑就业、环境,还要考虑国家的需要、人民的需要。在物质资源充沛的今天,仍然有许许多多的青年人要从客观实际出发,到需要他的地方实现人生理想,贺星龙便是勇敢追梦青年当中的一名。他在交通不便的乡村行医18年,走过了无数山路,骑坏了7辆摩托车,大家亲切地称他为"摩托医生",他为乡亲们看病,为大家服务,用行动兑现了承诺。青年学生应该像贺星龙一样,不追求名利,踏实努力,为大家服务,将理想付诸实践,竭尽全力绽放属于自己的光辉。

(三)青年人要修养品格、务实进取

每个人所选择的职业都代表着不同的生活方式,要在选择职业时不被油然而生的幻想、冲动的激情所欺骗,就要客观理性地看待所选择的职业,这样梦寐以求的职业才不会成为一触就破的泡沫而被我们所厌恶。青年学生要做到理性分析,必须加强自身的品格修养。正心以为本,修身以为基。要有"先天下之忧而忧,后天下之乐而乐""人生自古谁无死,留取丹心照汗青"的家国情怀;要有"富贵不能淫,贫贱不能移,威武不能屈"的浩然正气;要有"与人不求备,检身若不及""见善如不及,见不善如探汤"的反复思考。只有坚毅的品格和豁达的态度,才能帮助我们选对未来的路并引领我们走向成功。同样,优秀的品格贯穿于马克思的一生,他出身富裕家庭,本可以衣食无忧,享受生活,但他却选择为人类的幸福而工作,在这期间他面对无数困难与挫折,妻子和孩子生病,自己却付不起药费;伦敦流亡期间,穷得付不起房租,如果没有坚定的态度,进取的精神,他

又怎么能在最贫困的时候写成《资本论》呢？青年人要有高尚的品格、坚定的信念、自强不息的意志，只有这样才能合理规划自己的职业道路，为自己找明方向，才能在面对不同的诱惑时，明辨是非，坚定立场，最终拨开迷雾，突破阻碍，取得成功。

**注释：**

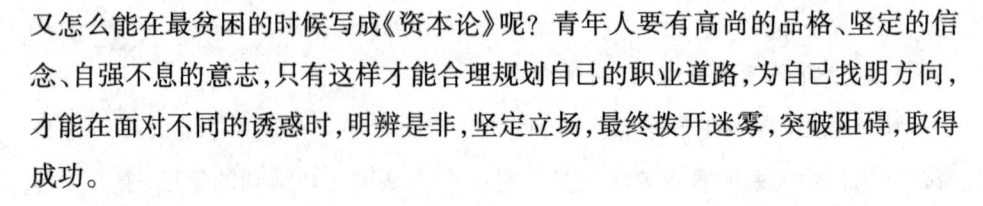

[1]马克思恩格斯全集：第30卷[M].北京：人民出版社,1982.

[2]马克思恩格斯全集：第40卷[M].北京：人民出版社,1982.

[3]人民日报评论部.习近平讲故事[M].北京：人民出版社,2017.

（指导教师：程兰华）

# 《共产党宣言》中"自由人联合体"思想的时代价值 孔令瑶[*]

**【摘　要】** 本文从《共产党宣言》中"自由人联合体"思想的理论渊源,即柏拉图的"理想国"思想、康德的关于"世界公民、世界共和国"思想和黑格尔的伦理共同体思想,来探讨《共产党宣言》中"自由人联合体"思想的具体内容。"自由人联合体"思想在《共产党宣言》中得到了具体阐释,马克思和恩格斯二人从揭示和批判资本主义出发,阐述了全人类解放思想和全球化思想。这一科学的、正确的理论对社会革命蓬勃发展起了推动作用,并对我们把握当下世界有序稳定地向前发展有重要的指导意义。

**【关键词】**《共产党宣言》;自由人联合体;全球化思想;人类解放思想

古往今来,人类从来没有停止认识、探索现实社会和追求理想社会的脚步,在哲学家眼中,"共同体"拥有超越原有的私有社会的属性,是人与人彼此信赖、相互依存、共同发展的家园。马克思立足于历史发展和社会现实,对"共同体"思想做了科学的解读,并得出正确的结论即"自由人联合体"思想。正是出于对人类社会终极目标的关怀,马克思和恩格斯二人对以往的"共同体"思想进行借鉴和发展,并共同起草了《共产党宣言》这一科学的纲领性文件。而积极探索和研究《共产党宣言》中"自由人联合体"思想,对于推动人类社会发展具有重要的现实意义和理论意义。

## 一、《共产党宣言》中"自由人联合体"思想的理论渊源

马克思和恩格斯吸收并借鉴了哲学思想发展史中的有用的成果,有着十分

---

[*] 孔令瑶,马克思主义学院马克思主义基本原理18级,182030501002。

深厚的理论渊源。从柏拉图的"理想国"到康德的世界公民思想,再到黑格尔的伦理共同体思想,都不同程度启迪马克思形成系统的"自由人联合体"思想,并积极探索实现"自由人联合体"的途径,推进马克思"自由人联合体"思想的成熟。

(一)柏拉图的"理想国"

柏拉图主张"性善论",认为只有从德性出发建立一个正义原则,才能由个人正义达到城邦正义,实现个人德性与社会秩序的统一。柏拉图在《理想国》中以正义为中心阐述了自己的理想国家模式,他首先假定存在这样一个理想中的国家,在这个国家里,根据每个人的本性,将人划分为金银铜三个等级即统治者、辅佐以及工人工匠。统治者由哲学家担任,因其超人的智慧和才能,处于国家的最高阶层,掌管国家的政治权力,处理国家最复杂最难的问题,统治阶级的特殊利益就是国家利益。处于中间等级的统治者的辅佐即城邦的守卫者——将士,他们拥有勇敢的品质,必须接受严格的军事教育和训练,才能保卫国家安全稳定。工人和工匠处于第三等级,每天进行自己分内的劳作,为整个国家提供物质生活资料,以保持国家能够有序运转。按照与生俱来的天性对每个人进行划分,使每个人都从事适合自己天性的工作,使每个阶级都各司其职,而实现这一"理想国"蓝图的途径,柏拉图认为是公共教育,教育在"理想国"建立的过程中占据着举足轻重的位置,国家的公民从孩提时就要接受教育,音乐、史诗、体育等教育,树立智慧、节制、勇敢的美德,二十五岁时接受复杂的高等教育,如几何算数以及逻辑等。而国家的精英则会受到更优质的教育,目的是培养出优秀的统治者。虽然阶级森严,但是并不是固定不变的,如果工人和工匠的后代里有天赋异禀者,统治者需要重视起来,把他提升为护卫者,如果护卫者后裔资质不佳,会被降入第三阶级。柏拉图虽然想建立一个美好的理想国家,但是基于当时的社会背景,柏拉图的理想国实际上却是以城邦为基础建立的城邦共同体,甚至他认为为了建立这个城邦共同体,可以驱逐10岁以上的公民,以便在干净的土地上建立完美的国度。

(二)康德的世界公民思想

康德认为"国家,从它是由所有生活在一个法律联合体中的具有公共利益的人们所组成,并从它的形式来看,叫作共同体或者称之为共和国"[1]P135。康德认为国家的领导者拥有最高政治权力,人民只需要遵从而不能使用暴力反抗,如若领导者不作为且为恶,人民需要采取罢免或改造的方法去改造领导者的管理促进国家发展,康德坚信人类社会是向前发展进步的,而在人类历史发展进步的过程中会出现人与人之间的各种矛盾和纠纷,这时就需要人的道德自律,但是仅靠人的道德自律并不能完全解决人与人之间的矛盾纠纷,这时则需要建立完备的法律体系来保障个人权利和国家权力,才能进入文明的社会:"正义的至上要求是:具有理性的感性存在者不应该生活在自然状态,而应该生活在法治状态"[2]P42,而国家权力以自由国家的联盟制度为基础,而这个国家联盟是由各个国家自愿结成的联盟。康德曾经想要建立一个"世界共和国",却因其可行性不高转而构建一个"国家联盟",在这个国家联盟中,"纵令是最小的国家也不必靠自身的力量或自己的法令而只需靠这一伟大的各民族的联盟,只需靠一种联合的力量以及联合意志的合法决议,就可以指望着自己的安全和权利了"[3]P12。在这个联盟体中各个国家遵从相同的法律和约定,平等地行使国家权利,履行国家义务,而且能够更好更有效地促进联盟国的经济、政治、文化交流,阻止战争并为世界和平稳定做出贡献,从而使联盟中的公民在不妨碍他人的情况下能够自由发展并且能够公平行使公民权利。

(三)黑格尔的伦理共同体思想

黑格尔认为历史的主体是"精神"而不是"群众",基于这一唯心主义观点,他坚持人类的使命是认识精神和追求精神自由,并坚持精神在人类历史发展过程中占据重要地位。在市民社会中,市民是独立的个人,因此,每一个人都有自己的独立意志,有追求自由的权利,但在追求个人利益时有可能会损害他人利益或者集体利益,"市民社会是个人私利的战场,是一切人反对一切人的战场,同样,市民社会也是私人利益跟特殊公共事务冲突的舞台,并且是它们二者共同跟国家的最高观点和制度冲突的舞台"[4]P351。由于市民社会具有其先天不足之处,所以需要建立国家机器,来保障个人自由和集体利益的统一,而国家是伦理观念的现实,作为最高的伦理实体,因此,国家是精神运动的必然结果。而要实现个人的自由和市民社会的和谐发展则需要在伦理的最高形态——伦理共同体

下才能达成。在这种伦理共同体中,国家超越了人与人的对立和人与社会的对立,达成了作为客观精神的普遍性原则和作为个人的意志的特殊性原则的统一,并能彼此认同,互相融合,在互相认同的过程中共同进步。黑格尔认为只有当人与人、人与社会之间的矛盾集中于国家利益,个人的权利才能得到保护和维持,而在这一观点之上,黑格尔明确表示国家的职能是解决社会中人与人、人与社会之间的矛盾冲突所引发的人与共同体即国家之间的对立和分裂问题,调节特殊性和普遍性之间的矛盾,从而实现真正的自由。黑格尔认为国家是实现自由的真实阶段,个人只有成为国家中的一员,个人权益才能得到维护,才能实现真正的自由,而个人作为国家中的一员,在追求个人利益的同时认识到共同体的利益,为了提高个人自由而不断完善国家的体制机制,促使个人利益与共同体利益都得以实现。在黑格尔看来,国家凌驾于个人和社会之上,将个人与社会、与国家之间的关系颠倒,而这与社会实际冲突,因此、伦理共同体不具有实际的价值意义。

### 二、《共产党宣言》中"自由人联合体"思想的主要内容

"自由人联合体"是要实现"自由人"的和平共处,解决好个体自由与普遍自由之间的矛盾冲突,从而建立"自由人的联合体"。"自由人联合体"思想主要是马克思和恩格斯二人对资本主义进行揭示和批判之后,从而得出由无产阶级带领人类走向全人类解放和全球化的这一美好愿景,在全球化的基础上解决好人与人、人与社会、人与共同体之间的矛盾,从而早日实现全人类解放,早日实现人的自由而全面的发展,早日建成"自由人联合体"。

(一)对资本主义的揭示和批判

马克思、恩格斯之所以对未来社会发展做出猜测,并得出两个必然的结论,是因为马克思、恩格斯二人对资本主义社会有清晰而深刻的认识。在他们二人看来,资本主义形态下的经济和其社会结构,是现代社会的政治甚至文化基础,虽然伴随着资本主义的产生,现代社会甚至现代文明诞生了,但是随着资本主义的发展,相应的现代社会问题也随之出现并愈演愈烈。

马克思和恩格斯对资本主义进行了充分的肯定,认为"资产阶级在历史上

起过非常革命的作用"[5]P30。他们在宣言中指出"资产阶级在它已经取得了统治的地方把一切封建的、宗法的和田园诗般的关系都破坏了。它无情地斩断了把人们束缚于天然尊长的形形色色的封建羁绊,它使人和人之间除了赤裸裸的利害关系,除了冷酷无情的'无情交易',就再也没有任何别的联系了"[5]P30。资本主义的市场经济的产生,"城市的城关市民"的出现,使得原来旧的自给自足的自然经济逐步瓦解,打破原有的等级制度,人就会被束缚在"封建羁绊"中。伴随资本主义的兴起,世界市场得以开辟,并且伴随着资本主义的发展,世界市场进一步开拓。国内的市场已经不能满足资产阶级追求利益的野心,于是资产阶级将眼光投向了更有发展前景的世界市场,从而使得资本主义在全球进一步发展也促进了世界市场的开拓。在资本主义传向世界各地时,资产阶级的强大的生产力也对世界各地产生了深远的影响,马克思和恩格斯在《共产党宣言》中明确指出"资产阶级在它的不到一百年的阶级统治中所创造的生产力,比过去一切时代创造的全部生产力还要多,还要大"[5]P32。正是因为资产阶级的巨大生产力,使得"工厂手工业"的发展和"现代大工业"的出现,资产阶级不断促进"人口和生产资料的密集化"[6]P51,而随着资本主义的发展,"资产阶级不仅锻造了置自身于死地的武器;它还产生了将要运用这种武器的人——现代的工人,即无产者。"由于资本主义自身的缺陷,巨大的生产力已经不能促进资产阶级文明和资本主义所有制的发展,所以这时就需要无产者即无产阶级来推翻原有的资本主义,建立共产主义。

马克思和恩格斯在意识到资本主义的积极作用时,并没有忽略资本主义带给人类社会的负面影响。马克思和恩格斯认为资本主义诞生之后,"它使人和人之间的除了赤裸裸的利害关系,除了冷酷无情的'现金交易',就再也没有任何别的联系了"[5]P30,在这个资本主义大生产的环境下,所有的生产消费,和其他形式的社会交往活动无一不受利益驱使、不以追求价值增值为目的而展开,哪怕是为人称道的家庭和亲情也未能例外。与此同时,伴随着资产阶级的诞生,原来人们生活中必不可少的情感背后的"金钱关系"也一一暴露在阳光下,使原来深入人心的社会体系和伦理体系被打破,使人将尊严和情感都变成交换价值,使人放弃尊严和情感,不断追求高额利润,甘愿被资本主义的利己原则所驱使。"资

产阶级抹去了一切向来受人尊敬和令人敬畏的职业的神圣光环。它把医生、律师、教士、诗人和学者变成了它出钱招雇的雇佣劳动者。"[5]P30 虽然之前医生、律师、教士、诗人和学者都是备受人们尊敬的职业,但是,随着资本主义的发展,一切社会关系都变成了"金钱关系",对原有这些职业的敬仰便随之消失,所有人都服从于资本主义的"安排"。而因为资本主义自身的缺陷,当生产力继续发展与资本主义所有制关系之间产生矛盾并且阻碍社会生产力的发展的时候,周期性商业危机频发,引起民众恐慌,阻碍社会稳定发展。"社会化大生产与生产资料资本主义私人所有制之间的矛盾"[6]P53,造成"社会瘟疫",而面对这恐怖的"社会瘟疫""就要从根本上改变以及不适应社会生产力发展要求的资本主义生产关系"[5]P54,而这一历史使命就落在代表先进生产力发展要求的无产阶级的肩上。而为了完成这一历史使命,无产阶级必须联合起来,形成自己的阶级,使用暴力来推翻压迫和限制人自由发展的资产阶级的统治,从而建立自己的政权。

(二)人类解放思想

人类解放,是马克思穷其一生的追求,也是贯穿马克思主义的一条主线,《共产党宣言》作为第一个科学社会主义的纲领性文件,既为实现全人类的解放提供了实现路径,也为人类的历史发展指明了前进的方向。人类解放思想具体可以分为人的劳动的解放、人的社会关系的解放和人的个性自由的解放。

1.人的劳动的解放

人的劳动的解放,即人的劳动在自然层面的解放和人的劳动在社会层面的解放。劳动在自然层面的解放就是解决好主体与外部必然性的关系,实质是主体即人的劳动实践能力的提高。人类生长于自然,发展于自然,人类在生存的过程中不断地进行劳动实践活动,以改变自己的生活状态,提高自己的生活水平,人的劳动能力与自然必然性之间的矛盾,使人类的劳动力水平不断提高。但人类作为自然界的生长物,受自然必然性束缚,而不得不认识自然规律、遵守自然规律,但人在遵守自然规律的前提下发挥主观能动性,改造自然,从而造福自己。人只有在自然必然性所规定的范围内,发挥主体能动性,才能将智慧从意识变为现实。劳动在社会层面的解放即劳动者摆脱社会层面的一切束缚,从而使劳动自由,具体指的是废除资本主义私有制,打破旧的社会分工,从而实现共产主义的劳动。马克思认为劳动本是人类生活中的最基本的活动,是一种本己的活动,但是资本主义社会中,劳动被赋予了异己的力量,反过来统治着人,使人被自己的劳动产品所支配,人的发展转向畸形发展,劳动者完全沦为统治者的奴仆,被人格化的资本束缚和剥削,由劳动者本人的劳动所创造出来的剩余价值与劳动者本人无关,并且将劳动者一步一步推入深渊。所以必须废除资本主义私有制、打破旧的社会分工,使劳动不再受束缚而自由发展。废除了资本主义私有制和旧的社会分工后,生产资料带来的剥削压迫和两极分化都被消除了,生产资料公有制建立起来,每个人都可以摆脱束缚,可以使用共享的生产资料进行生产劳动实践。

2. 人的社会关系的解放

马克思认为每一个人都是身处于一定社会关系之中的人。人的解放不只是体力和脑力的解放还有社会关系的解放。由于人类社会关系错综复杂,例如政治关系、经济关系、文化关系等多维的解放关系对人也有着重要的辩证作用,它既可以是推动人解放的帮手,也可以是阻碍人的解放的阻力。在自给自足的封建社会中,人与人之间的关系比较单一,主要是以出生、血缘关系和统治政治地位确定的。等到了资本主义时期,商品经济的发展使人突破地域限制、阶层限制,人的社会关系由单一转向复杂,但马克思认为商品经济所带来的复杂的社会关系并不是人们真正的社会关系,而是被物化了的社会关系,人与人之间的关系实际上被物与物的关系所掩盖。马克思认为人的社会关系的解放就是在资本主义所创造的现有条件上,继续加强个人与他人、与社会之间的交往关系。"那些发展着自己的物质生产和物质交往的人们,在改变自己的这个现实的同时也改变着自己的思维和思维的产物"[7]P525,人在同其他个人的物质生产和精神生产进行交换的同时,摆脱了原有的个体的、地域性的和民族性的狭隘,开阔视野,改变人的旧观念,使人能够全面地看待自己、塑造自己,发展自己的个性,由此实现自我。而马克思和恩格斯坚持只有这样社会关系才能表现人的全面发展,祛除资本主义时期异化了的人的关系,表现为真正的人的社会关系,且这种共产主义的社会关系能够为人占有、为人操控。

3. 人的自由个性的解放

人的自由个性的解放意味着人作为社会的主体,在消灭了旧社会的生存环

境以后获得自主的发展。马克思的人的解放不只是大而化之的解放,不只是劳动和社会层面的解放,而是关于每一个独立的个人作为主体的解放。在不同的社会状态下,人们的个体性的形成,受个人生理、心理以及社会方面等多方面因素的影响。在人类社会的早期,受自然条件的限制,人们为了生存结成以血缘关系为纽带的生存共同体,无力关心其他,更别谈人的个性发展了。在封建社会专制时期,家庭这个社会单位出现,处于这个家庭之中的成员可以自由安排家庭的生活和劳动,但因为在封建专制制度下,人的行为受约束,人的个性自由仍受束缚。等到了资本主义社会,生产力水平提高,人的个性自由在商品经济下得以彰显,无论是从物质层面还是精神层面,人都有独立性和自主性,但是在商品经济中,资本家和工人都受资本支配,成为资本的奴隶,人要想获得个性自由必须借助资本,从而成为资本的附属品。等到了共产主义社会时,"每个人的自由发展是一切人自由发展的条件"[5]P51,人的社会交往变得更加自主化,人的社会关系也更加自主化,人能够不受束缚地自主发展。

(三)全球化思想

随着新航路开辟以后,世界日益成为一个有机整体,全球性的商业贸易出现并日益频繁,全球化这一历史趋势显露头角,世界各地、各民族之间的交流日益密切,马克思和恩格斯二人对全球化这一人类发展动向早有察觉,并在《共产党宣言》中具体展现,虽然并未正式使用"全球化"一词,但却在书中将全球化的景象展现。通过对人类社会发展规律的研究,批判和分析资本主义,为全人类解放、为共产主义早日实现而做出巨大贡献。

经济全球化是主体趋势。马克思、恩格斯所处的时代正好是经济全球化占据主导地位的时代,在《共产党宣言》中"世界历史""世界市场""世界分工"等词汇出现了多次,可见马克思和恩格斯认为全球化的主要趋势就是经济全球化,"资产阶级,由于开拓了世界市场,使一切国家的生产和消费都成为世界性的了。使反动派大为惋惜的是,资产阶级挖掉了工业脚下的民族基础。古老的民族工业被消灭了,并且每天都还在被消灭。它们被新的工业排挤掉了,新的工业的建立已经成为一切文明民族的生命攸关的问题;这些工业所加工的,已经不是本地的原料,而是来自极其遥远的地区的原料;它们的产品不仅供本国消费,而且同时供世界各地消费。旧的、靠本国产品来满足的需要,被新的、要靠极其遥远的国家和地带的产品来满足的需要所代替了。过去那种地方的和民族的自给自足和闭关自守状态,被各民族的各方面的互相往来和各方面的互相依赖所代替了"[5]P31。马克思、恩格斯认为世界市场的建立,导致了生产全球化和消费全球化。资本主义工业所需要的原材料来自世界各地,而且生产出来的产品不仅仅是满足当地人的需求,更是要运到世界其他地方去进行消费。这种生产全球化和消费全球化又促进经济全球化的发展,而经济全球化的发展促进了政治全球化和文化全球化的进程,为政治全球化和经济全球化奠定基础。

政治全球化的趋势日益明显。随着经济全球化的发展,世界各地、各民族之间的联系日益密切,先进生产力和生产关系迅速在全球传播,从而使各地区趋于一致。而经济全球化条件下"资产阶级日甚一日地消灭生产资料、财产和人口的分散状态。它使人口密集起来,使生产资料集中起来,使财产聚集在少数人的手里。由此必然产生的结果就是政治的集中。各自独立的、几乎只有同盟关系的、各有不同利益、不同法律、不同政府、不同关税的各个地区,现在已经结合为一个拥有统一的政府、统一的法律、统一的民族阶级利益和统一的关税的统一的民族"[5]P32。随着生产力和全球化的发展,资产阶级队伍越来越庞大,资产阶级力量壮大,打破了过去各地区自给自足的孤立状态,从而导致政治集中。而这种政治集中从最开始表现为不同地区由原来各自有各自的政府和法律,逐渐演变为有统一的国家和法律,即由不同地区的不统一民族逐渐向统一民族发展。另一方面,资产阶级极力向世界推荐甚至强行向世界推广资产阶级的意识形态和政治制度,使全世界都纳入了资本主义体系,从而实现了全球范围内的政治趋同,并进一步促进政治全球化。

文化全球化开始显现。马克思在关注经济全球化和政治全球化的同时,对文化全球化也做了描述:"物质的生产是如此,精神的生产也是如此。各民族的精神产品成了公共的财产。民族的片面性和局限性日益成为不可能,于是由许多种族的和地方的文学形成了一种世界的文学。"[5]P31这里的"文学"泛指的是科学、艺术、哲学、政治等著作。随着生产力的进步,各个地区、各个民族之间的"精神产品"开始突破了地域的限制,成为全球范围内许多地区许多民族所共有

的"财产",而原来的地区性、民族所特有的文化日益成为世界性的文化。而随着经济全球化和政治全球化,各个地区、各个民族之间的文化交流也日益频繁,随着深入的文化交流,各地区、各民族文化取长补短,互相发展,最后进一步包容融合,成为世界共有的文化。马克思、恩格斯不仅肯定了文化全球化的存在,也进一步表明了文化全球化也是全球化的一种表现。

### 三、《共产党宣言》中"自由人联合体"思想的时代价值

马克思"自由人联合体"思想具有深刻的时代意义。在理论方面,它既是对西方共同体思想的继承与发展,也是对马克思主义理论的发展,对于解决个人与共同体之间的关系问题提出了新的见解,对这一问题的争论开辟了一条独特的、科学的思路,有很重要的理论意义。而在现实方面,马克思的"自由人联合体"思想对于我们今天理解人类生存状况和解决国际争端、指导社会主义建设具有重大的启示意义。

#### (一)《共产党宣言》中"自由人联合体"思想的理论意义

《共产党宣言》中"自由人联合体"思想对于解决当代国际争端、解决当下哲学中个人与个人、个人与社会和个人与共同体之间的争论有着重大的意义。马克思在《关于费尔巴哈的提纲》中提到,"人的本质不是单个人所固有的抽象物,在其现实性上,它是一切社会关系的总和"[8]P135。表明马克思是从主体与主体之间的关系去理解人本身,而不是把现存的个人看作是独立的自我实体。人只有在社会中才能存在,只有在人与人的社会关系中,人才能得到更自由的发展,而"自由人联合体"才能更快、更好地实现,人的自由即个性自由才能得到充分发展。而这一"自由人联合体"思想,解决了坚持个人利益优先于社会利益的正义主义者和强调集体利益、弱化个人作用的社群主义者之间的矛盾与争论,科学地把握个人与"联合体"之间的关系,从而真正地解决个人与"联合体"之间的关系问题,发展和丰富了马克思主义,并为我们更好地把握马克思主义的精髓提供了一个全新的视角和方法,时刻提醒我们要用辩证的观点看待个人的自由发展和"联合体"发展的美好理想。

#### (二)《共产党宣言》中"自由人联合体"思想的现实意义

回顾历史,资本主义制度建立和发展,导致剥削和两极分化愈发严重,在无

产阶级及其政党夺取政权追求自由的浪潮中,马克思主义学说,被全世界劳动人民和无产阶级奉为行动指南。当前,世界处于社会动荡的新时期,面对国际关系不稳定、经济发展不平衡的现状,需要我们直面各种复杂的新挑战和新矛盾。而想要早日实现共产主义的伟大目标,实现全人类的自由而全面的发展,建成自由人的联合体,就需要我们持之以恒地学习《共产党宣言》,掌握马克思主义学说,结合实际情况,促进社会进步,使每个人都得到自由而全面的发展。习近平在继承了马克思"自由人联合体"思想的基础上形成了"人类命运共同体"思想,其内涵十分丰富,涉及经济、政治、文化、生态等多个领域,是新时代中国特色社会主义理论的最新成果之一,为促进全球共同进步、共同繁荣奉献了中国智慧,贡献了中国力量,提出了中国方案。

《共产党宣言》中共同体思想和习近平新时代人类命运共同体思想对世界向前发展贡献了不容小觑的力量,为全球发展进步描绘蓝图,为全球发展指明了方向,增加了中国与世界其他国家的沟通认知,促进新时代中国特色社会主义更快更好的建设,早日实现两个百年奋斗目标。

**注释:**

[1]康德.法的形而上学原理[M].北京:商务印书馆,2015.

[2]博格.康德、罗尔斯与全球正义[M].上海:译文出版社,2010.

[3]康德.历史理性批判文集[M].北京:商务印书馆,2015.

[4]黑格尔.法哲学原理[M].北京:商务印书馆,2016.

[5]马克思,恩格斯.共产党宣言[M].北京:人民出版社,2014.

[6]艾四林,曲伟杰.《共产党宣言》导读[M].北京:中国民主法制出版社,2012.

[7]马克思恩格斯文集:第1卷[M].北京:人民出版社,2009.

[8]马克思恩格斯选集:第1卷[M].北京:人民出版社,2012.

(指导教师:饶旭鹏)

# 为实现中国梦而奋斗
## ——读马克思《青年选择职业时的考虑》 李 宁*

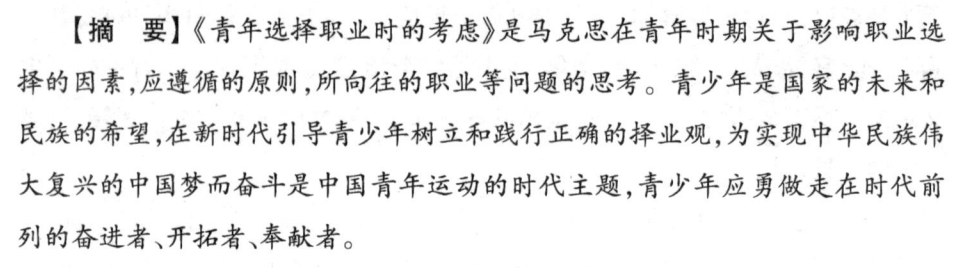

**【摘 要】**《青年选择职业时的考虑》是马克思在青年时期关于影响职业选择的因素，应遵循的原则，所向往的职业等问题的思考。青少年是国家的未来和民族的希望，在新时代引导青少年树立和践行正确的择业观，为实现中华民族伟大复兴的中国梦而奋斗是中国青年运动的时代主题，青少年应勇做走在时代前列的奋进者、开拓者、奉献者。

**【关键词】**青少年；择业观；中国梦

《青年选择职业时的考虑》这篇文章结构完整、条理清晰、层次鲜明，逐步阐释了作为一名青年应该如何选择职业和选择什么样的职业，最后明确就业是为了自身的完美和人类的幸福的人生定义。作为一名中学生的毕业论文，可以看出马克思才华之卓著、思想之先进。步入社会主义现代化建设的中国，青少年是实现中国梦复兴的践行者，青少年是使中国立于世界之林的展拓者。习近平在和青少年的讲话中曾经提到，"青年面临的选择很多，关键是要以正确的世界观、人生观、价值观来指导自己的选择"[1]。大千世界，琳琅满目，经济信息时代的迅速发展，创造了很多机遇的同时也面临着更多的挑战。在新时代的背景条件下，如何做一名合格的青少年，为实现国家在世界上的崛起而奋斗，为实现自身价值而努力？是青少年思考的问题，是国家之问，也是时代之问。

### 一、中国青少年的时代定位

在中国共产党的领导下，经过一系列的艰苦奋战，新中国终于建立起来了，

---

\* 李宁，马克思主义学院中国近现代史基本问题研究18级，182030506003。

曾经军阀混战的局面、曾经列强肆无忌惮瓜分中国的局面、曾经百姓大流亡的日子将一去不复还。今天的中国，经过改革开放四十年的建设，取得了举世瞩目的成绩。政治上，从1956年社会主义制度正式在中国确立，到今天人民民主专政的不断完善，法制建设也取得了很大的成绩；经济上，从新中国成立初期的百废待兴，到今天在国际上成为一个经济大国；文化上，从百花斗艳，百家争鸣，到今天的共建社会主义核心价值观。今天的中国，是改革开放四十周年的中国，是步入新时代的中国，是一个全新的中国，全新的时代。我们的青少年在这样一个国泰民安的环境下茁壮成长，是国之幸，也是青少年之幸。但在享有日益美好生活的同时，青少年也应该承担起肩上的责任。青少年是早上八九点的太阳，是朝气、是梦想的代言人，是国家未来的建设者和民族希望的寄托者。在今天的国家大背景下，创新是第一生产力，创新是社会经济发展的灵魂，而青少年是最具有创造性的人民群众。必须充分调动青少年的活力、想象力和创造力，将其培养成创新的有生力量，培训为创业的有力队伍。青年兴则国家兴，青年强则国家强，作为一名中国的青少年必须要有意识，有目的地承担起应负的责任。

中国的迅速发展，使得中国的青少年相比于其他各个国家的青少年，机遇更多，诱惑也更大。网络信息技术的迅速发展，伴随着各种直播软件带动的网红产业的盛行，使很多青少年认为不通过艰苦奋斗依然可以日赚上千。在以流量为衡量标准的时代，一些明星养成类的节目喧嚣尘起，"速成型明星"流水线式运转，很多电影、电视剧为了话题度请一些毫无演技的小鲜肉，在对青少年的价值观产生影响的同时不免对整个电影、电视剧行业也产生了一系列的负面效应，因此，陷入死循环。以"00后"为主要调查人群，就关于未来就业方向的问卷调查显示很多学生选择了网红、明星等一些职业，相比"90后"的很多学生长大后的理想是教师、科学家等，结果对比鲜明，令人诧异又不奇怪。可见，信息技术的迅速发展、娱乐产业的畸形发展等对现代青少年价值观的形成在一定程度上起到了不良影响。在瞬息万变的今天，如何树立正确的人生观、价值观、世界观，逆风飞翔，不迷失自己，作为祖国充满朝气的向日葵，向阳而生，为实现中国梦而不懈奋斗，是当代中国青少年在时代背景下必须做好自我审视的定位前提，是当代中国青少年树立正确的择业观和践行就业观所必要的。

新时代的到来,对青少年正确人生指导观念和就业观念的培养是一个新的生长点,择业观的形成成为人们日常生活中以至政府方面日益关注的话题。以《青年选择职业时的考虑》为基础,从时代背景分析问题不但能在很大程度上提高思想认识水平,而且也推动着实践中青少年择业观的发展。因此,深入开展研究,调动社会各层各界的关注,进一步发挥其应有的社会指导作用,无疑对于推动青少年的培养具有重要现实意义。

**二、树立和培养正确的择业观**

(一)《青年选择职业时的考虑》之左右职业选择的三大原由

马克思在《青年选择职业时的考虑》一文阐述到,影响人们职业选择的主要有三大原由。第一个原由,"这个目标至少在他本人看来是伟大的……"[2]P3 即每个人在选择职业时首先是从个人喜好出发。你喜欢赛车,梦想有朝一日可以站在 F1 的领奖台上,我喜欢化妆,愿意为每位漂亮女孩描眉补妆,但在没有清晰的自我认识下做出的决定带有盲目性、不现实性,并不一定适合我们自身,即"我们梦寐以求的东西很快就使我们厌恶"[2]P3,以个人喜好为前提的选择在没有能力的支撑下,很快会消失殆尽,而且可能会对自己的喜好产生厌恶。第二个原由,马克思认为是身体条件。"我们的体质常常威胁我们,可是任何人也不敢藐视它的权利。"[2]P5 选择职业一定要量力而行,不能凭借自己的主观能动性,认为我能,就去从事一些自己身体吃不消的职业。在中国的边防地区,长期驻守着一批不怕天寒地冻,常年考验着身体极限的战士,这不是凭你想不想就可以去胜任的,这需要良好的身体条件、身体机能。"冒险把大厦建筑在松软的废墟上"[2]P5,当我们所选择的工作不符合自身身体条件的承受能力时,就好比把高楼大厦建造在废墟上会很快倾塌,只会让我们得不偿失。第三个原由,选择工作最关键的一点是对自身能力的评估。"……以为能够胜任经过周密考虑而选定的职业,那么这种错误将使我们受到惩罚。"[2]P5 在从事自己选择并且喜欢的工作时,错误地估计自己的能力,不仅对工作的完成度会造成一定的影响,也是对自己的不负责任。所以,工作的选择要有相匹配的能力与之相适应。

这三大原由也是今天职业选择所必须考虑的三个方面,任何职业的选择在遵从自己内心的同时,也要看个人的身体素质和工作能力。除此之外,一个人从降生到成长的过程,其所处的社会环境也会对职业的选择有一定的影响。每个人都有虚荣心,马克思认识到,虚荣心会让我们对某种职业产生一定时间的盲目热情,在这种情况下,我们应该保持头脑的冷静,去认真研究自己选择的职业。总之,职业的选择有很多影响因素,作为新时代的青少年,我们应该从自身条件出发,从自身能力出发,以自己喜欢的职业为可能性,干一行爱一行,严格要求自己,为中国梦的实现而奋斗。

(二)《青年选择职业时的考虑》之选择职业应遵循的原则

马克思认为青年在选择职业时除了考虑三个原由以外,还应该遵循一定的原则,严格要求自己。首先,职业的选择要有尊严。尊严,是人人生来就具有的,是国家规定我们所享有的权利。因此,从事职业必须要保有自己的尊严。一个连自己尊严都可以不要的人,谈何热爱工作？其次,这个职业应该是在正确思想指导下选择的。"人的正确思想,只能从社会实践中来……"[3]P256正确的思想,是在一次次的实践中取得的,是从一次次失败工作经验中总结的。正确的思想从宏观方面看就是以实现中华民族的伟大复兴为出发点,就是为人民、为国家、为世界谋幸福。正确的思想从微观方面看就是以自己为看问题的出发点,严格要求自己,实现自我的人生价值。当然,在发生冲突的情况下,青少年应该以国家、集体利益为重。青少年应该充分发挥自己的聪明才智,并服务于社会发展,将个人利益的追求与个人对社会应尽的责任和义务统一起来。所以,我们必须以马克思主义为指导,不盲从,不盲目,不攀比。马克思主义是被实践证明了的正确的思想。最后,这个职业的选择能够为我们提供场所以为实现人类自由而全面的发展服务。为了促进经济的迅速增长,人类大肆砍伐树木,乱排放污水、有害气体等,对人类的生存环境造成了很大的破坏。在取得发展的同时,也受到了大自然的报复。温室效应、酸雨等一系列非自然灾害正在日益威胁着人类的生存环境。所以,我们选择的职业一定是为人类的自由而全面的发展所服务的,如果在某种程度上有损人类发展的利益,是为人所不齿的,是反人类的。

马克思关于选择职业所遵循的原则在今天也有很大的借鉴意义。新时代的青少年在形成自己择业观的时候要以正确的思想来指导自己。作为一名新时代

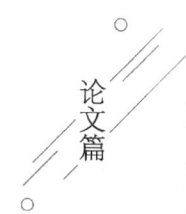

的新青年,青少年必须要以马克思主义在唯物史观方面的知识来指导自己,有什么样的职业选择要以一定的社会经验去总结判断。要保持自己的尊严,以为人类自由而全面的发展为目标来造福人类。

(三)《青年选择职业时的考虑》之选择职业的主要方向

马克思曾经讲过,"在选择职业时,我们应该遵循的主要指针是人类的幸福和我们自身的完美。"[2]P7 这是职业选择总的方向指导,可以看出 17 岁的马克思在思想觉悟方面的深度。在马克思看来,社会价值和自我价值是辩证统一的。其统一的目的是什么呢？就是为追寻个体的完美而幸福的工作。关于人的价值的讨论,一直是人类思想文化史上的重要问题之一。马克思主义认为人的自我价值和社会价值是辩证统一的。在思想政治教育这门课程中,关于社会价值和自我价值的辩证统一的观点,是重中之重。所以,作为一名新时代的青少年,我们必须正确把握好社会价值和个人价值的关系,个人价值的实现以社会价值为前提,不能将个人价值和社会价值隔离,应该从宏观方面看待问题,从国家方面看待问题,以滴水穿石、积少成多的精神力,为实现中国伟大的复兴梦而贡献青少年的一分力。

(四)树立和培养正确的择业观

青少年是社会主义建设的接班人,职业选择也是青少年人生中的重要选择,也是对自己未来事业发展方向以及自我社会定位的选择。在当前的时代背景下,对当前的青少年来说,树立怎样的择业观不仅是于自己,于中华民族的伟大复兴也有很重要的意义。青少年应该在艰苦环境中锻炼不怕吃苦的精神,积极实践,坚定为祖国、为人民的意志和信念,不仅对自己顺利实现职业生活有重要的现实作用,也对国家的繁荣富强添砖补瓦。

青少年如何摆正自己的位置,培养正确的择业观,以适应当今社会发展的需要,不仅要严格规范自己,还要做到以下几个方面。第一,要树立正确的功利观,即马克思所说的正确的思想。具体表现为青年应该有为实现中华民族复兴而无私奉献的思想,通过充分发挥自己的聪明才智,以早日实现这个梦想。第二,在社会主义现代化快速发展的这个时期,要学会自我调节,积极主动地去适应这个社会。随着大学教育的扩招,我国以前的就业分配制度已经一去不复返,我们应该摒弃以前"铁饭碗"的就业观念。青年应该对国家颁布的关于就业的方针政策时刻关注,了解目前的就业行情,积极地走上市场,通过一些招聘会,大学生村官考试等自主选择职业。要树立自信,敢于竞争、抓住机遇。第三,青年要树立长期的职业发展规划。以前的择业观是"一次就位",但在目前严峻的就业形势下是很难达到的。因此,青年应该先就业、后择业、再创业,以长远的职业发展来谋求更适合自己、更喜欢的职业。最后,青年要做到爱岗敬业。美好的生活环境、便利的生活方式、积极的生活态度,同样更需要青少年的付出,经过这一系列的辛苦耕耘,我们应该相信这个梦想在不久的将来一定会实现。

### 三、中国青年运动的时代主题——为实现中华民族伟大复兴的中国梦

中国梦,是个伟大的梦想,是在实践基础上做出的决定,不是盲目的,不是空洞的,这个梦是"一定能实现的"。这个梦是为民族谋复兴、为人民谋幸福。青少年在这个梦想的实现过程中扮演重要的角色。首先,实现中国梦青少年必须依然坚持贯彻"四个坚持"发展观,走中国特色社会主义道路。不能有丝毫自满,不能有丝毫懈怠,必须再接再厉、一往无前,中国这个梦想的实现需要青少年贡献自己的一分力。这个梦想的实现,是几万万中国儿女的梦想的实现,以史为镜,每个人的前途命运都与国家和民族的前途命运休戚相关,相互影响。关于这个梦想的实现,这个梦想的复兴,是一项长期的光荣而艰巨的事业,在今天,青少年的付出和努力起着重要的作用。

对于青少年的工作,一直是国家工作的重中之重。自从党的十八大以来,以习近平同志为核心的党中央对青少年和共青团的工作是十分重视的。就青少年和共青团工作发表的一系列重要讲话,指明了当代青少年为实现中华民族伟大复兴梦的历史使命和成长的道路。对此,我们应该准确把握,今天的中国,青年运动的时代主题就是要实现中华民族的伟大复兴,所以,对于青少年,必须教育其增强各个方面的意识形态建设,要有远大的理想目标,坚持以社会主义核心价值观的二十四字为指导并践行,为实现这一系列梦想而严格要求自己,勤奋学习,贡献自己的力量。

"希望大家努力在实现中国梦的伟大实践中创造自己的精彩人生,实现中

国梦的复兴的历史使命,在为祖国和人类事业献身的过程中而实现自我的人生价值。"[4]作为一名中国的青少年,应时刻鞭策自己,艰苦奋斗,树立正确的择业观,促使自我价值的实现,为中国梦而奋斗,为社会主义和共产主义的最终实现尽一份力。

**注释:**

[1] 习近平同各界优秀青年代表座谈时的讲话[EB/OL].[2013-05-04] http://cpc.people.com.cn/n/2013/0505/c64094-21367227.html.

[2] 马克思恩格斯全集:第一卷[M].北京:人民出版社,1995.

[3] 毛泽东文集:第八卷[M].北京:人民出版社,1996.

[4] 习近平在北京大学师生座谈会上的讲话[EB/OL].[2014-05-05]http://edu.people.com.cn/n/2014/0505/c1053-24973276.html.

(指导教师:苟颖萍)

# 新时代大学生职业选择的特点探析
## ——读《青年在职业选择时的思考》 李 瑞[*]

【摘 要】大学生就业难是长久以来一个必须要面对的现实问题,近年来我国的就业压力逐年增大,马克思的职业选择观在当代仍有重要的现实意义,坚持马克思的职业选择观,在新时代的中国有利于指导大学生更好地实现就业。

【关键词】马克思;职业选择观;新时代大学生;特点

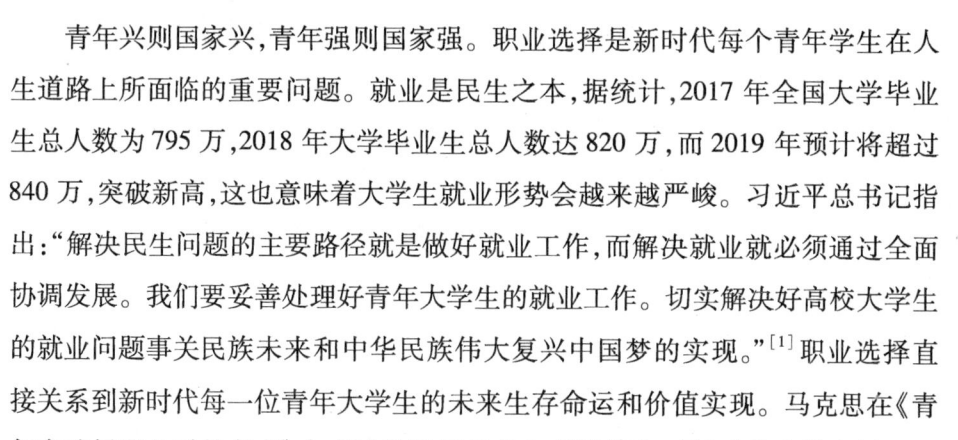

青年兴则国家兴,青年强则国家强。职业选择是新时代每个青年学生在人生道路上所面临的重要问题。就业是民生之本,据统计,2017 年全国大学毕业生总人数为 795 万,2018 年大学毕业生总人数达 820 万,而 2019 年预计将超过 840 万,突破新高,这也意味着大学生就业形势会越来越严峻。习近平总书记指出:"解决民生问题的主要路径就是做好就业工作,而解决就业就必须通过全面协调发展。我们要妥善处理好青年大学生的就业工作。切实解决好高校大学生的就业问题事关民族未来和中华民族伟大复兴中国梦的实现。"[1] 职业选择直接关系到新时代每一位青年大学生的未来生存命运和价值实现。马克思在《青年在选择职业时的考虑》中表述的思想观点和理想信念对新时代大学生树立正确的职业选择观具有重要意义。

### 一、马克思的职业选择观

《青年在选择职业时的思考》这篇文章是马克思在中学时期的作品,中学时期的马克思就已经开始着手规划自己的人生,深入思考自己未来的发展道路,这为他以后的发展奠定了坚实基础。尽管这篇文章已经问世很久了,但在新时代

---

[*] 李瑞,马克思主义学院马克思主义中国化研究 18 级,182030503003。

的中国仍然对我们有重要的启迪作用。

(一) 主要内容

1. 明确的目标

马克思认为当选择了为人类谋幸福、为人类的发展做出贡献的职业时,那我们就不会觉得辛苦,我们的幸福是属于人类的幸福,我们的职业就是高尚、伟大、光辉的。这给我们指明了人生的目标和方向。马克思选择的事业——解放全人类、实现人的全面自由的发展,就是遵从了自己内心深处的声音。他的一生都在朝着这个目标不断地努力,先后创作了《1844年经济学哲学手稿》《关于费尔巴哈的提纲》《共产党宣言》《资本论》等大量经典著作,给世人留下了珍贵的精神财富,为人类的发展做出了巨大贡献。在我们每个人进行职业选择时,要有一个明确的目标,要认真地遵循我们的本性和倾听我们的初心,正如习总书记所说:"一切向前走,都不能忘记走过的路,走得再远、走到再光辉的未来,也不能忘记走过的过去,不能忘记为什么出发。"[2] 选择"符合内心深处声音"的职业,我们可以从工作中获得更多的幸福感和满足感。

2. 浓厚的兴趣

若我们通过冷静的思考,了解了职业的真相后,依然对它充满兴趣,那我们就应该选择它。从事任何一项职业都是非常艰辛的,我们不仅要做好面对挑战的准备,同时要有战胜困难的信心,具备强大的心理素质和无私奉献的精神,若这些我们都可以坦然承受,那就可以从事这项职业了。兴趣是驱使个人进步的重要推手,它会促使我们积极的思考、主动钻研和探索,驱使我们为自己的职业拼搏奋斗,这有助于我们在工作领域取得创新成果。如果我们对自己所选的职业毫无兴趣,那么我们就会陷入无限的痛苦之中;相反,一个人选择了自己珍爱的职业,就会充满动力,好的职业会使我们在各方面严格要求自己,时刻保持谦虚、谨慎、好学的态度。

(二) 职业选择的影响因素

1. 虚荣心

"伟大的东西是光辉的,光辉则引起虚荣心,而虚荣心容易给人以鼓舞或者一种我们觉得是鼓舞的东西"[3]P456。虚荣心和名利的诱惑会让人们失去应有的理智，可能会误入歧途。虚荣心还可能会使我们突然对自己所从事的职业拥有巨大的热情，但这是不持久的，当我们亲身体验过后，可能要为自己的虚荣心付出惨痛代价，承担重大责任。马克思的商品拜物教在当代现实社会中的表现之一就是人们对物质生活的盲目追求，人们在职业选择时考虑的是职业能为他们带来什么，而不是他们能否为职业贡献自己的价值。在虚荣心的驱使下，现代社会越来越多的人在职业选择时更倾向于职业外在的或附带的社会地位、金钱、权势等因素，陷入拜物教的迷惑之中找不到人生方向，迷失自我。

2. 身体素质和能力

"我们的体质常常威胁我们，可是任何人也不敢藐视它的权利。"[3]P457 长期超负荷的工作，会使我们的身体达到极限，痛苦到无法承受，那我们的一生可能会陷入与病魔斗争的深渊中。健康的身体是人们从事各种社会活动、幸福生活的基础和前提。即便拥有较高的社会地位、金钱、权力等等，但自身身体素质很差，那我们怎么来面对生活的困惑和不幸，怎么能持久地工作并享受工作带来的乐趣。所以体质也是影响我们职业选择的关键因素，它在某种程度上限制和决定了我们能够或不能够从事哪些职业。同样的若我们高估了自己的能力，从事一份自己无法胜任的职业，那我们可能要为自己的职业决定付出沉重的代价。一个人适当的自信是有益的，但盲目自信就是自大。在职业选择时，我们一定要对自己有一个清晰深刻的认识，了解自己的优点和缺陷，要注意扬长避短，选择与自己能力相匹配的职业，这利于我们的全面发展，有助于实现个人理想和人生价值。

3. 父母和社会关系

家庭教育对人的发展起着至关重要的作用，父母的思想、观念、阅历等种种因素会在日常生活中潜移默化地影响我们的行为、决定等，家庭背景和个人文化程度都会对我们的职业选择有重大的影响。我们在进行职业选择时，要认真听取父母的意见和建议，同时结合自己的实际情况，谨慎选择。但是事实上，我们不总是能够选择我们自己认为的完美职业，我们选择什么样的职业在我们所拥有的能力之前就确定了。每个人都受社会关系和现实社会的制约，人的个人理想和社会价值只有在社会实践中才能真正地体现出来。因此，职业的选择在一

定程度上要最大可能地适应社会的需要和发展,而不是随心所欲地选择。

(三)职业选择遵循的原则

1. 有尊严的职业

若我们把所有的因素都考虑清楚了,同时我们的现实条件可以允许我们选择任何一种职业,那我们就可以选择一份既有尊严又能实现自我价值的职业。从事一份让自己觉得有尊严的职业,可以充分调动我们工作的积极性,激发我们潜在的创造力,同时也可以被人尊敬和崇拜,可以让我们更体面地活着,实现自己的人生理想,过有意义的人生。但职业无高低贵贱之分,三百六十行,行行出状元,社会上的每一份职业都有其存在的客观性和必然性,都应该值得我们发自内心地尊重。

2. 人类的幸福和自身的完善

"在选择职业时,我们应该遵循的主要指针是人类的幸福和我们自身的完美。"[3]P459通过认真选择,最后从事了能为人类谋幸福的职业,可以为社会的进步、国家的富强贡献自己一份微小的力量,这样的职业可以被称为是为人类发展献身的伟大的职业。新时代的大学生在职业选择时,要牢记为人民群众谋幸福的价值准则,将自己的职业选择与社会需要和国家发展结合起来。

## 二、新时代大学生职业选择的特点

(一)个性化强,心浮气躁

新时代的大学生以"90后"居多,个性鲜明、特立独行,就业期望值高,在职业选择时更加注重工作环境、物质待遇等因素,功利主义较强,而不是"先就业再择业",甚至找工作随心所欲,干得不舒心就辞职。"心浮气躁,朝三暮四,学一门丢一门,干一行弃一行,无论为学还是创业,都是最忌讳的。"[4]P174大学生渴望去大城市发展,渴望找到与自己的兴趣相符的工作,却忽视了自己的身体状况和实际能力。新时代的企业更加重视合作意识和团队协作能力,而新时代的大学生在职业选择时,只关注眼前的个人利益,把集体利益和国家利益抛在脑后。

(二)职业认知不清,自身职业能力低

职业认知模糊,就是在职业选择时对就业单位和行业发展情况等不了解,对自己的认知不够深刻,在职业选择时往往出现眼高手低的情形,自己所学专业知识薄弱不能适应市场的需求,从而有巨大的落差感。受家庭传统观念的影响,大学生在选择职业时更倾向于稳定性较强的职业。"打铁还需自己硬",在新时代的就业市场中,最关键的还是自己的职业能力,谁拥有了较高的职业能力,谁就在激烈的市场竞争中脱颖而出。要适应社会发展的客观要求,新时代的大学生就要辩证理性地分析自身的实际情况,增强自身的社会竞争力,做到既仰望星空又脚踏实地。

(三)就业观念和选择多元化

受传统农耕文化和乡土观念的影响,以前人们提倡"父母在、不远行",大学生毕业后一般都选择回家工作,而如今新时代的大学生价值观和人生观都发生很大的变化,更加关注自身的发展和自我需求的实现,不再安于现状,更喜欢去大城市闯荡挑战自己。一些大学生认为谋生不是唯一的出路,把网络自媒体当作自己的职业,不少人选择做一个自由职业者、流浪歌手、自由旅行者等。国家鼓励创业带动就业,许多人选择勇敢地进行创业实践,干出了自己的一番天地。大学生求职信息来源多元化,但也出现盲目追求职业的现象,很多人随波逐流选择一份自己不感兴趣、没能力胜任的工作。

**三、新时代大学生职业选择的思路**

(一)树立坚定的理想信念

习近平总书记强调:"广大青年一定要坚定理想信念。理想指引人生方向,信念决定事业成败。没有理想信念,就会导致精神上缺钙。"[4]P50大学生在职业选择时既要注重个人理想又要兼顾社会理想,个人理想的实现归根到底是社会理想的实现。高校要对新时代典型代表进行榜样宣传,鼓励大学生将自己的个人理想与社会发展结合起来,将个人价值的实现融入实现社会价值之中。习总书记曾告诫我们:"广大青年要坚定理想信念,志存高远,脚踏实地,勇做时代的弄潮儿,在实现中国梦的生动实践中放飞青春梦想,在为人民利益的不懈奋斗中书写人生篇章。"[5]新时代物质条件不断改善,但青年一代的吃苦能力却下降了,在实现人生理想的道路上会遇到很多挫折,这就需要大学生用坚定的理想信念做支撑。

(二)转变就业观念,树立正确的择业观

马克思的职业选择观强调,在选择职业时要各方面权衡,综合考虑。习近平

总书记指出:"面对世界的深刻复杂变化,面对信息时代各种思潮的相互激荡,面对纷繁多变、鱼龙混杂、泥沙俱下的社会现象,面对学业、情感、职业选择等多方面的考量,一时有些疑惑、彷徨、失落,是正常的人生经历。关键是要学会思考、善于分析、正确抉择,做到稳重自持、从容自信、坚定自励。"[4]P174大学生应树立正确的人生观、世界观和就业观,具备良好的心理素质和健康心理,面对就业压力,不逃避、不抱怨、不自负。积极参加社会实践,锻炼自己的社会能力,对自己准确定位,提前做好职业规划,做好就业准备,主动积极地就业。新时代的大学生要有吃苦精神,要积极参加志愿者服务,主动到西部贫困地区等国家最需要的地方锻炼自己。当代大学生拜金主义、消费主义等观念泛滥,高校要注重大学生的理想信念教育,提高大学生的思想政治觉悟。政府要出台相关的就业优惠政策,吸引大学生就业落户,加强与企业的对接合作,提供灵活的创业平台,帮助大学生积极就业。

(三)提高自身素质,应对新时代的机遇和挑战

我国社会已经进入新时代,社会主要矛盾已经发生很大变化。新时代处于大数据背景之下,给我们带来机遇的同时也带来了很多挑战。习近平总书记表示:"广大青年要坚持面向现代化、面向世界、面向未来,增强知识更新的紧迫感,如饥似渴学习,既扎实打牢基础知识又及时更新知识,既刻苦钻研理论又积极掌握技能,不断提高与时代发展和事业要求相适应的素质和能力。"[4]P51

1.新时代给大学生提供更多就业机会、提出更高要求

新时代是大数据快速发展的时代,国家提出"大数据+"战略思想,国家鼓励大学生自主创新创业,发挥"双创精神"并给予资金扶持与相关优惠政策。新时代对大学生的要求更高,要求大学生要有创新思维、数据分析和处理、理论与实际结合的能力,需要的是注重团队协作、综合发展的全面型人才。新时代的大学生就业格局不应该只局限于国内,要走出国门,要实现高质量的充分就业,而不是单纯地追求就业率。随着数字经济的快速发展,人们的消费观念发生了很大的变化,大学生应该顺应时代发展趋势,充分利用电子商务这个平台自己创业,同时应更加注重自身的全面发展。

2.自觉抵制意识形态渗透

在新时代,大数据对我们的影响涉及社会生活的方方面面,一些西方国家利

用自媒体等各种平台和形式对我国青少年进行意识形态方面的渗透,宣扬新自由主义、历史虚无主义等社会思潮,故意丑化抹杀中国共产党的形象,还通过影视剧、歌曲等途径对我国青少年进行潜移默化的文化渗透。在新时代,意识形态安全尤为重要。高校要牢牢坚持马克思主义的指导地位,把中国优秀传统文化与主流意识形态结合起来,大力宣传主流文化、红色文化,营造良好的文化氛围,积极维护我国的文化安全,提高我国的文化软实力。同时加强新时代大学生的思想道德建设,加强社会主义核心价值观、中国梦、爱国主义教育,引导新时代的大学生自觉抵制西方国家的意识形态渗透。

**注释:**

[1]习近平同志同各界优秀青年代表座谈时的讲话[EB/OL][2013-05-04]http://www.xinhuanet.com//politics/2013-05/04/c_115639203.htm.

[2]习近平在庆祝中国共产党成立95周年大会上的讲话[N].人民日报,2016-07-01.

[3]马克思恩格斯全集:第1卷[M].北京:人民出版社,2002.

[4]习近平谈治国理政:第一卷[M].北京:外文出版社,2018.

[5]习近平同志代表第十八届中央委员会向大会作的报告[N].人民日报,2017-10-19.

(指导教师:苟颖萍)

# 马克思商品拜物教理论及其现实意义

刘剑英[*]

**【摘　要】**马克思以商品为研究起点,通过对商品拜物教产生原因、发展形态、社会影响的分析,说明商品形式才是使得人与人的社会关系被物与物的关系所掩盖的原因,这样就彻底揭开了商品拜物教的神秘面纱,为人们正确认识商品拜物教现象提供了理论依据。研究马克思商品拜物教理论,有利于加强社会主义道德建设,有利于弘扬和践行社会主义核心价值观,有利于引导社会主义市场经济的良性健康发展。

**【关键词】**商品拜物教;社会发展;价值观;现实意义

马克思商品拜物教理论是马克思主义学说中一个重要的组成部分,这个理论的形成不是一蹴而就的,它经历了产生、发展和影响等阶段。我们通过对马克思商品拜物教理论的学习,不仅有助于克服商品拜物教所带来的不利影响,而且有助于我们在社会主义市场经济中,正确地认识人与人、人与物之间的关系,以树立正确的人生观、价值观、世界观,从而促进社会的和谐、健康发展。

## 一、马克思商品拜物教理论

马克思通过对商品的研究,提出了商品拜物教理论。马克思通过对拜物教产生和存在的根源、发展形态以及消除条件的分析,给我们揭示了在现实社会中,人与人的关系是如何一步步被物与物的关系所掩盖的。

(一)商品拜物教的产生:商品成为直接的生产目的

马克思指出:"最初一看,商品好像是一种简单而平凡的东西。对商品的分析表明,它却是一种很古怪的东西,充满形而上学的微妙和神学的怪诞。"[1]P88 马

---

[*] 刘剑英,马克思主义学院18级,182030502002。

克思从桌子这种商品出发,将这种怪诞性解析为:如果我们单纯地将桌子本身当作木头时,那么桌子它就是人们可以看得见、摸得着的、可以感觉得到的东西。但当我们将桌子这个物体作为商品来看待的时候,我们就无从感知它了。桌子的可感觉性,我们指的是它作为物品满足人们需要的有用性,这个是可以感觉的。而桌子作为商品,就改变了桌子作为物的存在方式,我们是感觉不到这个物的存在方式的,这就是超感觉的。似乎在桌子背后有一个"幽灵"使得桌子作为商品带有了某种神秘性。

随着社会的发展,商品经济随之产生,人们之间的社会关系,也伴随着商品生产。此时的生产者将生产的商品作为交换,获得价值和利润,这不是为了满足自己的需要,反而是将产品作为商品提供给市场,提供给现实社会,来满足社会其他人的需要。这时,生产商品的劳动者,他们的劳动就分为两个部分,一部分为社会劳动,一部分为私人劳动,而这两部分劳动的转换是通过商品之间的交换来实现的,即私人劳动转换为社会劳动。"私人劳动之所以成为社会总劳动的一部分,是因为交换在劳动生产物间并间接在生产者之间,树立了一种生产关系。"[2]P29所以,商品拜物教是由商品本身产生的,当产品转化为商品后,原来是人们之间的社会关系,就变成了人们之间商品交换的社会关系,这样,物物之间的关系就将人与人的关系掩盖了。

最初,人们将劳动产品创造出来,是为人们所用的。但是,在实际交换中,劳动产品成为商品之后,人们之间的关系变成了商品交换之间的关系,就好像人与人之间的社会关系就是商品与商品的社会关系,人的主体性消失了。这样,人们只看到了物与物的交换关系,而看不到这背后的人与人的社会关系,这就必然把商品关系神秘化,这种神秘化就是商品拜物教。由此可以看出,商品拜物教的产生条件就是劳动产品的商品化,只有将劳动产品作为商品实现其在社会上的买卖关系,商品的拜物教性质才能随之产生。反过来说,拜物教是因劳动产品的商品化而产生的。

(二)商品拜物教的发展:商品生产普遍化和资本主义生产方式

商品交换在原始社会后期就出现了,但是,商品交换的普遍化,却是在资本主义社会。在此之前,人与物的关系直接又单纯,仅限于使用关系。尽管也存在

一定的依商品交换而生存的商人,但是,交换的最终目的还是人们通过商品的相互交换来满足日常需要而产生的单纯的交换关系。这就是说,"物质生产的社会关系以及建立在这种生产的基础上的生活领域,都是以人身依附为特征的"[3]P96。因此,在原始社会,商品之间的交换,仅限于小范围的日常生活需要发生的交换,不会发生普遍交换,而这种交换关系,不会产生拜物教性质。只有当商品生产普遍化,商品之间的交换普遍化,才使得人与物的关系普遍发生。

马克思认为,商品拜物教的神秘性就是来源于商品的商品形式这个本身。人类的劳动,抽象而言,他们之间都是同质化劳动,只是表现出来的劳动特征是不一样的。比如,打铁的和打猎的,其实他们的劳动都是消耗了一定量的体力和脑子,只不过表现形式不一样。那么,我们将这些不同形式的劳动予以抽象化,他们就都表现的是耗费了一定量的体力和脑力的劳动,这样,劳动的质就相同了。如此一来,我们就可以通过一个比例关系来相互交换劳动产品,从而人与人的社会关系,就随之表现为劳动产品之间的关系,这种关系的形成也就导致了资本主义生产方式的确立。

由于资本主义私有制决定了资本逻辑主导生产逻辑,资本主义商品经济的发展带来了劳动的异化和人的异化,异化劳动使得资本主义社会"物的世界"主导"人的世界",伴随物的扩大带来的是人的地位的削弱,造成"人的世界"被"物的世界"挤压、侵蚀,尤其是人们在商品交换的过程中,货币充当了人们交换的一般等价物以后,私人劳动的社会性质被掩盖了,商品与商品之间的交换转变成了商品与货币之间的交换,货币成为商品价值的表现形式。人们可以用货币来买卖一切商品,即使是象征人们身份、地位等的一切,貌似都是可以用货币来买卖。所以,货币就成了主宰,只要有货币,似乎就可以为所欲为。这样,人们就把这种"貌似"和"似乎"等同为一种与商品本身相同的幻觉,这种幻觉就有了神秘性,即"货币至上",这个时候,商品拜物教就被货币拜物教所取代。随着资本主义生产方式的进一步发展和改变,普遍化的商品生产成为生产的趋势,货币有了双重作用,一方面它作为货币本身存在和产生相应的作用,另一方面一部分货币作为资本存在并发生作用。而就是这一部分货币,它作为资本的化身,正好反映了资本主义社会的剥削关系,资本的价值以提前预付的形式出现在生产资料和生活资料的生产中,而通过产品的价值来体现。这样,资本主义的生产过程就掩盖了剩余价值的来源。在资本主义生产过程中,资本家通过资本拜物教来掩盖剩余价值和资本的来源。也就是说,一般人们认为,资本的增值过程是由于资本家投入了货币作为资本而产生的经济效益,理所当然。但是正是这种似乎是资本的天然属性,使得人们产生了错误的观念,从而导致了错误的资本拜物教这种意识。这样,商品拜物教一直发展,就衍生出了货币拜物教和资本拜物教,这样整个社会就本末颠倒了。

(三)商品拜物教的影响:社会关系的变化

资本主义以前人身依附关系构成了社会的基础,人们之间的劳动关系就是他们之间的个人关系,这里面没有什么神秘的关系。

随着资本主义商品生产普遍化,商品生产者只有尽快完成商品交换才可以进行再次生产。这样的话,商品交换的价值就成为度量一切的重要尺度,这也就使得本来是社会主体的人沦为物的客体,也即物化的社会关系取得了主体地位。商品拜物教消解了人的主体地位,使人与物之间的关系发生颠倒。就如马克思指出的,"商品世界具有的拜物教性质或劳动的社会规定所具有的物的外观",即人们在劳动中的个人关系,"表现为人们之间的物的关系和物之间的社会关系"[2]P29。马克思还具体分析了资本主义社会,"在资本主义生产方式下,物的经济形式规定或社会规定,都表现为它本身内部所固有的属性。"[4]P404这就表明,在资本主义社会的经济活动,只不过是资本主义生产关系物化的表现。物化劳动支配活劳动这就是资本主义社会的绝对生产逻辑,资本关系统治人的关系,这就是资本主义社会人的关系的现实。

(四)商品拜物教的消亡:"自由人联合体"的形成

"一旦我们逃到其他的生产形式中去,商品世界的全部神秘性,在商品生产的基础上笼罩着劳动产品的一切魔法妖术,就立刻消失了"[5]P93。从马克思的话里面,我们可以找到如何摆脱商品拜物教的渠道,那就是逃到其他的生产形式中去,而这个生产形式就是摆脱了拜物教世界的生产形式,现在我们都知道,这个生产形式也就是"自由人联合体"。那么,究竟怎么从根本上摆脱商品拜物教的影响,从而实现马克思所谓的"自由人联合体"呢?

商品拜物教的来源，简单地说，就是商品之间物与物的交换关系，掩盖了人与人的社会关系。马克思认为"可以设想有一个自由人联合体，他们用公共的生产资料进行劳动，并且自觉地把他们许多个人劳动力当作一个社会劳动力来使用"[3]P95。在这个设想的自由人联合体里面，人们之间的关系，就不再是物与物之间的关系，人们的主体性得以回归和确立之后，商品拜物教就消亡了。如果人们之间的关系就是单纯地为了满足彼此之间商品的需要而产生的交换关系，这样，就不会产生劳动产品变为商品这种形式，商品拜物教也就不会产生。

## 二、马克思商品拜物教理论的现实意义

正如习近平总书记指出的，"商品经济毕竟有其固有的一些消极属性，资产阶级极端利己主义的价值观念还不时地在毒化人们的心灵，拜金主义还会在一些人的头脑中膨胀，社会主义初级阶段还存在商品拜物教"[6]P40。由此可见，马克思的商品拜物教理论，对于人们正确认识现实社会人与物、人与人的关系，对于确立社会成员的道德规范和行为准则，对于实现社会主义市场经济的良性运行等，都有重要的现实意义。

（一）有利于通过加强道德建设遏制商品拜物教的消极影响

在社会主义市场经济中，仍然存在人们对于商品的盲目崇拜和病态追求的现象，甚至于把对财富的追求当作人生的全部目的和意义，与我们这个社会的道德规范是完全相冲突的。对于此，通过加强道德建设，努力提高自身素质，通过学习和践行社会主义核心价值观所倡导的内容，从而引导人们从思想上克服商品拜物教所带来的消极影响，就显得尤为重要。

1. 引导人们的思想从病态的物欲追求束缚中解放出来

众所周知，在社会主义市场经济中，尽管人们对于金钱和商品的追求无可厚非，但是人们不应该一味地"一切朝钱看"。在道德建设和舆论宣传中，揭示商品拜物教面纱后面真实的人与物、人与人之间的关系，引导人们树立正确的金钱观、价值观，理性消费和享乐，正确认识和处理个人与社会、与他人之间的关系，崇尚美德，有助于消解商品拜物教对人们的生活、对社会发展产生的消极影响。

2. 引导人们正确认识追求经济利益与培养人文精神的关系

由于受经济利益的影响，人们的行为可能会偏离正确的道德规范的要求，出

现追求经济利益最大化,崇尚享乐主义,追求消费主义至上,片面强调个人利益,忽略和淡化对他人、对社会的义务和责任等倾向。在道德建设中,加强人文关怀引导,有利于人文关怀精神的培育和人文关怀氛围的形成,促使人们正确处理自利和他利、谋利和服务的关系,通过诚实合法的劳动获取合法合理的经济利益,恪守商品经济的规律,维护商品经济的良性发展。

(二)有利于社会主义核心价值观的弘扬和践行

社会主义核心价值观的培育和践行,在现阶段的政府工作中,将是我们党开展各项工作的一项重要任务。学习厘清马克思关于商品拜物教的理论,对于正确认识拜金主义、功利主义、消费主义等各种拜物教观念,克服价值观的物化逻辑,消解价值观的物质主义倾向,自觉践行社会主义核心价值观,有积极意义。

1. 自觉克服错误的价值观和思想倾向

社会主义核心价值观要求人们成为道德人,讲道德、守道德,追求高尚的道德情操,而拜物教将物、金钱、资本凌驾于道德之上,为了经济利益可能会忽略道德要求,甚至会抛弃道德、失守道德底线,所以,社会主义核心价值观与拜物教取向的价值观是根本对立的。学习马克思关于商品拜物教的理论,正确认识商品拜物教的本质和危害性,有利于树立正确的商品观、货币观、资本观,引导人们自觉克服错误的价值观和思想倾向,使自己的经济行为、社会行为回归到道德的轨道上来,只有这样,社会主义核心价值观才能真正树立起来,才能使之内化于人们的心理,逐渐成为人们的精神追求,而外化于人们的行动,最终成为人们的一种自觉。

2. 从制度上加大建设高尚社会道德、社会风气的力度

商品拜物教理论,让人们认清价值观本质,有助于消解价值观的物质主义倾向。但要让全体社会成员在多样化价值差异之上形成最广泛的价值共识,这就需要相关制度的必要保障。通过一定的制度设计和安排,使得符合核心价值观所倡导的内容,然后针对规定的内容加大加强宣传力量,并加以鼓励,相反对于违反社会公德和道德秩序的行为,予以谴责,严重者需立法制裁。这样长此以往就会使有德者总是能够得到肯定、褒扬,失德者一定得到谴责、惩罚,从而在社会上,才能引导人们对多样化价值予以选择性整合,增加选择正能量的事情的机

会;通过对价值之间的冲突加以调解,引导人们求真向善,消除拜物教的利己主义,以此来实现人生价值观的认同;通过法律平等、司法公正、法治引领,引导人们自由参与、平等发展,从而形成社会合力,消除拜物教错误的义利观,真正实现一切生产活动以"人的全面自由的发展"为目标,将人们的关注点从一维的金钱目标指向多维的空间——道德情操、人生境界、社会关爱等,有利于社会主义核心价值观更好地得到弘扬和践履。

(三)有利于引导社会主义市场经济的良性健康发展

改革开放40年来,我国逐步确立了社会主义市场经济体制。我国针对市场经济本身特有的开放性、竞争性、活跃性等特点,积极调动商品生产者的创造创新能力,为我国经济的发展注入了新的活力,为我国生产力健康有序地发展注入了新的动力。但是,在社会主义市场经济条件下,仍然不可避免商品拜物教的存在,这样就会在一定程度上影响和制约社会主义优越性的体现和发挥,需要做出必要的规制。

1. 政府要引导微观主体,把利润的追求与民生问题的解决结合起来

市场经济的良性运行离不开政策的指引和有效规则的约束,政府要把人文关怀精神融入社会政策和具体制度的设计中,要更加重视维护人民群众的民生权益,要引导企业将经济利益的追求置于社会主义价值目标的引领之下,将企业的微观经济运行纳入服从社会总体利益的轨道,用社会主义原则和力量来引导资本作用的发挥,努力避免微观主体"物本主义"企业文化导向带来的消极影响。

2. 倒逼企业承担起必要的社会责任

如果企业作为商品生产者,忘却了服务社会、服务民众的本位责任,只追求自身的经济目标、经济价值,以利润最大化为最高目标,资本主导经济运行就成为必然,物、货币、资本支配人就成为自然现象,道德的沦丧、经济的乱象也就不可避免。所以,采取必要措施,倒逼企业承担起必要的社会责任,让企业的经营理念中有浓郁的人文底色,让企业家不仅懂经营、会管理,而且有对真善美的执着追求,有对企业责任的敬畏和担当,通过对企业的管理把企业打造成权利和责任的主体,为企业和社会的共同发展提供支撑力。

**注释:**

[1]马克思恩格斯文集:第5卷[M].北京:人民出版社,2009.

[2]马克思.资本论:第1卷[M].上海三联书店,2009.

[3]马克思.资本论:第1卷[M].北京:人民出版社,2001.

[4]马克思恩格斯全集:第49卷[M].北京:人民出版社,1982.

[5]马克思恩格斯全集:第23卷[M].北京:人民出版社,1972.

[6]习近平.摆脱贫困[M].福州:福建人民出版社,1992.

(指导教师:王海霞)

# 精准脱贫可持续性研究

## ——基于《资本论》的贫困化理论　刘婷婷[*]

【摘　要】《资本论》的贫困理论从制度层面揭示了无产阶级贫困的根源,指出只有消灭资本主义私有制,无产阶级才能解放,才能消灭贫困。2020年全面建成小康社会在即,届时我国扶贫战略将会转向相对贫困治理阶段,所以提前考虑精准脱贫可持续性问题尤为必要。本文通过分析《资本论》中的贫困化理论,指出当前我国脱贫攻坚面临的问题并提出解决措施,对我国精准脱贫可持续性战略的实施具有指导意义。

【关键字】精准脱贫;《资本论》;贫困化

精准脱贫是我国扶贫理论的重大创新,也是我国走向全面建设小康社会的重要保障,按照马克思反贫困理论的观点,我国现阶段出现的贫困问题是与我国的生产力水平相适应的,新时期的精准扶贫要更加注重可持续性,既保证了全面建成小康社会目标的实现,也解决了贫困人口脱贫后的返贫问题和发展难题。《资本论》中详细记述了无产阶级逐渐贫困化的原因、贫困的表现方式以及摆脱贫困的方式,在对《资本论》贫困化理论深刻认知基础上,探寻我国精准脱贫可持续性的发展方向意义深远。

### 一、《资本论》的贫困化理论

《资本论》作为马克思献给全世界无产者的一部理论巨著,凝结着马克思毕生智慧与心血,其中包含着丰富的思想体系。马克思的贫困化理论摒弃了亚当·斯密认为的贫困是劳动力供给与需求变动的结果,以及马尔萨斯把贫困归因

---

[*] 刘婷婷,马克思主义学院马克思主义中国化17级,172030503005。

于人口增长过快等理论,通过透析社会制度产生的根源,从社会层面揭示了无产阶级贫困化产生的原因、表现方式以及消除贫困的解决办法。

(一)产生贫困的原因

《1844年经济学哲学手稿》和《资本论》中集中体现了马克思的贫困化理论,分别从劳动异化和雇佣劳动两个方面阐述了产生贫困的原因。

逻辑起源。无产阶级贫困的逻辑起源是资本主义制度下的劳动异化,即工人生产的财富越多,他的规模和影响也就越大,伴随而来的就是工人越来越贫穷。在《手稿》中,马克思从私有财产和异化劳动两个方面对无产阶级贫困化的原因进行了政治经济学的分析与探究,他指出:"私有财产是外化劳动"[1]P57,即工人对外在关系和自然界的产物,正是随着资本主义制度而产生的异化劳动致使无产阶级贫困化的产生,产业工人在为资本家生产财富和宫殿的同时为自己生产了赤贫和棚舍。但是异化劳动何以造成贫困?马克思认为,劳动产品作为一种同劳动相对立的异己的存在物,"劳动者的现实化竟然如此表现为非现实化",不论资本主义处在哪一种发展阶段,工人"只能得到维持劳动所必需的东西"[2]P13。

制度解释。马克思将资本的雇佣劳动制度与无产阶级的贫困化结合起来,在《资本论》中提供了无产阶级贫困化的制度性解释。当劳动力成为商品,资本主义生产的实质变为资本家无偿占有剩余劳动,剥削雇佣工人,以最大限度地获得剩余价值,所以无产阶级贫困化的根源就是资本家对剩余劳动的无偿占有。无论剩余价值用于资本家的自身消费还是用于资本积累,过剩工人的产生成为必然,而常备过剩人口的不断增加,资本家为了生产而生产,使得雇佣工人的劳动和所受的劳动折磨也越来越大,建立在富人"高雅"的奢侈浪费基础上的是最勤劳工人的苦难,所以马克思在指出两者相关性的同时为无产阶级指明了摆脱贫困的方向,即消灭资本主义制度。

(二)贫困的表现方式

无产阶级受剥削的范围不断加大、程度不断加深。资本家为了压榨雇佣工人以获得更多的剩余价值,不断地以似乎"很合理"的手段加长剩余劳动时间、加大劳动强度,而且资本家为了节省资本支出,直接以降低雇佣工人生活条件、

浪费工人生命健康为代价,从而直接导致工人的生存环境不断恶化。这种剥削不仅体现在生产领域,在流通领域工人遭受了更进一步的剥削,工人在资本家那里得到的仅仅够维持基本生活所需的工资,在支付开销时,店铺老板、房东等另一批资产阶级向他们扑来,要是碰上罚款、通货膨胀等诸类事情,等待工人的只有饿死或是冻死。由此可见,在资本主义制度下,资产阶级和工人阶级之间的鸿沟会越来越深,贫富差距也会越来越严重。

随着无产阶级生活条件不断恶化、生活水平不断降低,贫困人口就不断增多,以至整个无产阶级在当时沦为贫穷的代表。在资本家的无情压榨和剥削之下,失业工人的队伍日渐庞大起来,这一现实使马克思清楚地认识到可以从相对和绝对两个方面来解析失业问题日益严重的原因。一方面,在资本积累不断加速集中的过程中,资本家也在致力于技术变革,企图尽可能地减少可变资本,进而减低对劳动力的相对需求;另一方面,马克思认为,随着时间的推移,用较少的劳动足以满足较多原材料和机器的加工运行,"由此必然会引起劳动需求的绝对减少"[3]P724。

(三)消除贫困的路径

在《德意志意识形态》和《1844年经济学哲学手稿》中,马克思、恩格斯明确指出了只有消灭资本主义制度,建立共产主义制度,无产阶级在那时才能摆脱贫困,实现自由全面的发展。马克思的贫困化理论也是以此为基础,揭示了资本主义条件下致使无产阶级贫困化的原因、资本家对雇佣工人的剥削方式、无产阶级正面临的严峻挑战,并通过对贫困的两种表现方式的分析来服务于对资本主义制度的深刻批判。马克思指出,只有在共产主义社会里,任何人都可以根据自己的兴趣爱好,在任何领域发展,在公有制条件下,无产阶级不再是异化了的、受剥削的阶级,无产阶级在共产主义社会里,也实现了真正的解放,人的本质——自由全面的发展也才真正实现。

马克思的贫困化理论得出了只有消灭资本主义制度才能消灭贫困的结论,他虽然没有分析到社会发展不同阶段的贫困问题,但对我国的扶贫和脱贫实践都提供了理论指导,把马克思的贫困理论与我国贫困的具体现状相结合,形成了具有中国特色的反贫困理论,虽然我国正面临的贫困问题与马克思分析的资本主义制度下的贫困问题相差甚远,但是马克思贫困化理论中论述的尊重人格、保障人权、关注人的全面发展、共享发展等理念为我国现阶段精准脱贫攻坚期着力实现全面建成小康社会具有重要指导意义。

**二、精准脱贫可持续性面临的困境**

实现贫困人口精准脱贫,与全国人民一道迈入小康社会是党对广大人民群众许下的庄严承诺,距离2020年还有将近一年的时间,脱贫任务也进入了攻坚期,剩下的都是难啃的"硬骨头",但是当前脱贫工作不仅要把目光放在剩余贫困人口和贫困地区上,更要关注和保障脱贫的可持续性,让代际之间的公平能够维持下去,所以在长期的扶贫实践中,一些关于精准脱贫不可持续的问题也日益浮出水面。

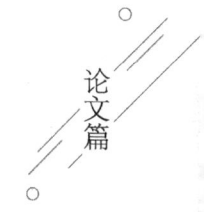

(一)贫困主体的内生动力不足

"打铁还需自身硬",在脱贫攻坚这条路上,贫困群众不仅是"扶"的主要对象,更是扶贫主体的关键力量,但是扶贫实践中却经常碰到一些贫困群众已经习惯贫穷,并没有意识到自己属于贫困人口,盲目被动,也没有考虑如何提高生活水平和生活质量,虽接受政府及社会扶贫单位在经济上的帮扶,但是离开了这些帮助,生活还是一如既往的贫穷,对于这种影响脱贫可持续的因素主要表现在两个方面:一方面,贫困人口"等靠要"懒惰思维严重。类似于这方面的例子在贫困地区也是屡见不鲜,一些贫困人口不但没有把国家与政府的帮助与关怀化为摆脱贫困的动力,反而更加不思进取,在"贫困户"的名头下睡大觉,企图通过贫穷给自己带来更多的利益,不但浪费了国家资源,也扰乱了基层一线的扶贫进程,也不利于精准脱贫工作的开展。另一方面,人力资本严重缺乏。美国著名经济学家舒尔茨对人力资本理论有着较为深刻的研究,他认为,人力资本指凝结在劳动者自身中的知识、技能等以及所表现出来的劳动能力,是经济增长的主要因素。大多深度贫困地区都属交通不便、信息闭塞的山区,靠天吃饭、自给自足是生存法则,生活过得十年如一日,对知识、技能等能力方面的渴求不高,主要表现为贫困户"有体力,无能力",贫困家庭代际传递现象明显,进而陷入了贫困的"恶性循环"。劳动力素质整体低下,知识分子占比不高,技能型劳动力十分短缺,群众自我发展能力严重不足,素质性贫困问题十分突出,导致"贫困家庭的孩子容易输在起跑线上"。

(二)贫困群众主体性缺乏

主体性缺失的问题可以从思想和行为两方面分析。从思想上看,贫困群众主体性意识淡薄。这种主体性缺失的问题是扶贫过程中常见的问题,把扶贫当作是和自己无关的国家大事,以事不关己高高挂起的心态对待脱贫,而且基层政府在地方治理、脱贫政策的制定与实施上都是"一言堂",贫困群众也不关心政策的制定,这种直接决策的形式更是忽略了贫困群众的决策权,使主体性进一步丧失。从行为上来看,有些贫困群众消极脱贫,无作为,只想在国家优惠政策下"晒太阳",并没有考虑靠着政策扶持努力发展农村特色产品、投身扶贫工作或是利用互联网找寻投资商机,无论是主动脱贫还是被动扶贫,这部分贫困人口给脱贫攻坚工作带来了阻碍,也影响了精准脱贫的可持续性。

(三)社会扶贫力量参与不足

社会扶贫力量作为扶贫主体的一部分,具有强大的应援性,也是扶贫资源的主要供给地。社会主义国家最独特的优势就是能够在短时间内集中人力、物力办大事,脱贫攻坚也不例外,举全国之力助推精准脱贫,把最涉及人民群众切身利益的大事当作共产党人的初心,也是对"以人民为中心"思想的延深和升华。而在实际的脱贫实践中,社会扶贫力量参与不足的现象时有发生,究其原因主要表现在以下几个方面:首先,社会扶贫的主要参与者是民间企业、民间组织等自发形成的,而企业一般情况下都是以盈利为目的的,在助力脱贫的过程中,短期内并不会有可见的相关利益性的回报,与企业经营目的相违背。还有就是民间自发组织,受限于时空差距,物力、财力、人力耗费巨大,无法形成长期应援。其次,社会扶贫力量中主体掺杂不清,扶贫任务交错重叠,没有明确的扶贫策略和方向,使贫困地区出现"两极分化"的现象,要么扶贫力量集聚在一个地方,虽对贫困地区百利而无一害,但在一定程度上也造成了资源的浪费;要么有些地区无人问津,而且对无社会力量参与帮助的贫困地区的确很不公平,扶贫本是以解决平等关系为目标,旨在带领全国人民一起克服绝对贫困,跨入全面小康社会,所以这种再生的不平等问题也是脱贫攻坚过程中遇到的一大难题。最后,社会扶贫力量的参与虽使扶贫难度大大降低,但是还应看到由于某些原因,社会扶贫结果落地效果差且不稳定性高,单纯的物质帮助已经无法满足贫困地区的脱贫需要,技术、产业、教育互联网等通过各个方面来扶贫,使"＋"成为脱贫中的有效衔接,促进资源充分利用和有效互补,才能形成真正的大扶贫格局。社会上各种扶贫力量的参与助力脱贫攻坚,但是也该看到有些扶贫主体主动参与性不高、组织性不强、整体性欠缺等问题,严重影响脱贫的可持续性。

### 三、精准脱贫可持续性策略构建

精准脱贫可持续性旨在解决代际不平等问题,就是要阻断贫困现象的代际传递,做到"脱真贫,真脱贫"。为了使贫困地区早日脱贫、已脱贫的地方巩固脱贫成果,如何保障精准脱贫的可持续性是当前脱贫工作难啃的"硬骨头",把目光投向2020年后相对贫困的解决,并与当前扶贫中出现的不可持续问题挂钩,提出保证精准脱贫可持续性的相关策略尤为必要。

(一)扶贫与自力更生相结合,激发贫困主体内生动力

马克思、恩格斯认为人的发展就是每个人自由全面的发展,本质上是要实现个人的彻底解放。其中,个人的解放与个人的奋斗分不开,内含着个人艰苦奋斗、自强不息的发展理念。摆脱贫困是实现个人彻底解放的第一步,要"授人以渔"。十九大报告中也明确强调,扶贫过程要注重扶志、扶智,实施以人力资本为主导的可持续发展战略是精准脱贫的重中之重,人是实现脱贫的关键因素和主力军,人的发展关系到脱贫是否长久、是否持续的问题。阿马蒂亚曾经说过,要过一个相当好的生活,有三点是最基本的,即健康、教育、资源的占有,要加大人力资本的投资,激发脱贫内生动力,这三种投资必不可少、缺一不可。首先针对本地人而言,一方面在保证贫困地区人们身体健康、精神良好的基础上,要加大教育投资、技能培训投资,扩大招生人数,大办职业学校,破而后立,打破原有"土生土长"的生活方式,创脱贫新路;另一方面要利用好产业扶贫、社会救助、金融扶贫、易地扶贫搬迁等扶贫政策。其次是对外来人才而言,吸引外来人才助力脱贫,要在如何吸引上下功夫。十九大报告提出,要"实行更加积极、更加开放、更加有效的人才政策",主要可以提供以下两种吸引人才的方式:一是政策

吸引,要针对外来人才"量身定做"适宜长期发展的政策,要努力让这些人才投身于脱贫事业。二是环境吸引,争取建立智慧城市和美丽乡村,用"硬件"的长处弥补"软件"的不足,进而吸引更多的人才投身于乡村建设,实现农村发展与脱贫的长期性和可持续性。

(二)坚持以人为本的扶贫理念,完善精准脱贫顶层设计

在《关于林木盗窃法的辩论》一文中,马克思也极力为贫苦群体的生产权进行辩护,把贫困群众放在核心地位。观照现如今我国的精准脱贫工作,贫困群众既是扶贫的主要践行者,也是开展扶贫工作的受益者,两种不同身份表明了贫困群众在扶贫中的重要性,要坚持以人为本的扶贫理念,必须以贫困群众为主体,做到以下两点:一是要提高身份意识,让贫困户明确认识到自己的责任,并不是一味地充当接受者,积极主动地参与到脱贫攻坚工作中,把脱贫当作头等大事来对待。二是提高主体性意识,不仅主动脱贫,而且主动关心基层政府脱贫政策的制定与实施,虽然贫困群众缺乏理论指导,但是实践经验丰富,可以为基层政府提供相关具有可行性的建议或意见,对加强扶贫政策的应用性、完善精准脱贫顶层设计意义重大。

(三)加强政府引导与支持,鼓励社会力量融入扶贫事业

社会资源是精准扶贫、精准脱贫工作开展的前提,也是坚持精准脱贫可持续发展性的必然要求与基础保障。马克思分析得出,在资本主义社会,工人、农民的生活状况日益恶化,"工业在资本主义基础上的迅速发展,使劳动群众的贫穷和困苦成为社会的生存条件"。要改变这种悲惨的生存条件,就要吸收具有强烈同情心与处在相似悲惨情形的社会力量。在社会主义社会解决贫困问题的过程中,社会资源的收集关键在于扶贫主体,要注意吸引资源的手段和方法,最大限度地发挥社会主义集中力量办大事的优势,聚集来自四面八方的社会扶贫力量,就要全方位、多层次地提高扶贫主体投入扶贫工作的积极性,把扶贫当作分内的事情来做,而且要注重落实扶贫措施,让扶贫资源落到实处,能在贫困地区开花结果,让源源不断的社会力量成为保证精准脱贫可持续性发展的外在动力,逐渐形成扶贫"大合唱"局面。

## 四、结论

《资本论》的贫困理论从制度层面揭示了无产阶级贫困的根源,指出只有消灭资本主义私有制,无产阶级才能真正解放,贫困才能被消灭。我国社会主义初级阶段的贫困问题虽与马克思分析的资本积累过程中产生的贫困现象存在本质性的区别,但是在《资本论》中,马克思提到的保障人权、实现人的自由全面发展等思想对我国精准脱贫的实践具有深刻的指导意义。2020年后我国扶贫战略将会转向相对贫困治理阶段,那时的扶贫理念和目标与现在的政策肯定会有很大出入,也会出现政策衔接和"接触不良"等反应,而在当下就应把精准脱贫与可持续性相融合,注重精准脱贫可持续性问题,逐步形成可持续扶贫战略。总之,在马克思主义理论的指导下,构建具有中国特色的可持续精准扶贫、精准脱贫战略,才能保障全面建成小康社会。

**注释:**

[1]马克思.1844年经济学哲学手稿[M].北京:人民出版社,2014.

[2]马克思恩格斯全集:第16卷[M].北京:人民出版社,2007.

[3]马克思.资本论:第1卷[M].北京:人民出版社,2004.

(指导教师:李明珠)

# 《在延安文艺座谈会上的讲话》对新时代文艺创作的现实意义 刘媛婷[*]

【摘　要】十九大的召开,宣布我国社会主要矛盾发生了重大转变,人民的物质生活极大丰富的同时,也要求精神生活相应地得到满足。本文立足新时代,从写作的历史背景、主要内容对《在延安文艺座谈会上的讲话》的精神内涵进行解读,最后从文艺创作要坚持以人民为中心的思想、坚持党的领导和坚持以民族的、科学的、大众的社会主义先进文化为创作导向三方面阐述了《在延安文艺座谈会上的讲话》对新时代我国文艺创作的现实指导意义,从而使文艺创作坚持正确的方向,增强人民的认同感,最终为社会主义建设和实现中华民族的伟大复兴而服务。

【关键词】文艺创作;《在延安文艺座谈会上的讲话》;新时代

文艺是一个时代的呼声和号角,在一定程度上反映时代的风貌,从而引领整个社会的风气走向。习近平总书记说道:"每个时代都有每个时代的精神,文艺是铸造灵魂的工程师,文艺工作者是灵魂的工程师。"[1]文艺创作是文化的重要体现,是一个国家文化软实力的重要体现。随着十九大的召开和改革开放步入深水区,我国在文艺创作方面出现的问题也同样不可忽视,此时需要重温毛泽东经典著作《在延安文艺座谈会上的讲话》,学习其精神内涵,对于新时代的文艺创作有重大意义。

一、《在延安文艺座谈会上的讲话》历史背景

《在延安文艺座谈会上的讲话》写于1942年,当时正处于抗日战争时期,从

---

[*] 刘媛婷,马克思主义学院马克思主义基本原理18级,182030501004。

1935年开始革命军队在陕北革命根据地集合，随后延安成为当时全国革命抗日武装的重要基地。于是全国的有爱国情怀的有识之士纷纷从祖国四面八方聚集于此，希望为抗日贡献力量。全国的不少知名的知识分子和文艺工作者如萧军、丁玲、艾青等人也纷纷来到延安，这给延安带来了空前高涨的抗日热情。据统计，到1938年底，延安的知识分子和文艺工作者已达到十多万人。毛泽东对于这支由知识分子、文艺工作者组成的庞大的革命队伍表示非常重视，并且热烈欢迎他们的到来。

但是随着实践与革命的不断深入，知识分子与文艺工作者开始逐渐暴露出一些问题。最明显的就是其带来了小资产阶级思想，表现为生活上不适应革命根据地的生活，感情上与革命工农红军格格不入。从本质上看，他们没有在世界观上完成从小资产阶级到无产阶级的思想转变，这些问题虽然并不是当时的主流问题，但是仍然对当时的革命产生了阻碍，同时影响延安文艺工作的发展。所以中共中央在延安召开了此次文艺座谈会，并同时展开了轰轰烈烈的整风运动，毛泽东在此次文艺座谈会上发表讲话，针对出现的一系列矛盾，毛泽东同志做出明确详尽的解释，目的是为了解决知识分子与文艺工作者日益暴露的小资产阶级的错误思想问题与当时抗日革命实践的矛盾问题，破除在知识分子和文艺工作者头脑中根深蒂固的小资产阶级的思想，并从世界观上对其加以纠正，为日后的文艺工作和革命战争扫清思想障碍。之后，此次讲话被命名为《在延安文艺座谈会上的讲话》在国内外公开发表。

**二、《在延安文艺座谈会上的讲话》的内容**

（一）提出了文艺为什么人服务的问题

首先，毛泽东在讲话中提出的第一个根本性问题就是所谓文艺是为什么人服务，毛泽东运用了列宁曾经说过的一句话："文艺是为千千万万劳动人民所服务"[2]P854，他明确指出，文艺工作是为人民服务的。指出了当时延安文艺工作中出现的诸如文艺创作与群众需要不符、文艺创作与实际斗争需要不符的问题。其次，指出了文艺工作应该为人民大众服务，这里的"人民大众"是指工人、农民、武装起来的工人和农民和城市小资产阶级这四种人，因为这四种人是中华民

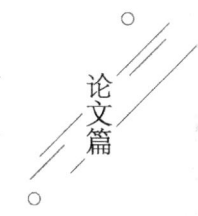

族的最大组成部分,是革命战争的主要力量。再次,毛泽东提出文艺工作者应主动亲近群众、向广大人民群众靠拢,应该站在无产阶级的立场上,为工农兵和人民群众服务,并加深了解,主动接近、多加研究,彻底摆脱小资产阶级的思想束缚。最后,提出了文艺为什么人服务问题的重要性,阐明了文艺工作绝对不能脱离人民、脱离群众、脱离工农兵。

### (二)提出了文艺作品如何普及与提高的问题

解决了文艺为什么人服务的问题之后,毛泽东在讲话中紧接着提出的这个问题就是文艺工作应如何普及与提高的问题。毛泽东同志指出,"作为观念形态的文艺作品,都是一定的社会生活在人类头脑中的反应的产物"[3]P860,所以文艺创作必须是来自于广大人民群众的社会生活,文艺作品是广大人民群众的社会生活在文艺工作者头脑中的反映的产物,所以文艺的普及与提高离不开人民大众,文艺工作的创作,防止教条主义。毛泽东同志讲道:"中国的革命文学家艺术家,有出息的文学家艺术家,必须到群众中去。"[3]P860-861革命的文艺工作者的创作必须深入群众,深入到工农兵中,深入到中国最广大的革命实践中,全心全意为无产阶级服务,不能盲目借鉴古人和外国人,硬搬和模仿只能陷入"教条主义"的僵局中。最后是普及与提高的关系,普及是提高的基础,提高是普及的结果。文艺工作者必须让作品传播到人民大众中去,使人民大众得到一个普遍的思想启蒙,只有文艺作品让人民大众真正读懂理解,文艺工作才能逐渐得到提高。

### (三)提出了文艺工作统一战线的问题

文艺是文化的重要体现,所以文艺一定是为其所在的经济政治所服务的。毛泽东同志在讲话中也强调,文艺工作一定是为政治服务的。当时正处于激烈的抗日战争时期,所以文艺工作一定是统一于抗日战争这个目的中的。首先,延安的文艺工作者应与广大爱国人士在思想上达成统一;其次,文艺创作与抗日革命相统一;再次,文艺作品与伟大实践斗争相统一。如果当时延安的文艺创作还是一味地沉溺于风花雪月、无病呻吟中,那么文艺创作就毫无意义。只有将文艺创作与抗日战争紧密结合起来,以优秀的文艺作品唤起每个国人内心的爱国情怀,才能激发每个国人心中的抗日积极性,让国人摆脱奴性和自身劣根性,呼吁所有国人团结起来,为抗日贡献力量。文艺创作必须拥抱时代,统一于抗日战争的历史条件下,这样的文艺创作才是有灵魂、有意义的。

《在延安文艺座谈会上的讲话》是延安整风运动中的极为重要的组成部分之一,其目的在于解决无产阶级在革命和文艺发展中所遇到的实际问题和理论问题,诸如为什么人服务的问题,普及与提高的问题和文艺战线如何达成统一等问题。并且明确坚定了文艺工作为人民大众服务的文艺创作立场,强调文艺工作者必须主动深入群众、深入生活,为伟大的抗日革命事业做出积极贡献。《在延安文艺座谈会上的讲话》,标志着毛泽东文艺思想与人民大众结合的开始,也标志着毛泽东思想的进一步成熟,为文艺工作制定了正确的方针政策和路线并且指明道路,开辟了我国文艺工作发展的新阶段。

**三、《在延安文艺座谈会上的讲话》对于新时代文艺创作的现实意义**

立足于我国社会主义进入新时代的新的历史方位,习近平同志2014年在文艺工作座谈会上的讲话是对毛泽东同志的《在延安文艺座谈会上的讲话》的承续,却又赋予了其新的时代内涵。时隔多年,《在延安文艺座谈会上的讲话》在新的时代条件,仍然没有过时并且继续发挥其精神价值,不仅对于当时的文艺工作做出了正确指导,同时也对于新时代的文艺创作有重大的现实意义。

**(一)文艺创作应坚持以人民为中心的思想**

"习近平总书记指出,社会主义文艺是人民的文艺,人民的文艺必须坚持以人民为中心的创作导向,在深入生活、扎根人民中进行无愧于时代的文艺创造,不断繁荣发展社会主义文艺。"[4]P203 新时代的社会主义文艺创作必须坚持以人民为中心的创作导向,坚持文艺创作为人民服务,为社会主义的建设添砖加瓦,为中华民族伟大复兴贡献力量。社会主义文艺从本质上讲,就是人民的文艺。文艺要反映人民的利益与呼声,主动站在最广大人民的立场上,以人民的内心认同和精神需要作为文艺创作的出发点和落脚点,把人民当作文艺创作的主体和品鉴者,把为人民服务作为文艺工作者的初心和使命。

文艺创作需要以人民为中心,要认清人民与文艺的关系。人民是文艺创作的一切灵感和源泉。随着我国经济社会的不断发展,人民对美好生活的要求越

来越高,文艺也应该加快步伐紧跟经济的发展,创造出人民满意、人民喜欢的文艺作品。离开人民的文艺创作,就是无源之泉、无本之树。同时文艺作品是满足人民精神文化需要的载体之一。社会主义新时代的文艺创作最终是以满足人民精神文化需求为归宿的。文艺创作是为人民服务的,不能流于形式,而要真正把人民的冷暖放在首位,刻画人民内心的真实感受,描述人民的喜怒哀乐,只有紧紧依靠人民,热爱人民,热爱生活,热爱社会主义,并在人民群众丰富多彩的伟大的社会实践中汲取其丰富的营养和内涵,才能创作出真正感动人、温暖人的文艺作品。

（二）文艺创作需要坚持党的领导

"党政军民学,东西南北中,党是领导一切的。"[5]坚持党对文艺工作的全面领导,是由党的性质和宗旨决定的,所以在文艺创作中必须发挥党总领全局、协调各方的领导核心作用。毛泽东说:"在现在世界上,一切文化或文学艺术都是属于一定的阶级,属于一定的政治路线的。为艺术的艺术,超阶级的艺术,和政治并行或互相独立的艺术,实际上是不存在的。"[3]P865所以文艺创作一定是为政党其所在阶级服务的。在新时代的文艺创作中,要加强党对文艺创作的领导权,体现鲜明的马克思主义的政治立场,体现中国共产党和无产阶级的意志。文艺作品作为意识形态的重要组成部分,属于社会意识形态领域,所以要坚持加强党的领导核心作用。使文艺创作紧紧依靠党,跟随党的领导,为新时代社会主义文化建设贡献力量。坚定地把党性原则贯穿文艺创作的全过程、全领域;文艺作品体现马克思主义的政治观念和原则,将马克思主义的世界观和方法论融入文艺创作实践中,必须明白新时代的文艺创作以社会主义建设为目的,坚持正确的文艺创作道路。新时代的文艺创作要立足于新时代,文艺创作紧跟新时代的步伐,牢牢把握文艺创作的正确政治方向,确保文艺创作中主流阵地不丢失、文艺作品导向不偏离。

（三）文艺创作要坚持以民族的、科学的、大众的社会主义先进文化为创作导向

社会主义先进文化是我国社会主义主流意识形态的体现,所以新时代的文艺创作必须坚持社会主义的先进文化作为其创作导向,以丰富多彩的文艺作品向人民大众输出正确的文化观念。首先,文艺创作以民族的社会主义先进文化

为基础,随着社会不断发展,西方各种文化思潮大量涌入,泥沙俱下,我国的文艺作品受到各种错误思潮的影响,使不少文艺作品中有明显的"拜金主义""历史虚无主义"的错误倾向。所以新时代的文艺创作必须挖掘社会主义先进文化中基本的文化诉求,将"科学""民族""大众"等文化观念运用于新时代优秀的文艺作品之中。在文艺创作中自觉抵御腐朽文化和落后文化的侵蚀,以生动的文艺作品,激发每一个中国人内心的民族自豪感、自尊心和自信心,引导中国人民树立正确的历史观、国家观、民族观和文化观。在文艺创作中既不崇洋媚外,也不因循守旧。其次,充分尊重文艺发展规律、群众文艺工作者的创造性和积极性,尊重文艺产品的多元性。使社会主义先进文化内化于文艺作品中,每一个文艺作品都深深打上社会主义先进文化的烙印。在面对纷繁复杂的文艺作品的冲击时,应主动以社会主义先进文化为价值引领,文艺创作尽可能贴近生活、贴近群众,让民族的、科学的、大众的社会主义先进文化通过文艺作品在广大人民群众心中生根、开花和结果,将社会主义先进文化深深厚植于新时代伟大的文艺作品中,使新时代的文艺创作能得到广大人民群众的认同,让广大人民群众能在文艺作品中找到归属感。

"文运同国运相牵,文脉同国脉相连。"[4]P203"文化兴国运兴,文化强民族强。文艺作为文化建设中极为活跃的组成部分,理应把建设社会主义文化强国作为重要使命。"[6]要想实现中华民族伟大复兴的中国梦,必须要有激荡人心的反映时代风貌的伟大的文艺作品。文艺作品是文化的重要表现形式,新时代的文艺创作必须以文化人,以文育人,潜移默化,润物无声,以真挚热情的文艺作品感染人,以循循善诱的文艺作品塑造人,以积极向上的文艺作品引领人,以恢宏大气的文艺作品启发人,创造出无愧于党、无愧于人民、无愧于时代的伟大的文艺作品。

**注释:**

[1]习近平在文艺工作座谈会上的讲话[N].人民日报,2015 – 10 – 15(02).

[2]毛泽东选集:第3卷[M].北京:人民出版社.1991.

[3]毛泽东选集:第2卷[M].北京:人民出版社.1991.

[4]中共中央宣传部.习近平新时代中国特色社会主义思想三十讲[M].北京:学习出版社,2018.

[5]习近平在庆祝改革开放40周年大会上的讲话[N].人民日报,2018-12-19(02).

[6]周由强.找准新时代文艺工作的方位和立场[N].光明日报,2018-07-31(06).

(指导教师:杨　莉)

# 马克思《青年在选择职业时的思考》对当代大学生的启示　田小芳[*]

**【摘　要】**《青年在选择职业时的思考》充分体现了青年马克思的职业价值观。这篇马克思在中学毕业时所写的文章,对当代大学生的职业选择有一定的指导意义。指导当代大学生在面对职业选择时应该进行严肃独立的思考,选择适合自己的职业,并且在职业中实现自身的价值和全人类的幸福。在新时代,马克思的职业选择对当代大学生仍具有引领作用。

**【关键词】**马克思;青年;职业

职业,是每个人都会面临的问题,选择什么样的职业决定了我们未来的人生道路。职业并不仅仅是选择一种生活方式,更重要的是实现人生价值的途径。马克思指出:"对于这个目标来说,一切职业不过是手段。"[1]P458人生价值的实现需要多方面因素的共同作用。其中,理想的职业选择占据首要地位,它为我们人生价值的实现指明了方向。一个人一旦有了自己的职业梦想,而且知道朝着这个目标去奋斗,做一个理想职业的追梦人,这是件令人鼓舞的事情。然而,选择职业并不是一个简单的事情,正确的职业选择能够让有能力去完成的人获得幸福感,不正确的职业选择会带来严重的后果。在《青年在选择职业时的思考》中,马克思所具有的冷静考察现实的能力得到充分发挥,对我国当代大学生职业价值观的形成有着深刻的现实意义。

## 一、在选择职业时进行严肃独立的思考

在青年马克思看来,选择职业是青年的首要任务,必须要进行严肃独立的思

---

[*] 田小芳,马克思主义学院马克思主义中国化18级,182030503002。

考。"自然本身给动物规定了它应该遵循的活动范围,动物也就安分地在这个范围内运动,不试图越出这个范围,甚至不考虑有其他什么范围存在。神也给人指定了共同的目标——使人类和他自己趋于高尚,但是,神要人自己去寻找可以达到这个目标的手段;神让人在社会上选择一个最适合于他、最能使他和社会得到提高的地位。"[1]P455马克思在分析职业的选择时指出了人与动物的不同,人之所以成为人就是人拥有独立思考的能力,人有思想,并按自己的思想支配自己的行动。马克思关注"现实的人",并将人与动物区别的关注点放在人生而自由,可以自由地选择自己的职业,而动物只会服从自然的安排,在自然规定的范围内活动,甚至不会考虑其他范围的存在,没有选择的权利和意识,缺乏主观能动性。这是人的首要优势。对于大学生来说,可以充分利用这个优势,自由地选择自己喜欢的职业,正确的职业选择是大学生达到自己理想生活的重要途径。虽然马克思指出人优于其他创造物,是自由的,具有意识和选择权。但这个自由不是随便选择,而是基于正确的就业观之上的。

同时马克思认为,每个人都有自己的理想目标,并不断朝着这个目标努力奋斗。人的"这种选择是人比其他创造物远为优越的地方,但同时也是可能毁灭人的一生、破坏他的一切计划并使他陷于不幸的行为。因此,认真地权衡这种选择,无疑是开始走上生活道路而又不愿在最重要的事情上听天由命的青年的首要责任"[1]P455。这个选择会带来两种结果,幸福生活的实现或厄运的降临。可见职业的选择会影响人的一生,是人生重要的转折点。因此,大学生在面对职业选择时,一定要深思熟虑,发挥自己的主体能动性,以正确的就业观为导向,把它看作是走上理想生活的途径。大学生在了解自己所选择的职业未来会面临的种种难题时,内心仍然保持对职业的热爱,有面对这些困难的决心和勇气,这才是真正应该选择的职业。职业的选择并不能靠一时的冲动,要理性地对待它。

在青年马克思看来,在选择职业时进行严肃独立的思考是非常重要的。因为,大学生在最初选择职业时期望普遍较高,都希望找到自己满意的职业,同时由于社会经验不足,使他们在选择职业时容易遭受虚荣心、名利的影响,被这些外部因素蒙蔽了双眼。"被名利弄得鬼迷心窍的人,理智已经无法支配他,于是他一头栽进那不可抗拒的欲念驱使他去的地方。"[1]P456由于受到这些因素的影响,这时人在选择职业时已经不受理智的支配,而被虚荣心和名利所代替,近几年这种现象尤其突出。随着经济社会的不断发展,物价不断上涨随之带来的生活压力加大,大学生的就业观念发生了很大的变化。

最后,对于父母的意见要认真考虑。"是我们的父母,他们走过了漫长的生活道路,饱尝了人世辛酸。"[1]P456青年马克思认为当大学生受虚荣心驱使、被幻想蒙蔽而不能理性选择适合自己的职业时,父母能给处于迷茫期的大学生提供正确的引导。让他们重新燃起对生活的希望、对职业的向往。

**二、在选择职业时要树立正确的观念**

在《青年在选择职业时的考虑》一文中,马克思认真分析了选择职业时应该考虑的多种因素:人生观、价值观以及理想目标的树立。任何职业的选择都是建立在一定的思想之上的,这种思想包括正确与不正确的、理性与非理性的。大学生在选择职业时应该保持理性,选择自己热爱的职业,从而使自己有信心在这个职业上奋斗终生,并且愿意在这个岗位上做出贡献,在奉献中实现人生价值并且不断完善自我、超越自我。

(一)要追求和选择正确的指导思想

一般来说正确的就业思想的指导,可以使人在充分认识自身的前提下了解这个职业、进而进行职业的选择。马克思认为,在选择职业时要根据自身的实际情况,选择能为人类事业做贡献的职业。青年人在选择职业时,不能从一时的感情出发,要理性对待。因为"我们的使命决不是求得一个最足以炫耀的职业,因为它不是那种使我们长期从事而始终不会感到厌倦、始终不会松劲、始终不会情绪低落的职业,相反,我们很快就会觉得,我们的愿望没有得到满足,我们的理想没有实现,我们就将怨天尤人"[1]P455。虽然这些职业是光辉的,但它并不能持久,如果不能满足我们的要求,便会带来消极的影响。因此,大学生在选择职业时有正确思想的指引是十分重要的。当前在社会主义核心价值观的引领下,大学生追求和选择的职业一定要建立在主流意识形态之上,敬业思想需要每位大学生身体力行,这是选择职业的首要前提。

(二)要追求和选择一种与能力与理想相符合的职业

由于大学生社会经验少,对自身能力认识不准确,对职业期望过高,也会干扰他们理性地选择职业。大学生若是对自身条件认识不清而选择了与自身能力不符的职业,带来的后果也是很严重的。如果高估了自己的能力,选择了自己不能胜任的职业,对这项工作的热情会逐渐降低,挫伤他们的积极性。长此以往,他们会对自身能力产生怀疑,这对于刚进入社会的大学生来说是十分危险的。因此,马克思强调职业的选择应该基于自己的能力,选择与自身能力相匹配的职业,这有助于大学生人生价值的实现。

追求和选择一种与能力和理想相符合的职业,考虑自身所受的教育与职业能力的培训情况,树立自身的追求,这有助于让自身实现价值;同时,目标的树立也不可或缺,没有目标,人生的道路就会失去方向。共同目标是人类终生奋斗的动力,更是使人类和自身臻于完美境界的需要。理想人格的培育是当代社会大力提倡的精神,包括爱国主义、集体主义,并坚决抵制利己主义思想的泛滥。当代大学生在选择职业时若能将这一点作为最基本的遵循,对他们提升人生境界有重要的意义。

(三)树立正确的劳动观

当前大学生在就业时,首先考虑的是工资高低、社会地位、工作环境,而专业特长、兴趣等因素逐渐被忽视,没有考虑到自己所学的专业知识能为国家、为社会做出多少贡献。近年来,我国进行就业方面的改革,虽然国家在发展经济的过程中提供了大量的岗位,但大学生缺乏职业化素质和职业规划意识,大多数学生眼高手低,盲目跟风。导致许多一线城市人才大量涌入,出现人才过剩,而部分偏远地区招收不到人才,使人才的需求和供给严重不平衡。

树立正确的劳动观,注重理想信念的确立,从而使人有高尚的人格,实现德智体美劳的全面发展。能给人带来尊严的职业,在从事它时人作为独立的个体,进行独立思考,在这个领域内做出一定的贡献,从而充分体现自己的价值。每个人都要树立正确的劳动价值观,不歧视,不妄自菲薄,在马克思看来,能给人带来尊严的职业不是能给自己带来名利、虚荣心的,而是将自己所受的教育应用于实践,发挥自身的专业特长,把研究成果贡献给自己的职业,从而使自己为社会和

人民做出贡献,这才应该作为当代大学生在选择职业时的标准。同时,马克思认为,最符合这些要求的职业,并不是高地位的,而是最适合自己的职业。职业没有高低贵贱,只有可取与不可取。对职业的不同划分,只是大多数世俗之见。而是否可取,在于大学生选择既能顺应社会的发展,适合自己的专业和兴趣,又能满足自己要求的职业。这种职业观对当代大学生来说是难能可贵的。

**三、在选择职业时应该追求自身的完美和人类的幸福**

每个人的自我价值都是在为国家、为社会做贡献的时候实现的。个人价值的实现是依赖于社会价值的,并在社会中将个人价值体现出来。体现大学生的人生价值在于对社会的贡献与责任、要在个人与社会的统一中实现人生价值。"大学生是国家宝贵的人才资源,是民族的希望、祖国的未来"[2]P632。因此,他们的职业选择对于国家和民族的发展至关重要。追求自身的完美和人类幸福虽然代表了两种不同的利益,但他们不是敌对的,不是相互冲突的,而是相互促进的。

马克思所说的"自身的完美"就是追求我们自身的人格完美,这是人生的自我价值,是个体的人生活动对自己的生存和发展所具有的价值。而人类的共同目标,就是使自己成功,变得有价值,这一目标的实现有很多种途径,正确的职业选择也是实现目标的重要途径。因而青年人在选择职业时一定要认真考虑,清楚自己是否真正地热爱这份职业。只有真正地热爱才能有长久的热情和动力。作为大学生,在选择职业时不应该以一时的兴趣为主导、盲目跟风。应该时刻保持清醒和理智,要综合各种因素考虑。认真对待工作中出现的问题,才能在工作中感受到生活的意义。如果对自己的工作只是建立在利益基础之上,那这种职业只会让我们丧失对生活的热情,只是把自身的劳动当成工具来使用,把职业仅仅看作是一个结果,而忽视过程中自身能力的提升。如果对职业的选择没有进行深入实践,只是停留在理论层面,长此以往,人就会与现实脱轨,毕竟人的一切正确认识都是在实践的基础上完成的。追求自身的完美不仅要求大学生在学术能力上提高自己,还要在就业中结合自己的实际情况选择职业,这是追求自身完美的重要条件。

"如果一个人只为自己劳动,他也许能够成为著名的学者、大哲人、卓越诗

人,然而他永远不能成为完美无疵的伟大人物。"[1]P459 也就是说,人不是一个单独个体的存在,在其现实性上,它是一切社会关系的总和。在日常生活与工作中,都与他人发生联系,这也决定了他不仅要考虑自身,还有社会的需要。利己主义者永远不会认识到自己潜在的能力,因为,他以自我为中心,只会发展适合自身的能力,不断满足自己的欲望。只有那些可以以人类的幸福为标准工作的人才称得上是高尚的人,他们为人类社会做出了巨大贡献,而他们自身的完美也是诞生于这些伟大成就之上的,这时他们的人生价值也得以实现。那些值得赞美的永远是为别人而考虑的人。

大学生在选择职业时,除了要追求自身的完美,更重要的是追求人类的幸福。大学生作为建设社会主义和谐社会的重要力量,应该担负起时代赋予的责任,为社会主义和谐社会贡献自己的力量。"如果我们选择了最能为人类福利而劳动的职业,那么,重担就不能把我们压倒,因为这是为大家而献身;那时我们所感到的就不是可怜的、有限的、自私的乐趣,我们的幸福将属于千百万人。"[1]P459-460 在这里马克思指出,职业的选择并不是随心所欲的,而是看它是否能为人类做出贡献、是否可以提升自己的人生境界、是否可以在职业中获得更多幸福感。中国进入了新时代,新时代对大学生所要承担的责任与义务提出了更高的要求,意味着当代大学生有了更好的条件和机遇去努力拼搏,同时肩负了国家和民族更高的期望。因此,大学生应该不断为社会的发展、国家的强盛而奋斗,应该义无反顾地肩负起时代赋予的责任。因此,当代大学生只有从人生观、价值观、幸福观、人类观的高度,从追求"人类的幸福和我们自身的完美相结合"的境界来选择职业,才能获得一个有意义的人生、有价值的人生,获得一个幸福的人生、一个高尚的人生。马克思选择了为全人类的事业而献身,所以当代大学生也应该把自己的理想和人类的利益紧密结合,使两者趋于一致。只有选择了为人类幸福而奋斗的职业,才能具有崇高的理想信念,实现人生价值。

《青年在选择职业时的思考》充分体现出马克思在青年时期已有的崇高的理想追求以及对职业选择的客观分析,这种对职业选择的理性分析对于当代大学生树立正确的职业观有深刻的启示。当代大学生在选择职业时要树立正确的职业观,客观冷静地分析所选择的职业是否能为社会做贡献,排除外部因素的干扰,从人生观、价值观的高度,选择适合自己并真正热爱的职业,才能不断实现人生目标和人生价值,获得一个有意义、有价值的人生。

**注释：**

[1] 马克思恩格斯全集:第1卷[M].北京:人民出版社,1995.

[2] 中共中央文献研究室.十六大以来重要文献选编[M].北京:中央文献出版社,2006.

（指导教师：卫 东）

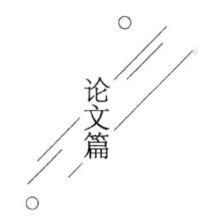

# 浅析马克思的青年职业价值观 王晓丹[*]

【摘　要】通过分析马克思的《青年在职业选择时的考虑》中所蕴含的青年职业价值观的基本内涵，以及对其形成因素的分析，如社会环境、学校环境等，阐述青年职业价值观的时代价值，青年职业价值观不仅影响着青年大学生自身价值的实现与人生发展方向，而且对社会发展和进步产生着重要影响。当代青年大学生应坚持正确的职业价值观，坚定理想信念，努力实现自身成长学习以及社会使命和担当。

【关键词】青年大学生；职业价值观；个人理想；社会理想

《青年在职业选择时的考虑》是马克思的中学毕业论文，它反映着当时社会背景下及学校、家庭教育环境下马克思的追求——为人类福利而劳动。这对于我们了解马克思的成长过程，探询马克思主义产生的萌芽具有重要作用，同时这篇文章对于当前我国青年大学生教育具有重要的启迪作用，蕴含着丰富的时代价值。

## 一、现实背景

马克思做出的激情宣告与他所受的教育、所处的环境有着重大的关系，环境在潜移默化地影响着青年时期的马克思，如社会的、家庭的、学校的等诸多因素，这些都是马克思成长及思想形成的重要影响因素。

### （一）社会环境的影响

马克思出生于德国莱茵省的特里尔城，18世纪时这里曾被法国兼并，在这期间，法国大革命所带来的自由进步的民主思想也在这个小城中产生了重要影响，资本主义工商业也得到了一定的发展。马克思出生时，莱茵地区刚刚

---

[*] 王晓丹，马克思主义学院思想政治教育18级，182030505011。

归入普鲁士的统治,拿破仑帝国覆灭后,普鲁士的封建势力抬头,这是当时深刻的社会背景。1830年,马克思进入中学学习,那时德国的社会矛盾尖锐,底层民众的生活条件是非常困苦的。马克思同情劳苦民众,"社会最底层血淋淋的被压迫被剥削的现实,使少年马克思的心中播下了仇恨的种子,以后随着岁月的增长和实践的锻炼,思想里逐渐孕育出革命的萌芽。"[1]P11 由此可见,当时是一个有着残酷剥削的社会,社会地位的两极化都深深地震撼着马克思的内心。德国社会的民主思想也深深地影响着马克思,使其逐渐形成自己的人生理想和职业抱负。

(二)家庭教育的熏陶

马克思原生家庭的条件是十分优渥的,马克思的父亲是一位律师,是一位资产阶级自由主义人士,母亲非常关心孩子的成长,父亲特别注重对马克思学习的培养,马克思的小学课程就是由父亲教授的;父亲注重对马克思学习习惯的培养,这在他进入中学生活以后也有所体现,父亲对其学习习惯的影响,使其能够在学习中具有独立思考能力和创造性思维,父亲的言传身教对于马克思青年思想的形成产生了重要的影响。同时,马克思的邻居——威斯特华伦,也是有着民主思想的人,对马克思也产生了很大的影响,可以说少年时期的马克思是在父母和威斯特华伦的影响下长大的。

(三)学校教育的陶染

马克思并未正式接受小学教育,1830年马克思进入特里尔中学,特里尔中学是一个充满自由主义和理性主义精神的学校,校长威登巴赫就是一位主张自由主义的人,也是一位历史学家,马克思早期思想受其影响很大。在特里尔中学,马克思勤奋学习、认真思考,不仅专注于知识学习,而且关注社会、同情民众、与同学谈论社会问题。由此可见,学校里的精神氛围、校长的指导以及和同学的讨论,都使他对于社会有着真实的认识,对马克思早期思想的形成有着重要的影响,马克思的人生观、价值观逐渐形成。在面临升学与择业时,他有着自己对职业选择的响亮回答,他的回答彰显了他的价值观念和信仰,这是他人生观、价值观的体现——职业选择应该和崇高的社会理想相结合,实现自我的完善和社会的发展。

**二、基本内涵**

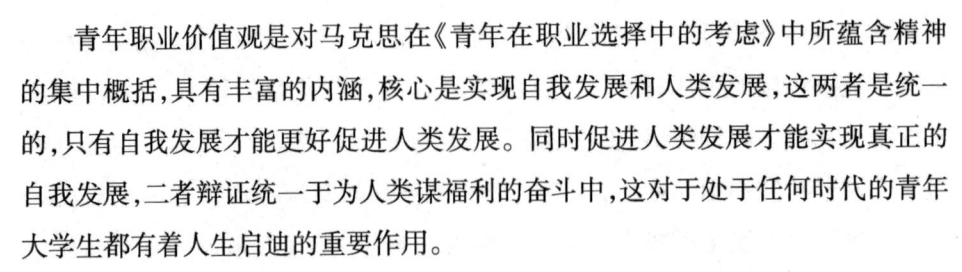

青年职业价值观是对马克思在《青年在职业选择中的考虑》中所蕴含精神的集中概括,具有丰富的内涵,核心是实现自我发展和人类发展,这两者是统一的,只有自我发展才能更好促进人类发展。同时促进人类发展才能实现真正的自我发展,二者辩证统一于为人类谋福利的奋斗中,这对于处于任何时代的青年大学生都有着人生启迪的重要作用。

(一)认真考虑和选择职业是青年的首要任务

青年是职业生涯的开始阶段,对未来的生活具有重要的指向性。青年大学生面临着种种选择,如何选择职业是青年大学生开始职业生涯的预备阶段,也是重要的人生阶段。马克思指出:"认真地考虑这种选择——这无疑是开始走上生活道路而又不愿拿自己最重要的事业去碰运气的青年的首要责任。"[2]P3 由此可见,认真地考虑并做出职业选择是青年大学生的首要任务,由此对未来的生活道路和人生方向做出指引,并降低未来可预见以及不可预见的风险。

青年大学生考虑和选择职业需要考虑的影响因素是多方面的,如薪酬、自身条件等。主观和客观条件都会制约青年大学生的职业选择。付出与收获应该是相应的,在选择一份职业时一部分人首先考虑的是薪酬,这里考虑薪酬并不能和功利画等号,薪酬满足的是生活需要,职业的选择也需要考虑精神需要,即这份职业是否是自己所热爱的,自己从中是否可以获得成长,精神的满足是极为重要的,精神满足可以内化为强大的动力,支持着青年大学生在职位上做得更出色。同时还需要考虑现实需要,个人体质和能力也是影响职业选择的重要因素。部分职业对于体质有着严格的要求,不仅包括身体还有心理。能力在职业要求之上的会丧失奋斗的乐趣,自我的追求远远得不到满足,生活失去了激情;而能力在职业要求之下的青年大学生,会很容易失去信心,认为自己无能而无法对生活满怀希望。除此之外,青年大学生选择一份职业还应克服各种负面的情绪。职业选择需要倾听自己内心的声音,但是过度追求的狂热和内心的幻想很容易使人激情追求后又过分的冷淡与虚无。幻想是沉迷于幻化的、不切实际的想象,幻想可能最初给予我们巨大的动力,但这种动力是以日后的沮丧与失望为代价的,并且幻想是如同泡沫一般的虚无的东西,须臾而生,须臾而逝,由此所驱使的对职业的追求可能引起我们短暂的热情,我们将这份职业美化来满足内心的需求,但是伴随而来的很有可能是厌倦和低落,自我没有实现,需要也没有得到真正的满足。

(二)青年人要选择有尊严的、建立在正确思想上的、为人类福利而劳动的职业

影响职业选择的种种因素都是青年大学生选择职业时所应考虑的,只有充分考虑各方面的因素,充分认识到现实,才能更好地做出选择。大学生的职业选择应建立在充分思考的基础上,从而选择有尊严的职业。同时,建立在正确思想上的职业才能使青年具有不可动摇的信念和行动,这些信念和行动会把大学生引向高尚,引向光明的未来。正确的思想,即正确的人生观、价值观在青年大学生选择职业时起着重要的指导作用,适用于今天,就是要树立社会主义核心价值观。

选择职业,是青年大学生的重要选择,但如何选择正确的、适合自己的职业?马克思在《青年在选择职业是的考虑》的最后发出庄严的宣告:"如果我们选择了最能为人类福利而劳动的职业,那么,重担就不能把我们压倒,因为这是为大家而献身;那时我们所感到的就不是可怜的、有限的、自私的乐趣,我们的幸福将属于千百万人,我们的事业将默默地、但是永恒发挥作用地存在下去,而面对我们的骨灰,高尚的人们将洒下热泪。"[2]P7这是其职业选择理想的升华,也是其人生理想的体现。只有"选择了最能为人类福利而劳动的职业",内心的获得感是更为满足的,为人类福利而劳动也是马克思向社会发出的激情宣告,青年大学生理应如此,每个人的发展与成长最终都汇聚成人类社会的发展。正是为人类福利而劳动指导着马克思投身于为全人类的幸福——共产主义社会的实践中,坚持同一切破坏势力做斗争。

(三)"人类的幸福"和"自身的完善"

马克思指出选择职业要遵循"人类的幸福"和"自身的完美",它"凝结了人类发展和个体发展的统一"[3]P29-32。"人类的幸福"和"自身的完美"绝不是相互对立的,而是辩证统一的,自身的完善是对自身成长而言的,选择的职业应能促使一个人不断成长,马斯洛的需要层次理论中最高目标是自我的实现。人类的

幸福是对社会责任而言的,选择的职业不仅是促进自身成长,而且也应为社会的发展服务,这里就是社会责任感的问题,即一个人是处于社会之中的人,是处于一定社会关系之中的人,他必然要为社会、为人类的幸福而努力。二者的统一在于,人们只有为人类的幸福而工作,才能使自己逐渐趋于完善,才能真正实现自我,同时,在促进自身的完善的同时也是实现人类的幸福的过程。

### 三、重要的时代价值

马克思的中学毕业论文是"马克思思想理论乃至马克思主义理论孕育、形成、发展的原点"[4]P121-126。马克思的青年职业价值选择是他在中学时代的激情宣告,是其人生观、价值观的庄严表达,这对于任何时代的青年人来说都是值得学习的,有着重要的人生启迪作用,尤其现在我们处于新时代,中华民族的伟大复兴历史地落在了新时代青年大学生的肩膀上,广大青年应以为实现中华民族伟大复兴作为自己的社会理想,同时,着眼于自我完善和发展,不断贡献自己、实现自我。

(一)坚定理想信念,实现使命担当

青年大学生是实现中华民族伟大复兴的关键人。大学生的职业选择应同个人使命和国家使命联系起来,一百年前,广大青年发起五四爱国运动,面对弱国无外交的屈辱,他们用青年人的行动说明了深厚的爱国情怀。马克思在中学论文中初步阐发自己的职业选择与人生追求,与其之后的思想观点相比是比较稚嫩的,但是对于当今青年大学生坚定理想信念,明确人生追求,并为之奋斗是具有重要指导意义的。

新时代是我们的人生机遇,同时也是重要考验。有理想,有信念,个人才会有发展,国家才会有希望。中国共产党人一如既往地坚守自己的使命,为人民做贡献,新时代使命呼唤担当,广大青年大学生应坚守共产党人的追求,为人民谋幸福,为中华民族谋复兴。坚定社会主义理想信念,我们党始终坚持社会主义方向,这是绝对不容许有任何怀疑的,今天的美好生活是社会主义实践的成果。坚持以马克思主义为指导,马克思主义作为客观真理,指导我们的生活和社会实践,我们要认真学习、领会马克思主义的深刻内涵,内化于心外化于行,用行动来展现青年人的朝气与希望。坚定社会主义理想信念,把自身发展融入国家建设中,实现自己的使命。

(二)坚持现实与理想的统一

青年大学生选择职业仅仅依靠满腔热血是无法成事的,应坚持现实与理想的统一,任何脱离实际的行为都是盲目的,理想的放飞都应基于对现实的思考,如此才能更好地做出职业选择。马克思认为,选择职业要考虑自己的能力,我们自认为适合的职业并不一定就是能够选择的,选择职业要坚持理想与现实的统一。

坚持现实与理想的统一,首先,现实不仅包括自身的实际,还需考虑社会条件,如,习近平下到农村做基层工作的两个考虑:"一是国家已经步入以经济建设为中心的时代,在地方上会比在军队里接触的事务更全面,更接近民情,对自己的全面锻炼更有利。二是他自己在陕北干了七年,知识和工作经验最丰富的积累,还是从农村来的,而且农村目前正处在改革的前沿,还是到农村去才更能发挥他的才能。"[5]P77 自身具备的优势以及能克服的和不能克服的劣势都要考虑进去,如果仅仅看到自己的优势,一叶障目,就会造成与自身实际的脱离,或者仅仅看到自己的劣势,妄自菲薄,或严重打击自信心。其次,理想不仅仅是个人理想,还要坚持与社会理想的结合,每个人都是在社会这个大舞台来实现自己的,那么,青年大学生的职业选择就不能只停留在自我的阶段。最后,现实和理想应统一于青年大学生的职业选择中,只有坚持现实与理想的统一,广大青年才能实现人生价值。

(三)坚持个人与社会的统一

青年大学生的职业选择往往体现一个时代社会的要求,应坚持个人与社会的统一。社会作为舞台,是实现人生价值与理想的载体,社会中的每个人都是舞台上奋力表演的舞者,没有舞者的丰富就无法呈现精彩绝伦的演出,而且只有舞者精彩的表现,舞台才能变得更大。马克思认为要为人类福利而劳动,追求人类的幸福,这是其社会理想的表达,同时还要追求自身的完善,这是个人理想的表达,青年大学生选择职业要坚持个人与社会的统一。

坚持个人与社会的统一,主要包括以下三个层面:首先,坚持个人理想与社

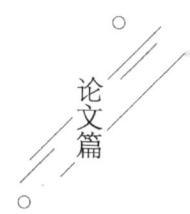

会理想的统一。青年大学生放飞人生理想要与社会理想相结合，个人理想只有在社会理想中才会更加的丰富，更加的充实，而这也是实现发展的重要基础。其次，坚持个人发展与社会发展的统一，二者统一于为社会主义建设添砖加瓦的行动中，个人的发展会推动社会的发展，同时，在不断发展的社会中个人才能实现更好的发展，二者的发展是辩证统一的。最后，坚持人生价值与社会价值的统一。每个人都是社会中的成员，在社会中成长，青年大学生的职业选择要坚持个人与社会的统一，才能实现价值的统一，人生价值是在实现社会价值中实现的，人生价值是社会价值的具体表现，正如习近平总书记在北京大学师生座谈会上提到的："新时代青年要乘新时代春风，在祖国的万里长空放飞青春梦想，以社会主义建设者和接班人的使命担当，为全面建成小康社会、全面建设社会主义现代化强国而努力奋斗，让中华民族伟大复兴在我们的奋斗中梦想成真！"[6] 理想、发展、价值的实现，三个层面具体地体现了个人与社会的统一。

### 四、小结

马克思关于青年职业价值观的重要论述对于广大青年大学生具有重要启迪作用，为人类福利而劳动始终是广大青年大学生应树立的人生目标。青年大学生选择职业要坚持个人与社会的统一，在实现社会理想、发展、价值中实现个人理想、发展和价值，要充分考虑现实与理想的差距，坚持一切从实际出发。当代大学生需注重"加强就业主观意识，尤其是责任意识、竞争意识、问题意识和创新意识的培养"[7]P32-34。新时代，青年大学生的职业选择饱含使命的期盼，要致力于为实现中华民族伟大复兴做贡献，体现青年人的责任与担当。

**注释：**

[1]程建宁,丁宏远,刘常仁,等.活着的马克思[M].北京:中央编译出版社,2016.

[2]马克思恩格斯全集:第40卷[M].北京:人民出版社,1982.

[3]刘淑艳,魏晓文.马克思择业观对当代大学生选择职业的现实启示——研读马克思《青年在选择职业时的考虑》[J].思想理论教育导刊,2017(07).

[4]刘万振.青年马克思价值理想的当代意义[J].重庆社会科学,2016(09).

[5]中央党校采访实录编辑室.习近平的七年知青岁月[M].北京:中共中央党校出版社,2017.

[6]习近平.在北京大学师生座谈会上的讲话[EB/OL].http://www.gov.cn/xinwen/2018-05/03/content_5287561.htm.

[7]岳鹏.青年马克思的理性择业观及其现实启示——重温马克思《青年在选择职业时的考虑》[J].理论与改革,2013(04).

（指导教师:饶旭鹏）

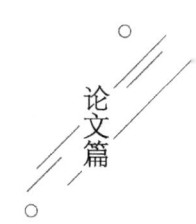

# 《共产党宣言》中"自由人联合体"思想及其当代价值研究

王 娅[*]

**【摘 要】** "自由人联合体"思想是《共产党宣言》的核心,是对未来理想社会的美好设想,也是人类社会发展不懈追求的目标。"自由人联合体"思想深度剖析了自由人、联合体以及自由人与联合体二者之间的关系,这也构成了其思想的核心内容。"自由人联合体"思想不仅极大地丰富了马克思主义理论,而且对新时代习近平人类命运共同体重要论述的践行具有重要指导作用。

**【关键词】** 自由人;联合体;自由人联合体;人类命运共同体

1848年,马克思、恩格斯在《共产党宣言》中明确表述了"自由人联合体"思想,即:"代替那存在着阶级和阶级对立的资产阶级旧社会的,将是这样一个联合体,在那里,每个人的自由发展是一切人的自由发展的条件"[1]P51。"自由人联合体"思想作为无产阶级和全人类不懈追求的价值目标,是人类对未来社会发展的美好设想。深入理解《共产党宣言》中的"自由人联合体"思想理论的形成过程和主要内容,有助于丰富和拓展马克思主义理论,同时也为实现和谐社会和人类命运共同体的构建提供了理论指导。

## 一、"自由人联合体"思想的形成过程

每一种理论成果,都是历史发展的产物,是随着时代的发展而产生形成的,并且这些理论成果都蕴含在丰富的文字资料中,需要我们对丰富的文字资料加以整理、归纳才能形成。马克思"自由人联合体"思想自然也不例外,它的形成与发展也不是一蹴而就的,也是经历了不断的社会发展才形成的。对于马克思

---

[*] 王娅,马克思主义学院马克思主义基本原理17级,172030501005。

"自由人联合体"思想的历史发展轨迹,我们从马克思不同时期的历史著作中也可以得到印证。

马克思在提出"自由人联合体"思想之前,他最初研究的是个人自由问题。而对于个人自由问题的探讨首先始于他的博士论文,在这篇博士论文中,马克思对于个人自由问题的研究并不是单刀直入,而是通过从原子运动入手,深入分析了原子运动对于确立人的自由观念具有重要影响,从而提出了确立人的自由观念的观点,这也是马克思最初对于人的自由观点的研究。因而马克思的博士论文也成为他关于人的自由的研究起点,在这一阶段,由于社会发展条件的限制以及知识水平的不足,导致马克思对于个人自由的研究是抽象的、思辨的。

虽然马克思在他的博士论文中对于个人自由的研究是抽象的,但他并没有就此罢手,而是继续全身心地投入研究,从而提出"自由人联合体"思想。关于"自由人联合体"这一概念的首次使用是马克思在《莱茵报》时期。随着资本主义社会的发展,资本家对于劳动者的压迫不断加强,使得劳动者生活越来越贫穷。为了替受压迫的劳动者辩护,马克思提出了"相互教育的自由人联合体",他认为在这个"联合体"中,无论是国家制度,还是国家法律都应该是自由的、平等的,而不是随处充满压迫。关于这次辩护,马克思是为自由而辩护,是为正义而辩护,他认为个人以整体的生活为乐事;整体则以个人的信念为乐事,这也充分展现了人与人、人与社会和谐快乐的社会状态。

随着社会的发展,生产力水平的不断提高,马克思对于"自由人联合体"的研究也更加的深入。在《德法年鉴》时期,马克思完成了对黑格尔法哲学的批判,因此,在这一时期,马克思对自由人联合体的研究也就表现得更加现实化以及社会化。随着马克思对于自由人联合体研究的不断深入,他认为"政治解放"已经不是真正的解放、彻底的解放,也不是人类社会发展的最终追求目标,因此,要想实现真正、彻底的解放必须要更向前迈进一步,即从"政治解放"上升到"人类解放"。关于"人类解放",马克思指出:"实际可能的解放是从人宣布人本身是人的最高本质这个理论出发的解放。"由此可见,马克思对于人的自由的研究已经延伸到人类的解放。

在1844年至1847年这几年期间,马克思把研究的重点放在了对唯物史观

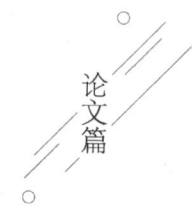

的研究上。在这一时期,虽然马克思的重点有所转向,但是对于"自由人联合体"思想的研究,他没有因为研究重点的转向而放弃,反而却由于马克思对唯物史观的不断深入研究,他对社会的发展以及未来走向有了更清晰的认识,因此,马克思的"自由人联合体"思想在这一时期也逐渐走向成熟。马克思"自由人联合体"思想的成熟也反映在这一时期他的理论著作中,例如在《德意志意识形态》中,马克思开始更多地使用共产主义社会这一概念,并将个人的发展与社会的发展紧密联系在一起。

1845年,《共产党宣言》的发表不仅标志着马克思主义的诞生,同时也标志着"自由人联合体"思想的形成。在《共产党宣言》中,马克思、恩格斯把共产主义社会的发展和人的全面发展紧密结合起来,他们认为要想实现共产主义社会,个人的发展与社会的发展之间存在着密不可分的联系,对此他们提出只有实现人的自由全面发展,实现真正的解放,才能实现社会的发展、稳定、和谐,实现人们对未来社会的追求。

### 二、"自由人联合体"思想的主要内容

马克思"自由人联合体"思想不仅表达了人们对于未来生活的美好设想,同时也表达了人们对其的追求,它蕴含着丰富的内容。

#### (一)自由人:自由全面发展的人

共产主义社会即自由人联合体是人类社会发展的最终追求的社会状态,在这个理想社会中,每个人都能实现自己的最终价值追求,即实现每个人的自由全面发展,并且在这个理想社会中社会财富极大丰富且是共同的,属于大家共同拥有。在共产主义社会里,随着阶级和国家的消亡,私有制也被个人所有制所取代,人类进入理想社会,实现对美好社会的追求。在这个理想社会中,最终实现的是和谐的、高度的统一,即人与人之间的、人与社会之间的、人与自然之间的和谐统一。在共产主义社会即实现自由人联合体的这个社会形态中,最注重的依然是人与人之间的和谐统一,在这里,人不仅是自身的主人,同时也是自然界与社会的主人,是真正的主人,是一个自由的人,这样也才能实现真正的自由与解放。马克思也认为,人们"有表现本身的真正个性的积极力量才得到自

由"[2]P167,这表明人生来便具有积极力量,通过这种积极力量才能战胜消极力量,实现真正的自由与解放,这样也才能成为一个真正的自由人。

"自由人联合体"思想是《共产党宣言》的主要内容,因此,在这本著作中对"自由人联合体"思想具有详细的描述,在它所描述的思想中自由人又是其思想的主要内容,所以要想深入学习"自由人联合体"思想,首先就需要理解自由人的含义。何为自由人?自由人在这里并不是代表个人,也不是代表某一种人或者某一类人,而代表的是获得了真正自由也获得了真正解放的每一个人,也就是说获得了真正自由与解放的每个人都是自由人。在进入共产主义社会后,国家和阶级早已不存在,私有制也已经被消灭,人们不再受压迫,不再是社会的附属品,而是跃升为社会的主人,是一个真正自由的人,在这里,每个人的自由性与独立性都能够得到充分的展现与发挥。自由人联合体是社会发展最终实现的社会形态,它在发展历程中也经历不同的共同体社会形态,从原始社会的自然共同体逐步发展到资本主义社会的虚幻共同体,最终再到共产主义社会的自由人联合体,实现人们对社会发展的美好期望,这也反映出社会发展逐渐从不成熟到成熟、从低级社会形态逐渐走向高级社会形态的社会形式。在自由人联合体中,实现真正的自由与解放是社会发展的基础与原则,因此,在自由人联合体中,自由人不是指所有人,也不是指某一种人或者某一类人,更不会是拥有特殊权力的人,它指的只是实现真正自由与解放、实现自由全面发展的每一个人。正像马克思在《德意志意识形态》中所描述的,在人们追求的理想社会中,人们对于自己的生活不必受任何人的约束与管教,可以自由安排。在这种社会形态中,没有剥削,没有压迫,每个人都实现了自由与解放,实现了自由全面的发展,每个人都属于真正的自由人,人类社会也实现真正的解放,实现由必然王国向自由王国的飞跃。但是有一点我们也需要明白,进入共产主义社会,每个人自由而全面的发展,这种自由也不是最终的自由,它依然存在不足,表现在它的相对性、具体性与历史性上,需要在社会发展中不断地去完善与发展,人的自由全面也不会随着进入共产主义社会而终结,它会随着社会的发展而不断向前发展。

(二)联合体:自由全面发展的实现形式和条件

随着社会的发展,形成了两种重要的共同体形式:市民社会和政治国家。马

克思对这两种共同体形式也有着深入研究,尤其是对两者之间的关系,他认为不是国家决定市民社会,而是市民社会决定国家,形成了马克思著名的市民社会理论,这与黑格尔的市民社会理论是完全相反的。马克思认为,政治国家虽然是共同体重要的形式之一,但在社会发展中它更多地已经成为了维护统治阶级的工具,尤其在资本主义国家表现尤为明显。资本主义国家是政治国家的一种,因此,它也是共同体的形式,但在资本主义国家充满了阶级对立,充满了利益对抗,人们生活在水深火热中,深受统治阶级的剥削和压迫,它不是人们所追求的真正的共同体,而是一种虚假的共同体,它不仅没有促进人类解放的实现,反而是对人的解放的一种桎梏。在这里,人们不能获得真正的自由,反而受尽资产阶级的剥削与压迫,它维护的不是人类社会发展的共同利益,维护的反而是资产阶级的利益,使得共同利益与个人利益的对抗愈演愈烈,使每个人不能获得真正的自由全面发展。

马克思指出,生活在社会中的每个人,它不是孤立的,而应该与整体紧密联系起来,个人的发展只有置于整体发展中才能实现。因此,实现每个人的自由与解放与未来社会的发展之间是息息相关的,也只有实现真正的解放,人类才能实现对理想社会的追求,进入共产主义社会。人类社会发展进入自由人联合体社会后,阶级与国家早已消亡,取而代之的将是这样一个联合体,即由自由人组合成的一个联合体。在那里,剥削和压迫早已不复存在,阶级对抗和利益对抗也早已不再是社会发展的阻碍,每个人不仅实现了自身的全面发展,也实现了对理想社会的追求,从而实现真正的人类解放。

(三)自由人和联合体的关系

自由人与联合体之间的关系是"自由人联合体"思想强调的重点,自由人和联合体作为"自由人联合体"思想的重点内容,把握二者之间的关系也是极其重要的。自由人与联合体二者之间不是孤立的,反而是互为前提、相辅相成的,即人的自由与解放是实现联合体的前提,反过来联合体这种社会形式的形成又是实现人的自由与解放的基础。一方面,自由人即人的自由全面发展不单只是强调实现人的自由与解放,同时它也强调自由与解放的实现对社会发展的作用,它是联合体的前提与基础。自由人是以自然人为基础而形成的社会人,在社会发展过程中,由于共同的利益以及共同的追求目标,自由人逐渐联合起来成为一个整体,共同追求人的自由全面发展,这也是最终实现真正共同体的价值追求。在人类社会发展过程中,矛盾无处不在、无时不有,随着生产力的极大发展以及私有制的消灭,人类社会发展之间的矛盾从而得以真正解决;随着国家与阶级的消亡,个人利益与共同利益不再对抗,阶级矛盾也不复存在,人们不再饱受剥削与压迫,从而使每个人获得自由全面的发展,成为真正的自由人。理想社会最终追求的是每个人自由而全面的发展,因此,作为联合体中的一员,每个人都应该为人们追求的社会的实现尽心尽力,为社会的发展竭尽所能,从而自由人联合体社会才能实现。另一方面,自由人联合体是实现每个人自由全面发展的形式和依托。也就是说,只有在自由人联合体这种形式中,每个人才能获得自由全面发展。在自由人联合体中,社会发展是有序进行的,每个人是该社会发展中的一员,都应该遵循社会发展的原则,按照社会发展的要求进行活动。个人的发展与整体的发展是紧密联合在一起的,如果个人脱离了共同体这种形式,或者不遵循共同体的原则进行活动,这样联合体将会成为一盘散沙,每个人的自由全面发展也将不能实现。反过来只有每个人自由全面发展的实现,共同体社会也才能实现,二者是有机统一的。当今时代,随着全球化的不断推进,社会的发展走向多极化趋势,各种利益矛盾、阶级矛盾不断暴露出来,国与国之间的战争冲突也不断,这些矛盾与冲突在一定程度上阻碍了社会的发展,但由于人类对于社会发展的最终追求目标是一致的,所以社会最终都还是朝着一个方向发展,随着阶级和国家的消亡,各种冲突与矛盾也不再成为社会发展的阻碍,人类也实现了人的自由全面发展,实现了真正的解放,人类社会最终进入"自由人联合体"时代,实现对理想社会的追求。

总而言之,只有每个人自由全面发展与共同体形式有机统一起来才能实现自由人联合体,实现人类彻底的解放。正如齐格蒙特鲍曼所说的,"没有共同体的自由意味着疯狂,没有自由的共同体意味着奴役。"[3]P202

### 三、"自由人联合体"思想的当代价值

"自由人联合体"思想是历史发展的产物,表达了人们对未来理想社会的美

好设想,是人类社会发展的最高目标。它作为马克思主义理论的重要组成部分,不仅是对马克思主义理论的丰富和拓展,而且对新时代人类命运共同体重要论述的构建提供了理论价值和指导作用。

(一)"自由人联合体"思想极大地丰富了马克思主义理论

"自由人联合体"思想是随着人类社会发展的不断变化而形成的,它经历了从自然共同体再到虚幻共同体,最终到达自由人联合体。马克思认为在这个联合体里,人们不受剥削、不受压迫,实现真正的自由与解放,这不仅是人类社会发展的最高目标,也是人们对未来美好社会生活的追求目标,同时还是《共产党宣言》中对未来共产主义社会的美好设想。

"自由人联合体"思想是随着人类社会发展的阶段而产生的,是伴随着生产力的提高而实现的,它在形成过程中,充分地体现了马克思主义哲学中的唯物史观。首先,"自由人联合体"思想体现了经济基础决定上层建筑。随着科技的发展、社会的进步,人类社会的生产力水平不断提高,人们的社会生活方式发生了极大的变化,随之社会结构也开始不断变化,人们渴望追求美好生活,渴望进入理想社会,从而实现每个人的自由而全面发展。反过来,自由人联合体的实现,也反映了社会生产力水平的不断提高,二者之间是有机统一的。其次,马克思从实践出发,透过现象看其本质,深度剖析了资本主义社会发展的弊端,指出资本主义必然灭亡,社会主义必然胜利的历史发展趋势,而自由人联合体正是超越了资本主义,解决了以前社会所存在的弊端问题,为社会发展扫清障碍,为人类社会进入共产主义社会,实现人们对美好社会的追求提供了充足条件。因此,"自由人联合体"思想在其发展过程中充分体现了唯物史观原则,同时它作为科学的世界观和方法论,不仅为人类社会的发展指明了前进方向,也指导着人类社会的实践。

(二)"自由人联合体"思想为人类命运共同体的构建提供了理论指导

十八大以来,国际冲突、国际矛盾、国与国之间的利益大战等等问题愈演愈烈,针对当前世界复杂局势,习近平总书记坚持战略思维,提出了构建人类命运共同体。"人类命运共同体"重要论述的提出不仅满足了当前世界各国发展实际,同时也是对马克思自由人联合体理论全新的继承与时代化的演绎。"人类命运共同体"重要论述不是对马克思"自由人联合体"思想的照搬照抄,而是与时俱进,联系国内外实际,针对目前世界发展面临的问题而提出的,旨在通过习近平"人类命运共同体"重要论述的指导,从而使各国找到利益的切合点,实现合作共赢。

  马克思"自由人联合体"思想强调的是实现每个人自由而全面的发展,促进人与人、人与自然的和谐统一。马克思认为,在自由人联合体这种社会形态里,没有剥削,没有压迫,没有利益对抗,每个人都是平等的,社会发展也遵循着"各尽所能,按需分配"的原则,才能进入理想社会,实现最终追求目标,实现人的自由全面发展。而习近平总书记提出:"我们呼吁,各国人民同心协力,构建人类命运共同体,建设持久和平、普遍安全、共同繁荣、开放包容、清洁美丽的世界。"[4]P522 对此我们要坚持:在经济上坚持开放包容、普惠共赢;在政治上,坚持相互尊重、平等协商;在文化上,坚持和而不同、兼收并蓄;在安全上,坚持公平公正、共建共享;在生态上,坚持崇尚自然、绿色发展,这五个方面的内容也构成了习近平"人类命运共同体"重要论述的核心内容,目的在于通过经济、政治、文化、文明以及生态五个方面的建设,将各国人民团结起来,共建美好地球家园,从而实现和谐社会的建设。习近平"人类命运共同体"重要论述强调的是通过经济、政治、文化、安全、生态五位一体的协调发展,最终促进人与社会的和谐统一,这与马克思"自由人联合体"思想的最终追求目标是一致的。所以说马克思"自由人联合体"思想不仅是人类命运共同体重要论述的理论来源,同时也为人类命运共同体的践行提供理论指导,有助于人类命运共同体重要论述更好地付诸实践。

**注释:**

[1]马克思,恩格斯.共产党宣言[M].北京:人民出版社,2014.

[2]马克思恩格斯全集:第2卷[M].北京:人民出版社,1957.

[3]马克思恩格斯全集:第1卷[M].北京:人民出版社,2012.

[4]习近平.习近平谈治国理政:第2卷[M].北京:外文出版社,2017.

(指导教师:刘海霞)

# 《1844年经济学哲学手稿》中的异化劳动理论及其现实启示

魏 荣[*]

【摘 要】马克思在《1844年经济学哲学手稿》(以下简称《手稿》)中指出,工业革命以来私有制及其私有财产是异化和异化劳动产生的根源。在分析批判黑格尔和费尔巴哈异化理论的基础上,马克思认为,异化劳动是指劳动者与劳动产品相异化、劳动者与劳动相异化、人与人的类本质相异化、人与人相异化。深刻认识马克思的异化劳动理论,对于继续推进新时代中国特色社会主义建设具有十分重要的现实启示。

【关键词】《1844年经济学哲学手稿》;异化;异化劳动;现实启示

《手稿》是马克思研究政治经济学的起点,《手稿》中的异化劳动理论作为整部著作的核心内容我们更要去深入了解和研究。劳动为什么会出现异化?资本主义社会中劳动者处于什么地位?对于当前进入新时代的中国社会有什么启示?这些困惑使得我们必须从文本本身出发,探索异化、异化劳动及其整个过程。

## 一、异化劳动理论提出的历史背景

18世纪70年代在英国爆发的工业革命使得整个世界发生了历史性的巨大变革,人们的生活方式发生了根本性改变,农业社会直接过渡到现代工业文明社会。随后,农村大批的劳动者从农村转移到了城市,国家的商业、工业和航海业得到了空前的发展,不仅英国如此,欧洲许多的资本主义国家都受到了工业革命的影响,不断地改进生产技术、改善经营管理、提高劳动生产力。19世纪30—40

---

[*] 魏荣,马克思主义学院马克思主义基本原理18级,182030501001。

年代,英国率先完成了工业革命,成为世界上头号发达的资本主义强国,机器大工业完全替代了工厂手工业,而法国、德国等国家受到工业革命的冲击,纷纷引入了机器、资本并依靠资本家在工业革命的浪潮中进行工业改革和生产。各个国家的生产力得到了快速提高,经济出现了巨大增长,社会财富相比过去翻了几十倍。此时的社会日益分裂为两大阶级,即无产阶级和资产阶级,在资本主义私有制条件下,大量的资本被资本家掌控和支配,资产阶级为了资本的积累循环,不断地扩大工厂赚取更多的利润,无情地榨取工人的剩余价值,而广大的劳动者为了生存下去不得不出卖自己的劳动力去换取微薄的工资。工厂的机器越来越发达、秩序越来越严明,而劳动者却越来越贫穷、饥饿,寿命也逐渐缩短,整日都挣扎在工厂机器的死亡线上。资产阶级与无产阶级的矛盾愈演愈烈、日益尖锐,最终经济危机的出现引发了广大的劳动者、商人、小资产者的强烈不满和反抗,欧洲三大工人运动爆发,无产阶级作为独立的政治力量登上了历史的舞台,这说明在资本主义社会中,资产阶级对广大无产阶级的奴役、压榨是不可想象的。

马克思深入工人的现实生活去了解民间疾苦,并且从当前的经济事实出发对资产阶级的国民经济学进行批判,马克思在《手稿》的写作中分析了工资、资本的利润、地租等经济范畴,提出了其核心内容——异化劳动理论。异化劳动是私有财产产生的依据,而在资本家主导的资本主义社会,私有财产的产生又继续深刻加重了社会异化劳动的程度,因此,异化劳动和私有财产是相互制约、相互作用的。《手稿》是马克思用哲学的语言去阐述经济学的一部著作,异化劳动理论是马克思从劳动者的生存境遇出发,分析了劳动者与劳动产品、劳动活动、人的类本质和人与人之间相互对立、异化、矛盾的关系。

### 二、异化与异化劳动的理论来源

从词源学上来看,德文的"异化"(Entfremdung)这个词和外化(Ent-uβerung)一样,来自希腊语(allotriwsiz)和拉丁语(alienatio),表达的意思是"他者"且他者和自己相疏远,在汉语中将(Entfremdung)翻译为"异化",日语中翻译为"疏外"。马克思在《手稿》中对于异化劳动理论的规定,是基于前人在哲学史上运用的异化概念,在分析马克思对异化劳动的规定前,有必要对前人的异化思想进行了解。

第一，黑格尔的异化思想。从哲学史上看，最早将异化概念引入哲学中的人是黑格尔，黑格尔所理解的异化是指"绝对精神"的异化，所遵循的是精神在先的本体论原则。黑格尔认为具体是精神首先异化为自然界，然后隐藏在自然界之中，并且构成了自然界的本质，最后通过对自然界的扬弃返回到自身，精神只有通过这一过程，它才能完成否定之否定的这样一个转化运动。"这个自我意识把它自己的人格外化出来，从而把它的世界创造出来，并且把它创造的世界当作一个异己的世界看待，因而它现在必须去加以占有。"[1]P176 黑格尔从自我意识出发，将自然界变为异化了的对象，然后对象又通过扬弃"异化"回到自身。我们从中可以看出，黑格尔的异化思想是和他的唯心主义体系相结合的，他将精神、意识看作一切异化运动的出发点，所以黑格尔的异化思想只是局限在精神领域内。

第二，费尔巴哈将黑格尔的异化一词引入了宗教领域，认为人的本质的异化主要体现在宗教异化中。费尔巴哈指出："人使自己的本质对象化，然后又使自己成为这个对象化了的、转化为主体、人格的本质的对象。"[2]P63 在宗教中，人把自己的理想、信念、愿望对象化，使这些美好的期盼都集中在了上帝身上，而人却卑微地成了上帝的奴仆，俯首听从上帝的安排，这就造成了"宗教异化"。而真正的人即自我被否定了，人在宗教统治的世界中迷失了自我。费尔巴哈揭示出，神这种外在的高于世人的形象实际上是被人创造出来的，但却在异化为上帝后反过来奴役人、压迫人，使人丧失了人的类本质。由此，他提出要消灭异化，他认为只有属于人的东西重新归还于人，肯定人作为类存在，能够充分体现人的类意识，从人自身出发，才能扬弃异化，实现人的类本质，即意志、理性和爱。这是费尔巴哈对宗教异化现象的揭示，费尔巴哈实际上希望建立爱的宗教，把对神的爱转变为对人的爱，以人本主义代替神本主义，把人从宗教异化中解放出来。费尔巴哈企图借助对宗教的批判，来使人们摆脱宗教对人们的现实麻痹和束缚，但他却没有从根源上分析宗教及宗教异化产生的原因，因此，马克思看到了费尔巴哈异化观中欠缺的东西。

### 三、异化劳动理论的四个规定

在资本主义私有制的雇佣劳动下,工人即劳动者作为社会最底层的人主要从事产品的生产。马克思收集大量资料,潜心研究了政治经济学,并在《手稿》中指出:"工人创造的产品越多,他就越变成廉价的商品,物的世界的增值同人的世界的贬值成正比。"[3]P51 我们可以看出,工人通过劳动给社会带来了不可一世的财富,而劳动者本身却走向更悲惨的境地。国民经济学也指出,劳动是财富的唯一源泉,但究竟为什么会出现这种现象呢?马克思认为,只有从现实的资本主义生产关系出发,才能搞清楚异化劳动。

(一)劳动者与劳动产品相异化

劳动异化的首要表现是劳动者与劳动产品相异化。马克思在《手稿》中这样说:"劳动所生产的对象,即劳动产品,作为一种异己的存在物,作为不依赖于生产者的力量,同劳动者相对立。"[3]P52 在资本主义私有制下,资本家占有生产资料雇佣工人进行生产,而工人除了自由一无所有,没有生产资料和生产工具,为了维持个人和家庭的生存不得不向资本家出卖自己的劳动力去生产劳动产品。劳动产品作为社会财富全部集中在了资本家手里,然而付出巨大劳动、创造社会财富的工人却是没有资格参与分配的。资本家在资本市场的主导下,不断地把产品变为商品,榨取工人的剩余价值,工人只能得到少得可怜仅供自己生存的工资,进而继续为资本家扩大再生产提供劳动和劳动力,这也使得资本家通过资本积累进一步产生了资本的价值增值。劳动者为了生产不属于自己的产品,夜以继日地在工厂内劳动,大多时候为了一家人不至于饿死,工人虽然愤恨但又无奈地接受资本家加班的要求,一点点的加班费换来的是工人健康的牺牲、精神的摧残。生产力的提高、分工的细化,导致工人像呆傻的人一样机械地重复着一个个相同的动作,或许他知道自己所在的工厂是生产什么产品的,但他不一定知道每天在自己手中生产的东西是哪个产品的零部件?这个东西有什么作用?机械的应用、设备的更新、管理的严密,这一切究竟带来了什么?当然是生产力的飞速发展、社会的进步、资本家的喜悦、劳动者的痛苦。因为这所有的一切,都是建立在资本主义私有制社会这个前提下的。既然劳动者生活在地狱之中,那么在天

堂中享受一切财富、荣誉、权力的就一定是与劳动者势不两立的资本家。工人虽然拼尽全力创造了财富，却无法使用自己的劳动成果，劳动产品早已被贪婪自私的资本家变为商品而获得财富和资本了。一切控制在资本家手中，就连劳动者自己也是，被牢牢地束缚在资本家的工厂中，若是想逃离、挣脱工厂，那将意味着劳动者离死亡不远了。劳动者自由得一无所有，他要将唯一的劳动换取工资的机会都不要了，那么一家人都将饿死、病死。残酷的现实摆在面前，即使过着地狱般的生活，工人也是求之不得。生活尚且是如此，更别说工人还会去和资本家争夺劳动产品，所以工人并不懂，产品转化为商品后卖出去，变成资本和财富由资产阶级支配继续作用于工厂生产，与劳动者相对立，反对、压迫劳动者本身。至此，劳动者同劳动产品彻底处于异化状态，劳动产品作为一种独立于劳动者之外的存在物去支配、奴役劳动者，逐渐与劳动者相对立、分离。

（二）劳动者与劳动相异化

劳动者与劳动相异化就是指劳动者与他本身的劳动活动相异化，马克思在《手稿》中认为，人的本质是自由自觉的活动，即劳动。人会在劳动中肯定自己，在完成劳动时有成就感，从而在劳动中获得满足。因为人的劳动是自由的、有意识的劳动，人的劳动是为了自己而去劳动，我们会在劳动中感觉到快乐甚至是幸福。习近平总书记说："幸福是奋斗出来的"，那么奋斗就是我们要坚定信念去行动、去劳动。科学家因为研究出新的物质，为了人类做出贡献时而感到幸福；医生因为挽救了病人的生命，站在手术室里几个小时做完一台有难度的手术时而感到欣慰；学生因为解出一道复杂的难题，反复地在桌前思索和验算时而感到快乐。我们在劳动的过程中获得了成就感，所以幸福并满足。但是在资本主义社会中资本家的雇佣劳动下，工人不被当作有肉体和灵魂的社会人，相反，在国民经济学和所有资本家的眼中，工人就是作为经济人来考察，他们不考虑不工作时的工人。因此，工人在资本家眼里只是用来生产剩余价值的机器，至于工人的日常生活，比如工人在生产过程中累不累、规定的工作量会不会超出劳动者身体所承受的限度、生产过程中是否会对劳动者的身体产生伤害、目前的工资能否让劳动者一家的生活得以改善，这一切对于资本家来说浑然不知，也根本不愿意浪费这个时间去知晓。劳动者的境遇能坏到什么程度，即使是工资不够养家糊口，工人在工作时累死了,资本家也是漠不关心的。这么说来,工人成了机器的一部分,每天重复同一个动作,一天天的工人丧失了劳动时的快乐,对劳动者自己来说,他在不劳动时感到舒服,劳动时感到痛苦,工厂生产产品的劳动从来不是为了自己所用去生产,而是付出了大量的时间供资本家去享用并获得利润去投入再生产。虽然工人劳动时是用自己肢体去操作,每天生产出数不清的零部件,但是自己的劳动活动始终与自己是相对立、斗争而存在的。因为工人生产得越多越辛苦,就越是为资本家而服务,根本得不到自己应该劳动所得的那一大部分,工人的劳动不仅没有使自己生活过得好一点,反而加重了自身的负担,如果不投入更多的时间去加班赚取工资,工人随时会有被解雇的风险,然而资本家永远不会为找不到工人工作而发愁。久而久之工人在工厂真的像个工具一样,目光呆滞却动作娴熟,只是为了赚取一家人的生活资料卖力地在生产死亡线上挣扎,这时工人的劳动,不是自由自觉的劳动,而是属于资本家的劳动,是外化的劳动。

(三)人与人的类本质相异化

类本质的这个概念是由费尔巴哈提出的,马克思扬弃了费尔巴哈关于类本质概念的解读,进而在《手稿》中对于异化劳动的第三个规定使用了类本质这个词。费尔巴哈认为人的类本质就是理性、意志、感情和爱。但费尔巴哈认为的这些却是从抽象的人出发的,因而,马克思扬弃并重新解读关于类本质的概念。马克思认为人的类本质是自由自觉的活动,即劳动。人可以从自身劳动活动出发,自由地、有意识地、积极地去改造客观世界,发挥人的体力和脑力,按照自我意识的指导去发现、探索、行动,人的劳动从开始到结束都是为了自己的活动,马克思认为人在劳动中肯定了自己,劳动是人成为人的根据,人会在劳动中创造出自己希望的成果,人类经过实践去证明人的本质力量。"正是在改造对象世界中,人才真正地证明自己是类存在物。"[3]P58异化劳动使得劳动者与劳动产品、劳动活动相分离、异化,那么,人与人的类本质也相对立、异化。很显然工人在资本家统治的世界中所付出的劳动,不是为了证明自己是自由自觉的劳动,而只能是维持个人生存的手段,人与人的类本质产生了异化。作为人的本质属性的劳动被降得如此低级,既然人连自我本质都丧失了,那么人自己呢?对于资本主义社会来说,工人,广大的劳动者只是作为一种工具而存在。对于工人自己来说,人区别

于动物的标志就是人是有意识地、有创造性地去从事各类劳动,然而,出现的事实就是,人和动物相差无几。工人只有在使用动物机能时才会感到舒畅,不劳动时感到快乐,所以工人在劳动中,不是感到幸福,不是人本质力量的发挥,而是人的肉体受到折磨,精神遭到摧残。工人表现出惧怕劳动、逃避劳动,但是又不得不劳动,自己自由的、有意识的类本质在资本家的工厂中长年累月地被消耗殆尽,一旦为资本家劳动,劳动者劳动的本性就不是为了自己身心的成长,而是带给资本家健康、财富、幸福,并在看不见未来的劳动中过早地死去。这就出现了人与人的类本质异化。

（四）人与人相异化

《手稿》中总结性地指出:"人同自己的劳动产品、自己的生命活动、自己的类本质相异化的结果就是人同人相异化,当人同自身相对立的时候,他也同他人相对立。"[3]P59 从马克思的分析中可以看出,"异化"的过程是一个循序渐进的、由物到人的深入过程,这时在资本主义社会中,人与人的异化已经成为一种普遍现象。人与人之间的相互斗争、相互对立表现在资本家对工人的剥削、压榨,企图使他们自身获得更大的剩余价值,同时资本家之间也产生了异化、对立,在私有制条件下,生产者之间互相将对方手段化和工具化,相互角逐、竞争,最终使得社会中的所有人都在异化中生存着。比如:资本家购买劳动者的劳动力,让劳动者从事产品的生产,资本家履行约定支付给工人工资,看似平等的交易,工人得到了与资本家达成看似平等协议的、相当的工资。但实际上,工人经过长时间超出身体限额的劳动生产出的,还有相当多的一部分在剩余时间内创造的剩余价值被资本家无偿占有。但是资本主义社会,不管是资产阶级、经济学家都是为资本主义长期存在和发展而服务和辩护的,他们把经济学中出现的剩余价值用利润来掩盖,工人自身还没有觉察到这一点,所以在资产阶级的掩饰下,似乎一切都变得有理有据。马克思敏锐地指出问题的所在,即异化现象的存在,工人与资产阶级相异化、对立。资本主义私有制下,全部生产资料归资本家所有,工人只获得一点工资,但生产出的产品反过来成为与自身相对立的存在物,这也使得工人在劳动中没有感到幸福,与自己的劳动活动相异化,人的自由自觉的类本质是外在的资本家强制的劳动,那么资本家与工人就发生了异化。再如:资本家与资本家发生了异化。资本家雇佣工人所生产的一切劳动产品都必须首先变为商品,也就是说得把产品卖出去供除自己以外的任何人使用,这样资本家就沦为了为提供给别人使用产品而生产的中间环节,其他的资本家也是一样,生产的产品并不是为了自己使用,而是尽全力地去满足他人的使用,双方将自己变成了对方的工具、手段,在这一点上资本家之间和工人与资本家之间都出现了异化现象,虽然形式上都出现了异化,但异化的结果和方式是不一样的。

**四、异化劳动理论的现实启示**

从马克思的异化劳动理论出发,我们深刻认识了物的异化和人的异化,这对于当前我们国家继续推进新时代中国特色社会主义建设具有重要的现实启示。中国是世界上最大的发展中国家,在进行现代化建设的道路中需要加大力度,不断促进经济领域的良好运行、民主政治的完善进步、人民群众思想观念的提升和丰富、社会各项事业的前进、生态环境建设的推进,但异化劳动现象出现在我们生产生活的方方面面,影响社会各项事业建设的协调发展。五位一体的发展构想与实践,遏制了异化现象的泛滥,即:全面落实经济建设、政治建设、文化建设、社会建设、生态建设总布局。在异化劳动理论的指导下,我们要努力做到促进现代化建设各个方面的协调发展。

(一)转变经济发展方式,促进各方面协调发展

改革开放以来,我国经济的快速发展取得了前所未有的巨大成就,人民生活水平从根本上得到了大幅度提升,但依旧出现了许多问题,如:资源浪费严重、产业结构不合理、城乡区域发展不平衡等。马克思的异化劳动理论是对资本主义私有制下的现实状况剖析,但依旧对我国不断探索经济发展过程中遇到的问题有着重要的指导作用。

异化现象在我国经济领域中明显存在着,因为我国是人口大国,劳动者和人民群众占主体地位,所以我国不仅要将蛋糕做大做好,而且要分配合理,处理好劳动者和劳动产品的关系,必须坚持我国的基本的经济制度和分配制度。马克思异化劳动理论中,之所以会出现劳动者与自身生产的劳动产品相分离,主要原因就是私有制下产品的分配原则是资本家享有成果,而劳动者无权参与。所以

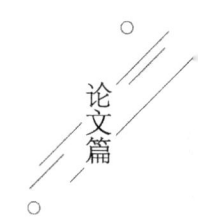

我们要坚持按劳分配为主体,多种分配方式并存的分配制度。这就从制度上根本保障了劳动异化产生的源头。经济中的异化现象固然不能完全解决,但我们可以降低异化的程度和范围,为人民带来实质性的利益。异化劳动理论产生的背景同样是在经济快速发展的过程中,但对于我国来说,经济的过快过热发展,使得能源资源大量消耗,环境污染程度不断加深。因此,要转变经济发展方式,深化经济领域中的改革,推动我国经济由高速增长向高质量健康而平稳的发展。马克思在《手稿》这样描述:"自然界就是他本身不是人的身体而言,是人的无机身体。"[3]P45 经济的发展决不能以牺牲环境为代价,绝不能出现人与自然界相对立斗争的状态,因此,首要的是转变经济发展方式,促进各方面协调发展。

(二)发展社会主义民主政治,保障人民当家做主

我国始终坚持人民民主专政、人民当家做主,这与马克思异化劳动理论的最终目标不谋而合,即消灭人的异化现象,最终实现人的本质的共产主义复归。我国将人民放在主体地位,秉承一切为了人民、一切依靠人民、发展成果由人民共享的原则,这就在政治制度的大方向上杜绝了政治异化的现象。

人民的神圣地位是自身在斗争与发展中赋予的,党和国家始终是与人民群众同呼吸、共命运的。"水能载舟,亦能覆舟",这是自古以来的为政准则,人民群众虽然在一定程度上是保守和狭隘的,但在国难当头时,人民所蕴含的力量却是无穷的。只有坚持和发展民主政治才是对人民最终的交代,做到对人民负责,我国要坚持从实际出发,借鉴国外政治文明的有益成果,但决不能放弃中国根本的政治制度,加强防范国外的借以实现其私利的手段,如:西方宣扬的民主制度、价值观、文化观等。必须坚持在党的领导下,充分实现人民当家做主,保障人民的政治权益。

(三)坚定人民文化自信,推动社会主义文化繁荣兴盛

我国在社会主义市场经济的进一步发展下,文化市场占据了重要地位,各类文化形式的繁荣发展对人们的影响是不容置疑的。异化理论对于文化也具有指导意义,如果文化中出现了与我们相对立、误导人民群众的消极文化,一定要抵制这种文化,把它扼杀在摇篮里。我们当前最重要的就是发展中国特色社会主义文化,使人民总体上形成统一、坚定、正确的价值观。

文化自信是一个国家,一个民族更基本、更深沉、更持久的力量。只有对自身文化的生命力充满信心,才能有充分的理由和足够的底气。在新时代的发展中,我们中国人民,中华民族,有更大的自信屹立于世界舞台的中央。但文化中的异化现象也是随处可见,比如:崇洋媚外,什么都认为西方的形式好,还有一些学历高的人向人们广泛宣扬西方制度、基督教或组织人们过西方的节日等,这就误导了正在成长中的青少年,致使他们在无意识中就已经开始形成不正确的价值观。文艺工作者最应该注重的就是在进行文艺创造和文化创新时,必须要坚持社会主义文化从始至终就是为人民大众服务、为社会主义服务的根本方向不动摇,虚心向人民群众学习,深入群众实际生活,把人民的冷暖幸福放在心中,创造出人们喜闻乐见的优秀文化作品。最重要的是让人们凝聚民心,感受到我国文化的强大力量,广泛传播正能量,不仅能提升我国的文化软实力,也能够引导人民树立正确的世界观、历史观、文化观、民族观、人生观,激励全国各族人民信心满满地向未来迈进。

(四)加大保障和改善民生的力度,决胜全面建成小康社会

异化劳动理论中强调的是劳动者主体地位的丧失,我国是劳动人民最多的国家,保证人民的主体地位是新中国成立以来的核心问题。十九大以来我国进入了新时代,社会的主要矛盾发生了根本性转变,这就对保障和改善民生提出了新要求,也对于避免劳动异化各种形式的出现采取了措施。

以前我国经济发展的速度过快过热,从而也在追求速度上忽视了对于民生的关注度,人民平均生活水平还是较为低下的。这就造成了经济发展与保障民生之间的矛盾、异化。一直以来人民最关心的问题是现实利益和脱贫致富,必须要给教育事业投入更大的力度,不断深化教育改革,办好人民满意的教育。青年兴则国家兴,只有我国大多数人口素质提高了,才能创造更多的社会财富,人民也会生活得更加舒适安心。引导人民走向脱贫致富,好日子不会从天而降,幸福是奋斗出来的。政府应该与广大的人民群众一起坚定信心、勇于担当、自力更生、艰苦奋斗,用自己的辛勤劳动和汗水,实现脱贫致富。全面建成小康社会必须要促进和谐社会的建设,世界上没有最完美的社会制度,也没有最完美的社会,所以和谐社会的建设是一个长期的任务,不仅是国家、政府最关心的问题,也

与我们社会中的个人都是息息相关的,个人的品行、教养、文化程度等都会影响到和谐社会的发展进程。社会的力量是我们每个个人力量的相加,在新时代的召唤下,个人与国家、社会相结合,心系他人,从自身出发时刻将社会主义核心价值观融入自己的行动中,建设和谐社会才会有更大的生机活力。

(五)树立和践行绿色发展理念,不断推进生态文明建设

《手稿》中阐述了劳动异化的结果也会导致人与自然界产生异化、对立。自然界与人类社会中出现的异化现象,深深地引发人们的反思,人与自然本是一体,现在为何到达了这种境地?习近平总书记指出绿水青山就是金山银山,建设生态文明是中华民族永续发展的千年大计。人与自然是不可分离的生命共同体,人类不应该以征服者的姿态凌驾于自然界之上,因为自然界是我们人类最需要、依赖最多的无机身体。

近年来,人们越来越关注生态问题,因为人类从诞生到现在对大自然的索取与破坏是不加节制的,现在受到了自然界的报复,才开始慢慢采取措施,保护与我们生命息息相关的生态环境。人类无法脱离自然界而存在,人类所有的一切都来自于大自然的恩赐,我们应该心怀感恩去对待自然,把它当作我们亲近的家人一样,如果没有自然界提供的一切,我们有再强大的科技和先进的生产力,在自然界灾难到来时,都终将走向灭亡。人与自然是辩证统一的,人类不应该去主宰自然、征服自然,自然也绝不会成为人类的附属物,人类的任何活动都离不开自然界,人总归是自然的一部分,所以人类在运用自己的智慧和力量去改造自然时,应该尊重自然、保护自然,树立科学的绿色发展理念,践行绿水青山就是金山银山的指导方针。坚信只要从我们身边的每个人做起,我们人类将拥有更蓝的天空、更清的湖水、更美的地球。

### 五、小结

异化劳动理论是马克思第一次研究政治经济学时提出的理论,主要目的就是揭露资本主义社会的私有制和雇佣劳动制度下工人的悲惨境遇,让工人认识到现状,从而联合起来与资本家进行斗争。《手稿》中马克思对异化劳动理论的分析散发着真理的光辉,不朽的著作总会给予我们现代社会重要的时代价值和

启示,我们应当从结合自身实际出发,对于国家、社会、个人都有极其重要的意义,尤其对我国社会的现实有着重要的作用和启示,我们通过《手稿》从异化劳动理论中看到了资本主义制度的种种弊端,共产主义必然胜利不是一句空话,而是真理。并且共产主义者都相信真理的火焰将永不熄灭!

**注释:**

[1]马克思恩格斯全集:第42卷[M].北京:人民出版社,1979.

[2]费尔巴哈.基督教的本质[M].北京:商务印书馆,1984.

[3]马克思.1844年经济学哲学手稿[M].北京:人民出版社,2000.

(指导教师:刘海霞)

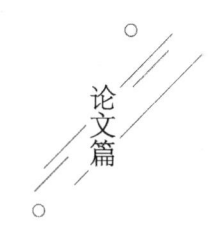

# 浅谈《青年在选择职业时的考虑》

文小凤[*]

**【摘 要】** 选择职业,不仅是选择一种谋生方式,更是选择一种实现人生价值的途径。目前我国的青年大学生面临着严重的就业问题,究其原因,从求职者本身来讲,主要是个人的就业观和择业观的问题。马克思在《青年在选择职业时的考虑》一文中对青年在选择职业时应该考虑到的各方面因素进行了思考和总结,至今对于我们选择职业仍然具有重要的指导意义和启迪作用。

**【关键词】** 职业选择;青年;目标

《青年在选择职业时的考虑》是1835年马克思在中学毕业考试时写的。他站在青年的角度,详细地阐述了青年在面对职业选择时应该考虑的因素。他从认真考虑选择职业是青年的首要任务、青年在没有认真考虑选择职业时出现的种种问题以及青年人应该选择具有尊严的职业、建立在正确思想上的职业、为人类福利而劳动的职业三个方面来阐述青年在选择职业时应该注意的问题。

## 一、阐述认真考虑选择职业是青年的首要任务

(一)马克思认为人的共同目标是:使人类和他自己趋于高尚

很显然,马克思深受文艺复兴时期的人文主义思想的影响,在他早期对职业的思考中已经贯穿着西方的人文主义自由观。选择一种职业,就是选择了一种生活,也就是选择了一种生活方式,而不管过什么样的生活都应该以自由为前提,人是一种自由的存在,在这种自由之下去选择职业才应该是人的共同目标。马克思谈到:人作为高智能存在的生物,区别于其他动物有人自身对实现一个目标时使用方法的选择。人通过这种选择使自己找到一个最适合自己的职业,从而使自己实现逐渐趋于高尚的目标。

---

[*] 文小凤,马克思主义学院马克思主义发展史18级,182030502004。

高尚的意思是指合乎道德的,一般可以形容道德品质高雅的人,或者指有意义、不庸俗,可以指一个人在其言行的准则和规范方面达到了很高的境界。在马克思的心中,我们要以形成高雅的道德品质为目标,努力使自己成为高尚的人,善待工作,善待他人,做有意义的事。要有别于俗人,从能力、价值观、道德素养等各方面提升自己,从而成为一个趋于高尚的人。如果要达到这个目标,那么在工作中我们首先应该做到爱岗敬业,爱岗敬业使我们在职业中获得成就感和满足感,爱岗敬业本身就是一种高尚的品质,一个爱岗敬业的人一定可以成为一个高尚的人。而且在社会中,每个人都以高尚为目标,那整个人类也将趋于高尚。

(二)马克思认为人比其他生物远为优越的地方是:人能选择,但要认真地考虑这种选择

马克思认为,人拥有去选择的权利,就应该珍惜这种机会,认真地考虑这种选择,以免让自己因为职业选择而陷入不幸,甚至影响自己的一生。人比其他生物远为优越的地方就是人能够去选择,但正是因为要去选择,所以我们更应该慎重,因为这也可能毁灭我们的一生。我们不应该拿自己最重要的事业去碰运气,对于刚毕业的青年学生来说,如果目标是选择一个实现自己人生价值的职业,那么在选择职业时就更不应该随意,要综合各方面因素去认真考虑该进行怎样的选择,充分发挥主观能动性,这也必然是青年开始走上生活道路时的首要责任。人的选择是自由的,可以认真也可以草率,可以因为自己的兴趣选择,也可以因为自己适合这个职业而去选择,但是,一旦进行了选择,那就要做好接受这个选择所带来的后果的准备。

## 二、阐述青年在没有认真考虑选择职业时会出现的种种问题

马克思在《青年在选择职业时的考虑》中阐述了如果没有认真考虑选择职业时会出现的种种问题。大致从以下四个方面来阐述。

(一)幻想在选择职业时产生的后果

马克思在文中讲到,我们在选择职业时,刚开始以为正确的那个职业,或许在不久之后就会使我们感到厌恶、乏味、缺乏动力,甚至觉得自己的人生价值无处体现,如果在选择职业时不慎重考虑,而且没有承担后果的能力,那我们便要

明白,我们内心深处真正想去从事的是什么职业,我们真正适合什么样的职业,这样我们才能在有限的生命中发挥自己最大的作用。一个人有多大的能力,就应该承担多大的义务,人尽其能,物尽其用。所以我们对于自己应该选择的职业要三思而后行,要在慎重考虑之后再做决定。我们所要选择的职业必定是要使我们不会感到厌倦、始终不会松动、始终不会情绪低落的职业,始终是使我们奋发向上、不断前进、不断提高自己的职业,始终是我们不断实现人生价值的一个职业,我们要实现的理想是使自己和人类趋于高尚。

(二) 被虚荣心和名利欲驱使选择职业时产生的后果

如果我们在选择职业时,受虚荣心和名利欲的驱使,那么我们将会被不可抗拒的欲念所迷惑。但是,能够引起对这种或那种职业突然的热情的不只是我们的虚荣心,还有我们对名利欲的向往。也许我们自己也会用幻想把这种职业美化,把它美化成人生所能提供的至高无上的东西。我们没有仔细分析它,没有衡量它的全部份量,即它让我们承担的重大责任;我们只是从远处观察它,而从远处观察是靠不住的,必须深入地去认识它。我们很可能选择一个看上去很体面的职业,这个职业会让我们感到光荣,满足我们的好奇心,但不会长久地满足自己内心深处那个真实的愿望,不能够实现我们的理想。我们会怨天尤人,也许有时候我们幻想自己选择的职业有多么好,幻想我们从事着世界上最伟大的职业,并且安慰自己这个职业能提供给我们最好的、我们所需要的东西。我们在选择职业时由于草率,没有去认真仔细分析它,没有衡量它的全部分量,没有搞清楚它让我们承担的重大责任,那这个职业注定使我们没有收获。

(三) 父母及社会关系在选择职业时的影响

"是我们的父母,他们走过了漫长的生活道路,饱尝了人世辛酸。——我们的心这样提醒我们。"[1]P459

在我们进行职业选择的时候,我们的理智并不是完全可靠的,因为我们的这种理智既不是依靠经验,也不是依靠深入的观察,而是被感情欺骗,受幻想蒙蔽。在我们丧失理智的时候,我们的目光应该投向我们的父母,因为父母在我们之前已经走过了我们即将要走的道路,他们已经尝试过,有一定的经验,父母会告诉我们该选择什么样的职业,他们会提供给我们较为客观公正的意见,或者在我们选择职业时教给我们选择适合自己职业的方法。同时,我们在社会上的关系,在我们有能力对它们起决定性影响以前就已经在某种程度上开始确立了,这个社会关系,包括我们父母的社会关系以及人际关系等。我们在选择职业的时候,往往还没有什么决定性的影响,但这时候,我们的社会关系已经开始确立了,我们的这种社会关系会受父母的社会关系的影响而在我们的职业选择中起着重要的作用。如果说,我们在冷静地分析我们所选择职业的困难之后,我们仍然想去从事它,仍然热爱它,仍然适合它,那时候我们就应该选择它,那时候我们既不会受热情的欺骗,也不会仓促从事。

(四)体质和能力在选择职业时的影响

"冒险把大厦建筑在松软的废墟上"这个比喻说明了所选职业超越体质的极限道理。

青年时候的马克思就认为,体质和能力对于我们的职业有很重要的影响,和"身体是革命的本钱"的道理一样,他已经意识到,对于工作来讲,这种选择不仅仅是精神上的一种选择,也是肉体上的一种选择。如果说,我们选择了一个自己很满意的工作而因为身体原因不能很好的胜任,那将是一种深深的遗憾,就好比把大厦建在松软的废墟上一样,这无疑是一种冒险,一种拿自己生命开玩笑的冒险。马斯诺的需要层次理论提出,实现人的价值是最高的层次需要,而处于最底层的就是物质生活的满足以及康健身体的支撑。健康的身体是基础,如果没有基础,那么,所有的"上层建筑"都是海市蜃楼。人生价值的实现是一个长期的过程,必须要有长远的眼光,这种眼光也体现在身体素质的保持上。青年时期往往忽视的健康问题,在年老时才能有所感悟,切实体会到力不从心。我们的工作可能受到我们体质的限制,有的人可能不在乎这种限制,但当我们真正的面临这种威胁的时候,似乎为时已晚。健康的身体是工作的首要条件,要想选择一个我们满意的职业并贡献自己的价值,我们必须有一个健康的身体。

**三、论证青年人应该选择具有尊严的职业、建立在正确思想上的职业、为人类福利而劳动的职业**

青年人应该选择什么样的职业呢?马克思指出:"青年人应该选择具有尊

严的职业、建立在正确思想上的职业、为人类福利而劳动的职业。"[2]P460 马克思在文中的第三部分主要来论证青年该选择什么样的职业。

（一）马克思提出选择职业时应该遵循的几个原则：有尊严、深信正确、能提供广阔场所的接近完美的境地

我们所谓的尊严就是那些能够使我们的活动和努力具有崇高品质的东西。就是实现人生价值，为国家和民族奋斗的精神；就是那种能提高自身能力，并努力改善自身及家人的生活水平的目标；就是让自己过上更好生活的能力。

"世界杂交水稻之父"袁隆平，一位耄耋老人，他把自己的一生都献给了他所热爱的事业，在2018年科学未来大奖颁奖典礼上，他说："我还有两个梦，一个是禾下乘凉梦，一个是杂交水稻覆盖全球梦，我的心愿是发展杂交水稻，造福世界人民。"现在他都88岁了，身体不好的时候，都是要坐在轮椅上被推着的，大家都劝他休息，可他还是坚持下田，即使是炎热的夏天，还是带着防中暑的药下田。那么袁老的职业在我们的眼里就是马克思所描述的那种职业，他在自己所在的领域里独立地进行创造。而且，他怀着崇高的自豪感去从事它，在袁老的心中，他对他的事业是充满激情的，无论年龄多大，无论有多少困难，他都愿意为他所选择的职业去牺牲、去奋斗、去克服一切困难，而且只在这一个方向上坚持自己的目标，并不断为之奋斗！

（二）马克思提出了一种最为高尚的职业——从事抽象真理的研究

马克思说："我们要从事抽象真理研究的职业，这种职业对于那种还没有树立坚定的原则和牢固的信念的青年来说是最危险的，这些职业能够使适合的人幸福，但也必定使那些不经考虑、凭一时冲动就仓促从事的人毁灭。"[3]P460

我们要慎重地选择一个最适合自己的职业，这个职业会让我们内心真正地去重视，去考虑它的社会价值，从而制定实现它的途径与方法。如果它是崇高而伟大的，那么我们会尽全力去做到最好，从而在行业内以及专业领域占据一席之地。马克思认为最高尚的职业就是从事抽象真理研究的职业，这种职业要求我们树立坚定的原则和牢固的信念，要求我们真正地因为适合而去选择，这样才会使我们幸福，如果没有经过认真考虑而凭一时冲动就仓促从事的职业必定是无法带给我们幸福感和获得感的。

### （三）选择职业时应该遵循的主要指针——人类的幸福和我们自身的完善

《孟子》中有一句话"穷则独善其身,达则兼济天下",我们不否认个体之间的差异,有的人注定是国家栋梁之材,而有的人注定一生平凡,但是每个人都应该在自己的能力范围之内发挥自己的作用。如果说我们的能力是有限的,那我们在刚开始选择职业时,就应该以我们自身的完善为主要目的,而能力强的人,或者说有远大抱负的人则应该以为人类谋求幸福为目的,以全人类的自由而全面的发展为追求,去选择自己的职业。李白说"天生我才必有用",我们每个人都不应该妄自菲薄,不管什么样的身份,处于什么样的地位,我们都应该在自己的能力范围之内发出自己的光和热。总体来说,选择职业时应该遵循的主要方针就是人类的幸福和我们自身的完善,就是实现共产主义理想和每个人自由而全面的发展。

### （四）马克思的理想职业——为人类的幸福而劳动

这是中学时马克思就有的觉悟和伟大抱负。马克思向往那种为人类幸福而劳动的职业,所以他一生都在为共产主义事业而奋斗,他过着清贫的生活,却有着伟大的职业理想。他在十七岁时,就向社会发出关于职业理想的激情宣告——他向往的职业是为人类幸福而劳动的职业。他创立的广为人知的历史唯物主义哲学思想,以及他一生中的著作,都为全人类的解放带来了极大的贡献。他最大的愿望是对于个人的自由而全面的发展,在我看来,他的远大抱负得到了实现,他为我们揭示了资本主义必然灭亡、共产主义必然胜利的理论渊源,虽然不是现在,但是终有一天,他的共产主义理想会得到实现。

**注释:**

[1]马克思恩格斯全集:第40卷[M].北京:人民出版社,1982.

[2]许庆朴.《马克思主义原著选读》[M].北京:高等教育出版社,1999.

[3]中共中央宣传部.习近平总书记系列重要讲话读本[M].北京:人民出版社,2016.

（指导教师:景君学）

# 重温《共产党宣言》，坚定理论自信

吴　萍[*]

**【摘　要】**《共产党宣言》是全世界共产党人的第一个共同的最高纲领，凸显出了共产主义者为全人类彻底解放而奋斗的初心。中国共产党是《共产党宣言》的忠实信仰者、传播者与实践者，在步入21世纪知识经济时代后如何坚定理论自信、不忘初心，成为摆在我党面前的一个重要问题。本文从重温《共产党宣言》的历史价值和当代意义着手，总结《共产党宣言》到中国特色社会主义建设的嬗变以及如何基于中国特色社会主义发展来坚定理论自信，以昭示共产党人不忘初心的坚定信念。

**【关键词】**《共产党宣言》；中国共产党；理论自信；不忘初心

当前我国已经步入社会主义发展的新阶段，习总书记在多次讲话中强调共产党人要"不忘初心""不辱使命""不负重托"，不忘初心是激励我国不断前进的根本动力，其起点就是《共产党宣言》所指明的共产主义理想；"不辱使命""不负重托"则是"中华民族伟大复兴""人民的美好生活""从严治党"的交织[1]P61-66。今天，全国各族人民正在中国共产党的带领下决胜全面建成小康社会、奋力夺取新时代中国特色社会主义的伟大胜利。此目标在方向上与《共产党宣言》所指明的人类社会发展最终目标相一致，同时，也是实现最终目标的前提与基础。所以，当下既要坚定崇高的理想和强力的自信心，又要充分认识到实现终极目标的渐进性和阶段性，通过重温《共产党宣言》坚定理论自信，进一步巩固和强化共产党人不忘初心所必须具有的思想品质和理论储备。

## 一、重温《共产党宣言》

### （一）《共产党宣言》的历史价值

《共产党宣言》既是全世界无产阶级政党的执政纲领，又是马克思主义的集

---

[*] 吴萍，马克思主义学院马克思主义发展史17级1班，172030502001。

中体现,是马克思主义形成的重要标志,其宗旨为社会发展以及共产党人的奋斗指明了前行方向,蕴藏着重要的历史价值,具体体现在以下两方面:其一,提出了"两个必然"的论断。《共产党宣言》将辩证唯物主义与历史唯物主义有机结合,在总结人类历史发展规律的基础上得出了资本主义必然灭亡、社会主义必然胜利的论断。资本主义社会是一种纯粹的商业社会,任何行为都是基于利益出发,通过盘剥劳动者来获取最大的剩余价值,长此以往,势必会加重两极分化情形,激化二者之间的矛盾。其二,成为革命实践的重要思想武器。《共产党宣言》是在流血中诞生的思想武器,除了各种错误思潮的冲击和影响外,亦受到了资本主义社会的诋毁,使得革命实践走了诸多弯路。在斗争经验日益丰富之下,《共产党宣言》的诞生可以说是一种历史的必然,不仅为革命实践指明了前行的方向,还使得无产阶级所具有的力量真正得到了强化,只有革命实践才是无产阶级唯一的出路,"十月革命"的爆发以及苏维埃政权的建立进一步证实了此点。可以说,《共产党宣言》将全世界带入了一个全新的发展阶段。

(二)《共产党宣言》的当代意义

《共产党宣言》是马克思主义最具里程碑式的著作,也是全世界无产阶级最富战斗力的革命宣言。尽管该著作自诞生至今已经有 170 多年时间,但是时至今日仍然对当代有着重要意义,具体体现在以下几方面:其一,《共产党宣言》是引领共产党人永葆初心、砥砺前行的灯塔。在时代快速发展的今天,一些共产党人存在信仰和精神迷失的情形,归根到底是理论信仰不坚定,精神世界坍塌、世界观出现问题所致。而要想坚定理论自信,就必须深入挖掘《共产党宣言》的理论精髓,重温理论内容,重回原点、重回原著、重回原理对自身革命初心、党员本色、理论信念进行校验,继而通过不断学习来改正自身存在的问题,做一名真正永葆本色的共产党人。其二,《共产党宣言》是全新时代、全新世界格局中实现中华民族伟大复兴的科学指南。步入 21 世纪互联网时代后社会主义建设面临着更为严峻的形势,不良思潮不断侵蚀着共产党人的精神防线,而世界格局则是美国提出的中美"2G"与"新型大国关系"的对抗,如何把握国际关系、为中华民族的伟大复兴创造一个良好的国际环境是困扰共产党人的棘手问题。《共产党宣言》的世界观和方法论时至今日仍然是分析全球发展趋势的重要手段,重温

《共产党宣言》,是我党披荆斩棘、在日益激烈的世界格局中赢得战略主动的利器。

## 二、《共产党宣言》到中国特色社会主义建设的嬗变

(一)社会主义初级阶段的历史现状

《共产党宣言》是一部能够引领全世界无产阶级革命工作的纲领性文件,但是由于每个国家的革命工作存在着明显的差异性,所以共产党人在学习理论思想时必须与时俱进,结合我国实际情况研析和继承其主旨思想。改革开放初期我国社会经济发展水平低,市场经济尚未确立,使得提高生产力、改善人民百姓生活水平、完善社会主义生产关系以及上层建筑、实现现代化成为摆在共产党面前的首要问题。《共产党宣言》虽然是一柄革命实践的利器,但是生产力的提高以及市场经济的发展却是无法逾越其客观发展规律的,所以必须用更长的时间去实现资本主义条件下国民经济的工业化、经济的市场化、社会化、现代化。在此阶段《共产党宣言》的嬗变表现于历史唯物主义的当代应用,指出每一个时代的发展所形成的经济体制以及社会结构,为政治和精神的重要基础,二者互相影响而又互相制约,所以要想推进社会经济的发展,就必须从政治和精神方面做出改变;反之政治和精神的调整亦凸显出了社会经济的进步。十一届三中全会后形成的政治体制格局、"邓小平理论""改革开放政策"就是《共产党宣言》在我国社会主义初级阶段嬗变的具体表现。

(二)基于中国国情的特色社会主义发展

中国特色社会主义是在中国共产党的坚强领导下立足最基本的国情,围绕以经济建设为中心,坚持四项基本原则、改革开放、解放和发展生产力不动摇,全面建设社会主义市场经济、民主政治、先进文化、和谐社会、生态文明以逐步带动全体人民实现共同富裕、建设民主和谐文明的社会主义现代化国家。从发展方向上我国现阶段发展方向与《共产党宣言》相一致,但是不同的是目前符合我国国情的特色社会主义建设面临的世界形势越发严峻,既有大国间的博弈,又有社会建设的人治化导致共产党的执政能力严重下降。为了避免特色社会主义建设中存在的人治化问题,就必须进一步完善社会主义理论体系建设,并将其内容普

及给全国各族人民,促使后者于内心深处认同。《共产党宣言》提出的两个"彻底决裂"是对束缚人思想的封建文化的摒弃,但是却并非彻底割裂传统文化。我国是一个拥有着五千年历史的文明古国,传统文化源远流长,时至今日仍然对社会经济产生深远影响。构建符合中国国情的特色社会主义,弘扬传统文化与《共产党宣言》维护自身意识形态安全并不矛盾,而是一种深刻领悟与创新。

(三)《共产党宣言》基本理论的坚守

在步入新时代后为什么要重温《共产党宣言》?原因在于该著作并不仅仅是马克思主义的纲领性文件,更因其具有在思想光芒不断延伸之下焕发出来的时代意义和现实价值。今年是十九大的开局之年,也是决胜全面建成中国特色社会主义社会的关键阶段,重温《共产党宣言》,坚守基本理论对于推动我党建设、社会经济发展无疑具有重要的时代意义。我国已经迈入了社会主义建设新时代,要想实现中华民族的伟大复兴就必须进行伟大的斗争、建设伟大的工程、推进伟大的事业,在此过程中也必然会面临着重大的挑战与风险、克服重大的阻力、解决重大的矛盾,所以需要我党充分认识到建设中国特色社会主义伟大斗争的长期性、复杂性及艰巨性。所有工作的关键在于党员必须始终保持马克思主义执政党的先进性和纯洁性,在于是否能够真正站在人民的立场去引领各族人民共同奋斗。党的政治建设是执政党始终面临的问题,要想保证思想上的纯洁性,就必须认真学习《共产党宣言》,领悟马克思主义关于执政党建设是一个永恒主题的真髓,是长期执政下党的一项根本性建设,从而保证一个正确的执政方向和政治理念,才能够真正做到坚守《共产党宣言》基本理论不动摇。

(四)《共产党宣言》与中国国情的有机结合

我国是全世界范围内为数不多的真正做到在《共产党宣言》引领下高速发展的国家,尽管在实践过程中经历了诸多的挫折与磨难,但是我党并未拘泥于理论的束缚,在以共产主义为最终目标的引领下建设中国特色社会主义,是对既往理论的推陈出新,给解放和发展生产力提供了强有力的理论支撑。特别是当下我国在数字化创新浪潮下正在迈上由高速增长向高质量转变的发展阶段,这一系列成果均与《共产党宣言》密不可分。可以说,《共产党宣言》是迄今为止涵盖了劳动价值、剩余价值、经济危机、社会效应及全球效应等内容最全面的著作,经

济危机的爆发亦证明了《共产党宣言》所具有的前瞻性[2]P100-102。我国目前正在被个人主义、竞争主义、消费主义等西方生活理念包围与冲击,以习近平同志为核心的党中央正是通过研读《共产党宣言》并结合中国国情,一方面致力于解决社会凸显的矛盾问题,另一方面则坚定维护《共产党宣言》思想的权威性,在实践中注入了全新的生机活力,使得后者在21世纪依然迸发出了蓬勃的生命力,给世界其他既希望能够快速发展又希望保持自身独立性的国家和民族提供了全新的选择。

### 三、基于中国特色社会主义的发展,坚定理论自信

(一)中国特色社会主义发展的形势

习近平总书记提出的构建中国特色的社会主义社会内容包括坚持党的领导、人民当家做主、依法治国三者有机统一,全面建设社会主义法治国家,构建完善的国家治理体系以及推进治理能力的现代化、巩固及发展最广泛的爱国统一战线、保证人民享有更加充分和真实的民主权利。回首总书记执政历程可以发现,中国特色社会主义内容绝大部分已经基本实现,社会更加安定、百姓更加富足。但是,执政党建设问题越发凸显并逐渐引起了社会各界的重视。《共产党宣言》强调要建立一支信仰坚定、纪律严明的无产阶级政党以引领革命工作的前行。在互联网时代到来后执政党建设成为一个核心问题,尤其是当下部分共产党人迷失在物欲横流的世界中,使得党员本色褪色、变质。所以我党要对中国特色社会主义发展形势有着清醒的认知,必须进一步推进执政党的建设,认真学习《共产党宣言》关于执政党的基础理论并牢固树立用《共产党宣言》指导执政党建设必将取得成功的信念,才能够在实践中予以不断完善,做到永葆党员本色、不忘初心。

(二)中国特色社会主义发展的未来

今年是十九大的开局之年,也是决胜全面建成小康社会的关键年,习近平总书记用个人魅力以及实际行动为全国各族人民指明了奋斗与前行的方向。而接下来,则是全党进一步坚定革命信念,通过重温《共产党宣言》的方式更加合理地运用辩证唯物主义与历史唯物主义的观点看待社会发展,在牢固树立共产主

义远大理想下培育以及践行社会主义核心价值观,在意识形态领域强化主导权以及话语权,用辩证发展的思维将中华民族优秀的传统文化予以创造性地转化、创新性地发展,借以推动全社会的现代化,既不忘记根本,又能够更好地面向未来,构筑中国精神、中国价值、中国力量。可以说中国共产党在今后一个时期的奋斗目标就是推动中华民族由"站起来"到"富起来"再到"强起来",前两个已经实现,而第三个目标则有待于今后的砥砺前行。

（三）中国化的马克思主义

《共产党宣言》是马克思主义的经典著作,优势集中体现,自1842年出版以来就被全世界的无产阶级奉为革命斗争的纲领性文件,通过《共产党宣言》的唯物史观对社会历史发展规律进行观察,从而构建出一个与资本主义社会截然不同的社会。然而,不同的决定对《共产党宣言》的解读必然有着不同的侧重点,最早对马克思主义以及《共产党宣言》进行中国化的先驱为上海共产主义小组,在1920年11月拟定的《中国共产党宣言》既继承了原有纲领的主要内容,又在结合我国实际基础上做出了创新,使之更加符合我国国情。十九大之后以习近平同志为核心的领导集体更是用实际行动践行了《共产党宣言》基本理论并做到了坚持人民立场始终如一、坚持历史唯物主义的基本原理始终如一、坚持唯物辩证法始终如一、坚持共产党人的使命始终如一、坚持《共产党宣言》所持有的科学态度始终如一,促使《共产党宣言》与中国国情更加紧密地结合在一起,在坚持中发展,在发展中坚持[3]P5-9,14。

**四、结语**

《共产党宣言》时至今日仍然为全世界无产阶级执政党革命实践的纲领性文件,历经170年的发展依然葆有蓬勃的生命力,在执政党建设、解放和提高生产力等方面仍然发挥着重要的指导作用,其所蕴藏的历史价值与当代意义依然是学术界研究的热门议题。重温《共产党宣言》以牢固树立正确的执政观念和政治理念,坚定理论自信对于清醒地认清中国特色社会主义发展的形势并更好地应对未来的挑战具有重要意义,运用中国化的马克思主义更是今后执政党前行的重要理论基础。

注释：

[1]宁德业.《共产党宣言》的文化思想及其当代价值[J].当代世界与社会主义,2018(01).

[2]苗丽惠.《共产党宣言》的基本精神与共产党人理想信念[J].黑河学刊,2018(01).

[3]任晓伟.《共产党宣言》与新时代中国特色社会主义[J].福州大学学报：哲学社会科学版,2018,32(1).

（指导教师：戴春勤）

# 习近平生态文明思想初探

杨 娟*

**【摘 要】** 面对国际国内日益严重的生态环境问题,习近平在马克思主义和中国共产党历代领导人的生态观的启示下,提出了生态文明思想,其主要内容是:生态文化观、生态经济观、生态制度观、生态安全观。习近平生态文明思想对于我国决胜全面建成小康社会和中华民族永续发展具有重要意义。

**【关键词】** 习近平;生态文明;生态文化观;生态经济观;生态制度观;生态安全观

当今世界经济的飞速发展在不断提高人们物质生活水平的同时,也带来了一系列严重的生态环境问题,为此,各国都在积极寻求生态治理的有效途径。习近平立足国际国内的生态问题,在继承吸收马克思和中国共产党历代领导人的集体智慧上不断发展创新,提出了包括生态文化观、生态经济观、生态制度观、生态安全观为主要内容的生态文明思想,是对人与自然关系以及经济发展与生态保护关系的正确认识。

## 一、习近平生态文明思想产生的时代背景

习近平生态文明思想有其成长的现实土壤,习近平对经济全球化背景下国际和国内的生态环境问题做出理性分析,其生态文明思想是对现实生活实践的科学认识成果。

### (一)习近平生态文明思想产生的国际背景

习近平生态文明思想的产生有其复杂的国际背景。工业革命以来,人类社会在各个领域飞速发展。但是,在人类改造自然的过程中由于不尊重客观规律,所带来的直接负面效应是资源的过快消耗和环境的严重破坏。马克思

---

\* 杨娟,马克思主义学院马克思主义基本原理18级,182030502001。

曾对产业革命后的水污染情况痛心疾首地做出评价,认为工厂为了生产将原本纯洁的水资源变成臭气熏天的污水破坏了城市原本的生态环境,人们生活的环境状况因此变得极为恶劣,水资源的污染、工厂排出的废气所造成的大气污染等直接影响到人类的生存。人类对自然的无限索取以及无节制的破坏,最终会被自然报复,各种环境问题诸如全球变暖、雾霾、海洋污染、水污染、荒漠化等向我们袭来,降低我们的生存水平、影响社会经济发展。最著名的日本水俣病就是环境的严重破坏对人类生存状况的威胁所造成的后果。除此之外,中国的癌症村也给人们敲响了警钟,生态环境的持续恶劣将会使人类社会形成难以为继的严重局面。2018 年的人类发展报告中指出,环境持续不断恶化使得人类的生存面临风险。面对生态环境的破坏,各个国家都不该放任自流,习近平正是在这样的国际背景下提出生态文明思想,以保证自然和社会的可持续发展。

(二)习近平生态文明思想产生的国内背景

习近平生态文明思想是立足于我国自然环境现状、为解决我国长期以来存在的环境问题而提出的。我国在经济发展过程中由于多方面的原因导致了我国生态环境的破坏。首先,我国幅员辽阔,自然资源丰富。但是由于我国的人口基数过大,加上长期以来只注重 GDP 增速而忽视生态环境保护的粗放型经济发展方式,导致自然资源消耗过快,人口压力对环境的破坏力度也比较大。除此之外,与先进国家相比,我国在科学技术方面的不完善也致使我国对资源的利用率不够高,对自然资源的浪费严重。再者,人们生态保护意识的薄弱以及相关法律法规的不完善使得废气污水排放量过大,个人或企业常常为了私利触碰底线和"红线",直接或间接地破坏了生态环境和人们的身体健康。大气污染、水环境污染、土地沙化、生物多样性破坏问题等是我国最主要的环境问题。在我国,近些年来雾霾问题尤为严重,各大城市常年浓霾消散不去已经严重影响了经济的发展和人们的生活环境、威胁到人们的生存状况,我国的环境污染所带来的恶果终究还是由人们自己承担。所以,为了民生大计,为了经济的可持续发展,转变经济发展模式势在必行。正是为了解决我国的生态环境问题、促进经济和自然的可持续发展,习近平生态文明思想应运而生。

## 二、习近平生态文明思想的理论缘起

习近平生态文明思想并不是无本之木、无源之水,而是在吸收继承马克思生态思想以及中国共产党历代领导人的生态观的基础上发展创新的,有着深厚的思想和理论基础。

### (一)马克思、恩格斯生态观是习近平生态文明思想的理论基础

马克思、恩格斯虽没有直接提出"生态思想"的概念,但其有关保护生态环境的重要论述深刻体现了其生态发展理念。马克思、恩格斯强调人与自然关系的辩证统一,打破了旧唯物主义者割裂人与自然关系的理论。与"人类中心主义"或"非人类中心主义"的说法不同,马克思、恩格斯认为人与自然是和谐共生的,主要体现在:第一,人类是自然的创造物。马克思说:"那些现实的、有形体的、站在稳固的地球上呼吸的一切自然力的人,本来就是自然界。"[1]P167 恩格斯也认为人类作为肉体存在物是来源于大自然、存在于大自然中的。人从自然中来,自然界孕育了人类的肉体,没有自然作为物质依托,人类或人类社会不可能存在。第二,为了生存发展的需要,人类必须认识并改造自然界。马克思、恩格斯论述过人类的生存发展是以与自然界的能量交换为前提的,作为主观见之于客观的活动,实践活动是联结人与自然的纽带。再者,当人类不再停留于仅仅以满足生存需要的社会发展阶段中时,更高层次地去认识和改造世界是极为重要,马克思对此指出,工人利用大自然提供的自然资源生产产品,如果没有大自然,这一切都无法实现,更谈不上社会的进步。恩格斯也认为:"使自然界为自己的目的来服务,来支配自然界。"[2]P518 人类与自然界的相互依存的关系推进社会的不断进步和发展。第三,生态观与人本主义的融合。实践是"现实自然"存在的根本原因,也是"人之为人"的唯一证明方式。正如马克思所说,"自然界的人的本质只有对社会的人来说才是存在的……因此,社会是人同自然界的完成了的本质的统一,是自然界的真正复活,是人的实现了的自然主义和自然界的实现了的人道主义"[3]P83。人的本质是自然性和人本主义的结合。根据马克思、恩格斯的观点,人类在改造自然界时在自然界打上了"人类的烙印",只有被人类认识以及可以被人类认识的自然界,才是"现实的自然界"。习近平总书记的生态文

明思想正是立足于马克思主义生态观上的一次发展和创新,丰富了马克思主义生态观的内涵,赋予马克思主义生态观以鲜明的时代特色。

(二)中国共产党历代领导人的生态文明思想是习近平生态文明思想的直接理论来源

新中国成立后,以毛泽东为领导核心的中国共产党面对战后所遗留的资源环境问题、人口问题、水利问题等都进行了详尽的理论阐述和实践。毛泽东倡导在遵循客观规律的条件下认识和改造自然,"主张人类发挥主观能动性,不断提高认识和利用自然的水平,利用日益强大的科学力量了解自然,驾驭自然,改造自然,发展生产。"[4]P19-24毛泽东同志告诫我们,在发挥主观能动性改造自然时,应坚持尊重自然的客观规律的原则,依据客观规律办事,否则大自然将会报复我们,我们的生产实践也会受到阻碍。邓小平的统筹发展和重复利用理念在当时非常富有远见,他从马克思在《资本论》中提出的工业废料的转化利用得到启示,指出工业建设应抛弃掉传统牺牲环境的发展方式,走循环利用资源的生态道路,体现了邓小平统筹兼顾的发展观。江泽民同志重视宣传保护环境的工作,他认识到增强国民集体的生态发展意识对于生态文明建设的重要性。江泽民同志说:"加强环境保护的宣传教育,增强干部和群众自觉保护生态环境的意识。"[5]P533强调利用新闻、网络等传播媒体对大众进行环境、资源等方面的法制教育,使公众充分了解污染环境的危害,从而增强其保护环境的意识。胡锦涛同志提出要转变以过大消耗资源、破坏环境的粗放型生产方式。"彻底转变粗放型的经济增长方式,使经济增长建立在提高人口素质、高效利用资源、减少环境污染、注重质量效益的基础上。"[6]P816我国经济的飞速发展使得人与自然关系的对立日益严重。胡锦涛同志立足现实困境,倡导节约型经济,注重转变经济发展模式。习近平总书记的生态文明思想正是在历代中国共产党领导人的集体智慧上不断继承和丰富的结晶,同时,立足社会现状提出符合时代发展的生态文明建设思想,创新地发展了历代领导人的生态观。

(三)中国传统生态文化理念是习近平生态文明思想产生的历史来源

中国传统文化中人与自然和谐共存的文化理念是习近平生态文明思想产生的理论沃土。最早由孔子提出的"天人相应"学说主张人与大自然交融相合、物我共存的和谐发展理念,在儒家看来,"仁"作为人的一切品德之首,应将这种德行机制推及到天地万物之间,董仲舒曾说"天地人万物之本也……不可一无也"。表明人对除了人以外的万物都报以仁爱之心,才算是为"仁"的最终实现。《周易》中提到"有天地,然后万物生焉"强调包括人在内的万物都是从天地而来,人是与大自然同脉相连、同气连枝的物质实体,告诉我们人与大自然必须要和谐相处才能得长远之道。另外,中国古代先哲的智慧告诉我们,人与自然同源共生,人从大自然获取生存资料以寻求人类自身的发展是顺应天时的行为,但须得注意"取用有节",例如:孔子曾说的"钓而不纲,弋不射宿"。孟子也说"不违农时""斧斤以时入山林"。都在强调人类在对大自然进行开发利用时要充分尊重大自然的规律,只要人类按照大自然的时令进行耕种收割、顺应天地的运行节奏去开发,则人与自然自会和谐相处,否则,人类定会受到大自然的惩罚。除此之外,中国古代圣贤关于生态伦理观的论述中深切阐释了"敬畏生命"对于人与自然和谐共生的重要性,儒家最重要的思想"仁民爱物"体现了其对于世间万物一视同仁的伦理关怀,老子说"衣养万物而不为主"意即告诫人们要善待万事万物,不可以主人的姿态主宰自然界。中国传统的生态文化观历时久远而生生不息,对于我国当前生态治理和环境保护具有丰富的理论指导意义。

除此以外,西方生态中心主义也为习近平生态文明思想提供了一定的理论支持。与工业文明以来的"人类中心主义"相反,"生态中心主义"虽然比较片面地强调人类的一切行为必须完全以生态至上的态度来进行,完全否定以经济增长为目的的工业生产行为的发生,但是,其以保护生态环境为主要行为准则的中心思想确实值得我们借鉴与学习。

**三、习近平生态文明思想的主要内容**

自党的十八大以来,习近平在各种场合多次论及生态文明建设的相关思路和方法要求,为美丽中国的建设提供了一系列清晰的理论指导。作为一种系统化的思想体系,习近平生态文明思想主要包括以下四个方面的内容:

**(一)生态文化观:人与自然和谐共生**

生态文化观是习近平生态文明建设的思想保证、精神动力和智力支持。生

态文化观作为一种文化价值观,体现的是人与自然和谐相处的思想,其对于实现人与自然的共存共荣具有重要的引领意义。习近平说道,"人与自然是生命共同体,人类必须尊重自然、顺应自然、保护自然。"[7]P243人与自然界是辩证统一的,绝对不能够割裂二者之间的关系。自然界是人类存在和发展的基础,没有自然界就没有人类,人类通过实践认识和改造自然必须是在符合客观规律的基础上进行。恩格斯说过,若是人类盲目地凌驾于自然界之上,对自然界只有索取没有付出,自然界最终会对人类进行报复。新时代以来主要矛盾的变化,使得老百姓对于生活环境的要求随之也越来越高,生态环境问题日益变成民生问题。生态文化观是对生态环境所体现的人文关怀的整体阐述,尊重自然、保护自然的最终目的也是为了人类自身的生存与发展。生态文化观作为一种行为准则,所体现的"以人为本"的原则强调了先进文化的聚集、润滑、整合等作用。另外,促进生态美学由自然领域走向社会领域有利于生态环境的提升,优美的自然环境本身就具有生态功能,人们对优美环境的向往有利于其环保意识的增强,对于生态环境的防治和养护具有润物细无声的效果,从生态审美的角度来看,优美环境的复归也是人文关怀的体现。生态文化观作为一种被广泛认同的价值理念,体现了我们党对于人与自然关系的深刻理解,彰显了我们党在生态文明领域的高度生态自觉。

(二)生态经济观:良好的生态环境本身就是生产力

有的人认为发展经济与保护环境不可能同时进行,发展经济就不可避免地要破坏环境,而保护环境又会使经济发展速度降低。习近平运用辩证唯物主义的方法解答了这个问题。生态经济作为生态文明建设的物质基础,在生态文明建设中占据着重要地位。习近平指出,在实践过程中要完全抛弃掉经济建设与生态环境保护相对立的观点,应该坚持"保护生态环境就是保护生产力,改善生态环境就是发展生产力"[8]P234的思想,生态环境作为人类生存和发展的依托,为人类的生产发展提供着不可取代的物质产品,破坏生态环境就意味着瓦解人类现有的生产力。过去粗放型经济高投入低产出的生产方式,以及以"GDP锦标赛"的姿态来追求经济发展的老路,对自然环境的破坏让人类尝到自创的恶果,"自然资源是经济发展的物质前提,经济的发展决不能破坏和牺牲自然生态条件。"[9]P29-33 实践经验表明,"先破坏后治理"的发展方式,终将走不通。经济飞速发展的几百年来,许多自然资源渐渐枯竭,习近平认识到我们不能竭泽而渔,倡导大力发展科学技术,以提高资源利用率,在此基础上发展生态产业经济用于指导一系列污染防治工作、乡村绿色发展等,在发展经济的同时保护生态环境。习近平认为,要坚持在发展中保护,在保护中发展,做到循环利用、绿色发展。习近平生态经济观是实现可持续发展的内在要求,是生态文明建设的重中之重。

(三)生态制度观:实行严格的制度和严密的法治

习近平指出:"只有实行最严格的制度、最严密的法治,才能为生态文明建设提供可靠保障。"[8]P240 作为制度安排下的结果,主体的社会行为往往反映了制度的严格与否,要使生态环境治理高效运作,就要制定严密的制度,让制度成为不可触碰的高压线。制度所具有的强制性特点,决定了生态制度是生态文明建设的保障。生态制度内涵丰富,主要包括以下方面:细化自然资源所有权制度,明确规定资源公有,区分资源监管权和所有权;完善自然资源使用状况的管理制度,对不同资源的用途需做细致划分;完善排污许可证制度,依照规定给企业发放许可证,强化监管和处罚;健全排污总量控制制度,以生态环境改善为目标,推进排污总量控制;完善区域联防联动机制,以协调发展和合作共赢为行动理念,各地区在污染物输送以及大气污染防治等方面实行合作联动机制;建立环保督察制度,重点督察主体责任情况。另外,针对某些地区由于个别领导干部的不负责导致的生态环境问题,应首先完善目标责任审查制度。作为生态文明建设的动力,目标责任审查制度是环境污染问题能否治理好的重要指标。要彻底转变领导干部以及相关责任人的生产发展方式和绩效观,转变他们长期以来以 GDP 论英雄的价值观,对于不负责任并由于其不负责任的态度导致严重环境问题的责任人,不论其是在职还是已经离开工作岗位,都要依据制度规定严肃追责。诚如习近平总书记所说,在关于生态环境的问题上,万不可越雷池一步。

(四)生态安全观:筑牢生态安全格局

生态安全是生态文明建设的自然基础,同时也是国家安全体系的生态屏障。习近平指出,要以生态环境的良性循环建设和风险防控为主要的生态安全要求。在此基础上,首先,要保证生态环境的良好发展,就要加大对于生态环境保护的

投资力度,对于森林、草地、湖泊、山地、田地等实行系统保护和治理。其次,要妥善处理好生态相关的重大问题,对于资源总量的评估,生物多样性锐减,人口爆炸导致的生态承载力不足的问题,要有能够及时应对的举措和方案,实行问责机制,将责任落实到个人,促使领导干部重视问题、解决问题。最后,要极力避免其他国家因为自身利益而对我国进行的生态破坏活动,例如:外来物种入侵、"洋垃圾"的入境等。要把生态安全观提高到国家安全观的高度,就要从根本上杜绝可能危害到国家生态安全的事件,加大生态安全评估力度,运用网络和数据分析及时发现生态安全中存在的问题并提出解决方案,除了发现并解决已有问题,预测未来生态安全的工作同样不可忽视,这是预警机制的核心要义,以便灵活调整防治治理方案,处于主动地位。

## 四、小结

习近平在继承发展马克思和中国共产党历代领导人的集体智慧的基础上直面当下国际国内存在的生态环境问题,提出了丰富而全面的生态文明思想,对于缓解我国经济发展与生态环境保护"两张皮"的问题以及人与自然的关系问题提供了重要的思想理论指导,在我国全面建成小康社会和社会主义现代化的进程中起到了不容忽视的重要作用。同时,习近平的生态文明思想对于世界各国的生态建设具有重要的理论支持意义,为全球生态治理提供了中国智慧和中国方案。

**注释:**

[1]马克思恩格斯选集:第42卷[M].北京:人民出版社,1979.

[2]马克思恩格斯选集:第20卷[M].北京:人民出版社,1971.

[3]马克思.1844年经济学哲学手稿[M].北京:人民出版社,2000.

[4]刘海霞.毛泽东生态思想及其时代价值[J].毛泽东思想研究,2015,32(03).

[5]江泽民文选:第1卷[M].北京:人民出版社,2006.

[6]中共中央文献研究室.十六大以来重要文献选编:中[M].北京:中央文

献出版社,2006.

[7]中共中央宣传部.习近平新时代中国特色社会主义思想三十讲[M].北京:学习出版社,2018.

[8]中共中央宣传部.习近平系列重要讲话读本[M].北京:学习出版社,人民出版社,2014.

[9]刘海霞,王宗礼.习近平生态思想探析[J].贵州社会科学,2015(03).

（指导教师:刘海霞）

# 《共产党宣言》中人的解放思想及其当代价值

杨亚丽[*]

**【摘　要】**《共产党宣言》中人的解放思想的产生和发展是一个长期的历史过程。它的产生有着一定的历史条件,其中,蕴含着在政治上获得统治地位、建立一个自由人的联合体、实现人的自由而全面的发展、消除精神层面上产生的旧思想的丰富内容,进而研究人的解放思想的实现途径对于我们坚定理想信念、加强对外开放、贯彻以人为本的发展理念具有重要的价值。

**【关键词】**共产党宣言;人的解放;当代价值

恩格斯曾经说过,马克思是一位革命家。致力于无产阶级的解放事业是他毕生的使命,然而,无产阶级与人的解放从根本上是一致的,因为无产阶级只有解放全人类才能最终解放自己。所以我们说马克思人的解放思想实际上是《宣言》的核心要义。

## 一、《宣言》中人的解放思想产生的历史背景

"一切划时代的体系的真正内容都是由于产生这些体系的那个时期的需要而形成起来的。"[1]P204所有的体系都有着一定的现实基础,《宣言》的发表,是马克思、恩格斯对他们所生活的社会历史时期的精确掌握,从侧面反映了实现革命运动的需要。

（一）资本主义时代的到来

在14、15世纪,随着欧洲各个领域迅速地发展,世界开始逐渐向一个整体靠

---

[*] 杨亚丽,马克思主义学院马克思主义基本原理18级,182030501005。

拢,欧洲大陆各地区资本主义的生产关系逐步确立。到 17 世纪时,在英国率先发动了资产阶级革命,并逐步建立起资本主义制度。18 世纪中后期,工业革命取得明显发展,以机器为生产工具的大工业逐步实现了直接获得资本的物质来源,资本想要获得原始的积累就必须利用一切资源将生产资料进行转化。

在《宣言》中肯定了资本主义在人类发展历程中所起的积极影响。但随着社会各要素不断集中,社会日益划分成资产阶级和无产阶级,资产阶级为了获取更多的资本,采取各种手段压榨工人来获取更大的剩余价值,使得工人阶级和资产阶级的矛盾日趋尖锐,资本财富的急剧集中,产生了商业危机。经过马克思的仔细观察,他发现资产阶级在表面上虽然建立起看似完美的资本主义社会,但资本主义制度不能解决自身存在的基本矛盾,资本主义在发展的同时面临着各种危机,所以,无产阶级最终取得胜利成为一种符合时代发展进步的潮流趋势。

(二)无产阶级登上历史舞台

无产阶级登上历史舞台经历了不同的历史发展阶段,但从始至终都同资产阶级相对立。在社会主义革命中,无产阶级自己联合起来在与资产阶级斗争的基础上登上历史舞台有着深刻的历史背景。在资产阶级革命中,资产阶级想尽一切办法压榨无产者的剩余劳动价值,使得无产者愈加贫困潦倒,因此,无产者意识到必须推翻资产阶级的统治才能获取自身解放,从而实现对美好生活的憧憬。

"最初是单个的工人,然后是某一工厂的工人,然后是某一地方的某一劳动部口的工人,同直接剥削他们的单个资产者作斗争。"[1]P408 工人在整个阶级革命斗争的过程中,扮演着的主心骨的角色,例如:在工业革命之后,由于机器的使用,资本家为攫取更多的资本,通过雇佣进行大肆的生产性活动;随着交通运输业的发展,工人阶级逐渐扩大起来;劳动工人为了改善自己所处的生活状态,通过三起工人运动充分显示了工人阶级的团结之势。

**二、《宣言》中人的解放思想的内涵**

《宣言》并没有对人的解放思想给出一个完整的含义,对该概念的理解主要

是在对资本主义各种弊端的揭露和批判的过程中,对它的内涵进行解读和探究。

(一)获得政治上的统治地位

马克思对政治解放的思考是对人的解放思考的开始。鲍威尔认为,犹太人的解放就是政治解放,但在马克思看来,犹太人的问题不单纯是宗教的问题,从根本上来说是现实的问题,宗教获得解放会使人们从本质上达到对宗教的认识,这对政治解放起到了基础性的作用。"政治解放当然是一大进步;尽管它不是一般人的解放的最后形式,但在迄今为止的世界制度内,它是人的解放的最后形式。不言而喻,我们这里指的是现实的、实际的解放。"[2]P32这里所描述的政治解放不同于马克思、恩格斯在《宣言》中所描述的,我们所描绘的是资产阶级取得胜利的解放。马克思、恩格斯在《宣言》中说的政治解放,是广大无产阶级通过暴力的手段获得自己的政权组织,并在政治上实现其统治地位。如果想实现在社会中的主人翁地位,我们广大人民群众必须在政治上获得自由解放并拥有一定的权利和取得民主,这样才能使人的解放有一定的政治基础做保障。

(二)建立一个自由人的联合体

马克思、恩格斯在《宣言》中指出,要实现人的社会解放就是要建立一个自由人的联合体。在联合体中,每个人都可以取得自由而全面的发展,并且消除金钱至上的世俗社会,由于资本主义私有制的存在,所以才会出现以金钱为首这样的社会,因此,必须要消灭资本主义私有制。马克思提出通过公社的政权组织形式实现社会解放,但公社只是一种为保证无产阶级的社会改造顺利进行的有效方式,并不是人的社会解放的最终形式。当然共产主义的社会解放,必然是在资本主义私有制被无产阶级消灭后,公社成为一种可有可无的存在,当我们探讨社会关系时从自身出发寻求答案,再者就是阶级之间的相互对立的关系逐渐消失,自由人得到充分的联合。自由人的联合体是在私有制消失和阶级对立消失的基础上组成的社会主义的高级形式,因此,在社会中,个人不是被迫进行生产活动,而是按需进行社会生产活动。

(三)实现人的自由而全面的发展

社会解放消灭了资本主义私有制,为人的解放创造了一个自由的社会环境。

而劳动解放是人的解放的核心内容,能够彻底实现人自身的解放,并且最终能够实现人的自由而全面的发展。在工业革命产生以后,作为手工劳作的生产模式被大机器生产快速取代,大机器生产使得生产速度和效率普遍提高,生产力的发展水平得到了进一步提高,劳动分工更加精确化。资产阶级在生产的过程中不惜一切手段压榨工人的剩余价值,而且通过延长工人的工作时间来生产更多的产品,使工人逐渐沦为机器的附属品,即资本的奴隶。对于无产者来说,他们只是劳动产品的制造者,并没有直接的所有权,劳动者在劳动的同时不但没有感到快乐而且精神和肉体同时被摧残。劳动是一种强制性的活动,而且劳动者是被迫接受的。"无产者,为了实现自己的个性,就应当消灭他们迄今面临的生存条件,消灭这个同时也是整个迄今为止的社会的生存条件,即消灭劳动。"[1]P201 劳动解放是人自身解放的基本要求,是实现人的自由而全面发展的必经阶段。

（四）消除精神层面上产生的旧思想

在马克思、恩格斯看来,共产主义的目标不仅是在物质层面有所要求,还要在精神层面消除旧思想。马克思所说的精神和意识是可以进行同等替换的,我们的意识时刻在与我们的所见所闻发生着关系,它不是自在地存在着的。在现实的生活中,人们在精神上获得了一定的醒悟,"共产主义革命就是同传统的所有制关系实行最彻底的决裂;毫不奇怪,它在自己的发展进程中要同传统的观念实行最彻底的决裂"[1]P421。无产阶级受到的压榨表现在现实和精神两个方面。在马克思、恩格斯看来,精神的批判并不能够消除意识的旧的产物,必须回到导致一切唯心主义谬误产生的现实社会关系当中。

### 三、《宣言》中人的解放思想的实现路径

《宣言》揭示了资本主义趋利避害的本性以及资本主义生产方式的运行规律,阐述了资产阶级首先生产的是它自身的掘墓人,即无产阶级。要彻底消灭私有制,铲除资产阶级生存的土壤,无产阶级必须通过暴力革命的手段夺取政权,消除旧的生产关系。无产阶级革命的第一步,就是通过联合将无产阶级的力量集聚起来,摧毁资产阶级在经济、政治等各方面的主体地位。

(一)消灭旧的分工形式为人的自由而全面的发展创造条件

马克思、恩格斯针对资本主义社会的现实状况提出了"消灭分工"的理论主张,为无产阶级革命与社会发展指明了前进方向。在资本主义社会里,无产阶级受到压迫和奴役,未按照本人意愿进行分工合作,而是以压榨劳动者的剩余价值为主要目的为资本家谋取利润。在资本主义社会中,由于社会的进步使得分工不断细化,劳动工人被安排在生产领域环节中的某一部门从而不再拥有其相应的独立性,工人完全沦落为依附于机器的生产辅助工具,再加上机器作为主要的生产方式,劳动者的工作难度大大降低,导致更多的妇女儿童等弱势群体不得不参与社会分工,随着时间不断地推移,劳动者对工作岗位的需求越来越大,导致工人间的工作竞争更加激烈,反而为资本家的资本积累创造了条件,巩固了资本家的地位。此时,资本家贪婪的本性暴露无遗,加大工人的劳动时间,使工资面临不稳定浮动,人们的基本生活越来越得不到保障。面对这种情况,工人只能靠不分昼夜加大工作量,不是自由地发挥自己的脑力和体力劳动。人的自由而全面的发展是社会主义最高的价值追求,然而,这种劳动完全将工人的自由和可支配时间压缩到可忍受的最低限度,完全剥夺了人的自由与全面发展的条件。马克思提出"消灭分工"并不是针对某一具体的分工形式而言,而是完全站在无产阶级角度批判资本主义分工方式,为人的自由和自觉的劳动培育生存土壤。

(二)消灭私有制是实现人的全面而自由发展的根本

消灭私有制是《宣言》最主要的观点。"共产主义的特征并不是要废除一般的所有制,而是要废除资产阶级的所有制。"[3]P42 所有制是指物质资料的占有方式,一般所有制是以劳动者自身劳动为基础,而资产阶级私有制则是建立在资产阶级对无产阶级的剥削之上的。马克思提出消灭资本主义私有制是基于以下两点:一是由于历史发展的必然选择,资本主义私有制被时代抛弃是历史发展的必然规律;二是从生产力发展来看,私有制加速了资本主义社会的基本矛盾,是导致社会贫富差距日益扩大的根本原因,最终也将成为生产力发展的绊脚石。

消灭资本主义私有制用生产资料公有制取代有其必然性,它是缩小贫富差距,为生产力的可持续发展做铺垫的关键一步。私有制一旦被消灭,生产资料将

会继续回到劳动者身上,无产阶级也就掌握了生产的主动权,资产阶级对无产阶级的压迫将不复存在,在这种条件下,无产阶级的自由解放将推动整个人类社会的解放与发展。在我国社会主义现代化强国的决胜时期,人民作为社会发展的主体,习近平总书记也指出我们的初心和使命就是为中国人民谋幸福,为中华民族谋复兴,所以说,实现人民的根本利益是目标。

(三)联合的行动是无产阶级解放的必由之路

资本主义的发展促使资产阶级所掌握的社会生产资料和所得资本达到巨大的规模,同时无产阶级作为资本主义掘墓人以及社会主义建设者也得到了相应扩张。无产阶级虽然在力量交锋中不占优势,但其庞大的数量也是不容小觑的,并且他们处于社会的最底层更有着爆发革命站起来为自己维权的潜能。因此,只有将无产者联合起来,才能将他们的力量发挥到淋漓尽致,才能最终实现社会主义。马克思在《宣言》中也说道:"联合的行动,至少是各文明国家的联合的行动,是无产阶级获得解放的首要条件之一。"[3]P47无产阶级运动是社会底层人民共同的愿望诉求,这预示着运动取得胜利的社会发展规律。一方面,资本的固有特性使资产阶级不断扩大生产规模,并将自己的魔爪伸向世界市场。"《宣言》中,马克思论证了人类解放的历史必然性,也就是说正是生产力和生产关系的矛盾运动推动了人类的解放,同时还指出无产阶级必须解放全人类才能解放自己。"[4]无产阶级在总人口中占有相当大的比重,但也是无权利无资本的受压迫阶级,他们只能借助全社会的解放才能打破囚禁的牢笼。在资本主义国家,无产阶级力量薄弱,但在数量上却占有绝对优势,长期的压榨使得无产阶级有着强烈的革命潜力来取得胜利。

**四、《宣言》中人的解放思想的当代价值**

在《共产党宣言》发表170周年之际,我们再次拿起马列经典朗诵,并学习《宣言》中的核心思想对于坚持共产主义理想信念,坚持新时代中国特色社会主义道路是必不可少的。坚持学习《共产党宣言》对坚定理想信念、加强对外开放、贯彻以人为本的发展理念具有重要的价值。

### (一)有利于坚定理想信念

《共产党宣言》中就描述了必定灭亡的资本主义,坚定社会主义道路不动摇,坚定共产主义理想信念。或许人们会讲在新的社会发展的过程中,资本主义灭亡的道路是怎样进行着的呢?我们能否说对未来美好的想象一定会变成现实?对"两个必然"的思想,人们的认识由于受到特定条件的制约具有局限性,不可能一蹴而就。面对当前严峻的国际形势,我们从《共产党宣言》中汲取力量,并且与当代的实际结合起来,与习近平新时代中国特色社会主义思想结合起来,并能从过去成功的经验中汲取智慧使祖国更加繁荣昌盛。

### (二)有利于加强对外开放

十九大报告指出:"只有改革开放才能发展中国,发展社会主义,发展马克思主义。"[5]马克思在《共产党宣言》中早有预见地描述了全球化的状态。"在马克思恩格斯看来,资本主义产生和发展的积极意义在于创造了一种世界性的生产方式,推动了经济、政治、文化的全球化,开创了人类的全球化时代。"[6]20世纪70年代我国通过改革开放来改变我国经济落后的现状,改革开放四十年是当代中国发展进步的活力之源,是实现中华民族伟大复兴的关键一步,是坚持和发展新时代中国特色社会主义的必经之路。在世界市场开辟的状态下,世界各国之间的联系越来越密切,没有哪个国家能够免受影响而独立生存,所以,最重要的是能否成功屹立于民族之林而不倒。我国在很多方面都还不足,所以,需要坚持改革开放的政策,积极推进"五位一体"总体布局。

### (三)有利于贯彻以人为本的发展理念

在《宣言》中提到了"人的自由全面发展的观点",而在我国取得一定发展的基础上,习近平总书记对"以人民为中心"这一命题做了极其深刻的阐述,指出人民是历史的创造者,是决定着党和国家前途命运的根本力量,而且"以人民为中心"体现了历史唯物主义的根本原理,反映了社会历史发展的规律,蕴含着共产主义运动最本质的内容。以人为本,把人类的生存作为根本,坚持以人为本,同我们党全心全意为人民服务的根本宗旨和代表中国最广大人民的根本利益的要求,是一脉相承的。牢记十九大提出的初心和使命,为建成社会主义现代化强国而奋斗。

**注释:**

[1]马克思恩格斯选集:第1卷[M].北京:人民出版社,2012.

[2]马克思恩格斯文集:第1卷[M].北京.人民出版社,2009.

[3]马克思,恩格斯.共产党宣言[M].北京:人民出版社,2014.

[4]马报.马克思"人的解放"思想研究[D].济南:山东大学,2010.

[5]习近平.决胜全面建成小康社会,夺取新时代中国特色社会主义伟大胜利[N].人民日报,2017-10-19.

[6]杨丽莎.《共产党宣言》中的全球化思想[D].苏州大学,2011.

(指导教师:杨　莉)

# 新时代大学生择业观的理性指导
## ——读《青年在选择职业时的考虑》思考 姚彦存*

**【摘 要】**所谓择业观,就是大学生对于择业目的和意义相对稳定的看法。它是大学生的三观在择业问题上的综合体现,对大学生择业具有导向和动力作用。正确的、科学的择业观能够指导正在择业的大学生对职业进行准确定位和合理选择。反之,错误的、盲目的择业观会误导大学生的择业,将使大学生产生过高或过低的期望,导致无法进行准确定位、做出合理选择。

**【关键词】**马克思;择业观;新时代;理性指导

在新时代大背景下,随着国家的经济、政策、文化、社会等各方面的不断变化,青年一代的个性特征不断显现,他们的就业观念发生较大改变,就业选择更加灵活。据一份《中国青年报》解读的"'95后'就业观"报告,面对严峻的就业环境,每个大学生都有不同的选择,其中,有52%的大学毕业生选择为寻找工作一路奋战,有48%的大学毕业生选择暂不就业。而暂不就业的毕业生中,有大部分人想要创业,小部分人选择隔年就业。"70后""80后"在择业时比较看重"五险一金",大部分"90后"在择业时更加看重年假、班车等。与70、80年代的青年一代相比较,"90后"在择业过程中更希望实现自我。新时代的新经济环境、新社会因素和新教育理念的大环境,为"90后"个性发展奠定了基础。随着社会的不断发展,社会越来越开放,年轻的一代有了更好的发声平台,有了展现自我个性的舞台,社会的全球一体化发展,也给予新一代更广阔的视野,更有利于他们在择业过程中追求自我。

---

\* 姚彦存,马克思主义学院思想政治教育18级,182030505008。

**一、马克思职业选择观概述**

在马克思《青年在选择职业时的考虑》这篇论文中,依次论述了三个主要问题,即青年为什么要选择职业、如何选择职业、选择什么样的职业,体现出马克思对于职业选择的基本观点。研究者们主要从马克思主义形成和发展进程中的一些经典著作入手,研究和论述马克思职业选择观的基本内涵。

(一)马克思职业选择观的基本内涵

1. 为什么要选择职业

马克思认为,"人与动物的重要区别之所在:动物只是在自然规定的范围内完全本能地、安分地进行活动,从不试图越出这个范围,甚至也不考虑有其他什么范围存在。人有自由选择职业的权利"[1]P3。人的根本目的是自由,神在给人制定了共同目标的同时,又要求人去选择一个最适合他、最高尚以及最有利于社会的职业。人可以选择从事什么样的职业,这是人所特有的。选择职业是人生的一个重要转折点,它关系着人一生的发展、关系着人的理想目标的实现、关系着人一生的幸福。因此,在选择职业时,一定要结合自身的经济、兴趣、理想目标等因素,慎重思考之后做出选择。如今已进入21世纪,我国的社会主要矛盾已经发生了变化,人民日益增长的不再是物质文化需要,而是美好生活需要。也就是说,人们的基本物质生活已经有了保障,美好生活需要成为人们更加迫切的需求,也就是人们更高的精神需求。大学生作为国家未来的建设者,一定要适应新时代的发展要求,不仅要了解自身特点,而且要关注外部世界,理性地选择适合自己的职业。

2. 选择什么样的职业

在文章《青年在选择职业的考虑》中所描述的马克思眼中的最有尊严的职业,不是多么高大上的职业,它指的是一种既自由又创新的职业。如果选择自己喜欢的适合的职业,他就会为其用尽全力,也会自得其乐,他会时刻要求自己为其保持最好的状态,做到最好。"人的本质并不是单个人所固有的抽象物,在其现实性上,它是一切社会关系的总和。"[2]P139 人是自然人,又是社会人。有国才有家,有家才有我,国家兴亡,匹夫有责,选择有利于人类幸福和使自身完美的职

业。因此，作为大学生的我们，选择职业时一方面要考虑是否适合我们自身，另一方面也要考虑是否有利于人类的幸福事业，这是马克思选择职业时的态度，也是值得我们借鉴和学习的。

3.怎样选择职业

首先，不同的时代有不同的职业范围，这是从古至今发展演变的结果，这是在我们出生前就已经确立好的社会条件，我们不能够改变它，我们只能选择适应和接受它，只能从我们所处的时代、从特定的职业范围中进行选择。目前，是一个知识改变命运、创造幸福的时代，随着社会的不断前进，我们选择职业的范围十分宽泛，出现了许多新兴行业，青年大学生选择职业的范围也更广，根据自己的兴趣特长，选择自己喜欢的职业。其次，青年大学生大多都是"90后"，都是刚刚进入社会这个复杂的大家庭，没有足够的社会经验；而其父母亲大多是"70后"，他们走过了漫长的生活道路，他们青年时所处的那个年代生活非常艰苦，他们有丰富的生活阅历。虽然我们处在不同的时代，但是社会的发展规律、为人处事的原则和中华民族的传统美德在根本上不会有大的变化。青年大学生应该多听取父母的建议，多与父母亲沟通，吸取他们的宝贵经验，理智地选择适合自己的职业。最后，"身体素质是选择职业的前提条件，一旦所选职业超越了身体素质的限制，我们就不能持久地工作，而且工作起来也很少获得乐趣"[1]P5。因此，大学生选择职业的过程中，要冷静地思考、清楚地估量所选的职业，选择合适的、能够胜任的、能够满足自身及社会需要的职业。就像马克思选择了为一切无产阶级做斗争的最有尊严的职业！

(二)马克思职业选择观的方法论

1.主体性原则

主体性是人在实践活动中具有的一种能动的、自主的以及有目的的特性。在世界万物中，人是世界万物的中心，人的主体性就是由这种中心地位所决定的。人是社会实践活动的主体，他们能够通过思考做出选择。在选择职业时，不是一时冲动做出的选择，而是经过深思熟虑做出的选择。人具有自主权，也具有自由权，但这里所说的自由并不是任意的、盲目的自由，而是有一定的范围限定。在择业选择时，我们应该通过冷静思考，对自己所选择的职业有一个全面的了

解,即使了解了它会遇到的困难,也依然认为这是适合自己的职业,依然对这个职业充满热情。这也就是说,在选择职业过程中,对于自主和自由的关系,这两者应该保持相互平衡,既要保证自主选择,又要保证自由选择。

2. 实践性原则

选择职业的过程是一个相当复杂的过程,会受到很多内部或外部因素的影响,这需要三思而后行,并不是轻而易举的。第一,体质是选择职业应该考虑的基本前提,拥有健康的身体是做好一切工作的基本条件,正确认知身体和精神相统一的原则,选择自己能够胜任的、适合的职业,这样才可以激励自己努力工作,并且可以拥有快乐。第二,大学生年轻气盛,对于未知的社会充满了好奇与热情,感情比较容易激动,比较容易幻想,对自己喜欢的工作也是十分狂热的,比较容易被虚荣心、名利所迷惑,思想已经无法用理智来支配,想象着能够把职业美化得无比高尚。没有考虑该职业到底是否能够胜任、是否适合自己等,当后期发现是自己所不能胜任的职业时,心中会产生不快乐,甚至会造成其他一系列不良影响。因此,大学生选择职业时,务必要树立科学的择业观,坚持热情和理智相统一的原则,选择适合的职业。

3. 社会性原则

俗话说得好,"三百六十行,行行出状元"。也就是选择的职业有很多类型,后代所做的工作是在前人所做的基础上,以"取其精华,去其糟粕,推陈出新,革故鼎新"的原则,在继承前人优秀的知识与经验的基础上,创造出不一样的东西。就像马克思的职业观一样,我们应该选择一种最使我们自己舒适的环境内工作的职业,一种最使我们能够充分发挥自己独立创作的职业,一种最使我们拥有尊严的职业。马克思的一生都在搞真理研究的工作,他把自己的一生都奉献给了这个职业,他不仅热爱这个职业,而且为这个职业长期坚持和努力,始终珍惜自己的职业,他是高尚的,也是快乐的。因此,我们的历史才不断发展,社会才不断进步。

4. 价值性原则

读了马克思的《青年在选择职业时的考虑》之后,我体会到对于职业选择,我们不仅要追求自身幸福,而且要注重人类幸福,它表现为个人与社会的统一,

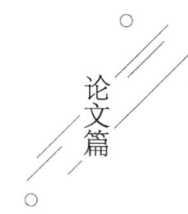

表现为个人理想与社会理想的统一。然而,实现社会理想也是需要为他人、为社会做出贡献的,实现社会理想的前提是贡献,有了贡献才会有获得,只有贡献与获得相统一,社会理想才能够实现。社会理想为个人理想指引方向,实现了社会理想才可能实现个人理想。将个人理想融入国家理想中,这也是马克思一生所坚持的真理,即使过程多么单一枯燥,他仍然坚信和坚持着,这就做到了个人利益和社会利益相结合。这样的工作是快乐的,更是有价值的。

**二、对新时代大学生择业观的理性指导**

如今,大学生择业问题是社会普遍关注的问题。大学生的择业观是在大学生从他们生活的环境、学习的知识以及实践的经验中逐渐形成的。不同的成长环境、不同的家庭氛围、不同的理想追求等都会使他们的择业观受到影响。因此,必须通过社会、学校、个人共同努力,调整大学生不合理的择业观,树立理性择业观。

(一)国家层面:制定相关政策,坚持正确导向

政府要制定相关政策,坚持正确的舆论导向。第一,近几年来,青年大学生择业问题越来越严峻,大学生择业人数越来越多,压力越来越大,仅仅依靠企业自行招聘、大学生自行寻求,是很难做到面面俱到的。就每个大学生而言,政府颁布的每个相关择业政策与每个大学生是否能够择业息息相关。政府应该积极制定有关择业政策引导大学生顺利、科学以及理性就业,避免一些不利因素的产生影响大学生择业。例如:从企业的角度分析,企业多招聘一个人,就会多增加企业支出,一般企业不会随意增加招聘人数,除非是真的需要。但是如果有了政府优惠政策的鼓励引导,就会大不一样,企业增加招聘人数,虽然增加了开支,但是也可以享受到国家给予的减免等优惠政策,这就缓解了就业压力。因此,政府有能力也有义务这么做。第二,社会舆论是一种有约束性、标杆性、感染性的力量。由于大学生求知欲、好奇心都很强,敢于尝试新鲜事物,但是社会阅历较浅,辨别能力不高,他们很容易受到社会舆论环境的影响,而且这种影响力是持久的。因此,必须充分发挥社会舆论对大学生择业的引导作用,一方面充分发挥社会舆论的传递政策信息作用,另一方面充分发挥社会舆论的监督作用,把大学生

的一些合理性建议传递给政府,监督政府制定切合大学生需要的择业政策,努力传递正能量,积极为大学生择业服务。

(二)学校层面:加强思政教育,奠定择业基础

构建以思想政治教育为主的课程体系,在就业指导课中充分融入思想政治教育的课程内容,更好地指导大学生就业。由于现在大学生数量越来越多,就业状况供大于求,就业压力大,大学生容易造成心理问题,思想政治教育理论课一方面可以帮助大学生缓解压力、化解烦恼、正视挫折、把握机遇,另一方面大学生应该有正确的世界观、人生观和价值观来引导他们树立正确的择业观。同时,对于提升大学生人际交往、社会适应能力、营造良好的就业心理素质具有重要指导意义。

定期组织大学生进行择业实践。马克思说过,"实践是检验一切的唯一标准"。在学习了书本理论知识的基础上,有计划地把择业观理论内容融入社会实践中,积极地调动大学生的实践积极性,使学校的择业观教育更有指导意义,对大学生择业方面更有帮助。只有通过社会实践活动,大学生才能够更早地了解社会对人才的需求情况,找准定位,积极地调整心态,理性择业。

(三)学生层面:树立择业目标,提高自身素质

调整择业期望,找准自我定位。首先,随着高科技、高速度的时代发展进程,就业压力越来越大,"青年大学生只有从入学开始就树立强烈的危机意识,及早进行人生规划,方能在就业过程中游刃有余、应付自如"[3]。必须要积极主动地去寻找岗位,机会是留给有准备的人的,积极主动的人更容易顺利就业。其次,要积极地转变择业观念,在目前,我国大部分大学生都喜欢在大城市、大公司择业,他们认为只有在大城市、大公司拥有一份工作,才觉得更体面、更能够实现人生价值。但是,我国大学生数量多,每年都有大批未就业的大学生,大学生已经成为普通劳动力,因此,作为大学生的我们应该积极转变就业观念,找准定位,选择适合的职业。最后,用长远的眼光看待择业,不要受地域、待遇等其他因素的影响,只要这份职业适合你,有发展前景,就要积极地选择,而不是只看到短期因素。总之,"认真的考虑这种选择,无疑是开始走上生活道路而又不愿拿自己最重要的事业去碰运气的青年的首要责任"[1]P3。

提升自身素质,打好择业基础。"打铁还需自身硬",对于大学生来说,尤其是在就业压力如此大的时代,要想在其他人中脱颖而出,就必须要有坚实的基础。大学生综合素质包括知识和能力两方面,只有打好了自身的基础,才有可能顺利就业。由于进入了信息化时代,社会对人才的需要已由专业型转化为创新型。这就要求大学生不仅要有坚实的理论知识基础,而且要有良好的实践能力,这样才能够更好地适应社会需要。所以,大学生要主动提高自身的综合素质,积极地适应社会需要,为就业打好基础。

**注释:**

[1]马克思恩格斯全集:第40卷[M].中共中央马克思恩格斯列宁斯大林著作编译局,译.北京:人民出版社,1982.

[2]中共中央马克思恩格斯列宁斯大林著作编译局编.马克思恩格斯选集:第1卷[M].北京:人民出版社,2012.

[3]王春霞,曾艳.青年马克思的择业观对当代大学生的启示——读马克思《青年在选择职业时的考虑》[J].楚雄师范学院学报,2017.

(指导教师:洪　涛)

# 当代大学生职业选择的影响因素分析及研究

赵 芳[*]

**【摘 要】** 目前,大学生就业问题一直是社会广泛关注的焦点话题,本文主要从当代大学生职业选择的现状出发,从个人因素、社会因素、家庭因素三个方面展开分析,并提出一些建议。

**【关键词】** 大学生;职业选择;影响因素;分析

教育部宣布,近几年大学毕业生人数逐年增加,2017 年 795 万人,2018 年人数则突破 800 万,达到了 820 万人,成为目前历史最高纪录。这个数字是巨大的,在就业环境不容乐观的情况下,如何找到一个合适的职业,是一个非常大的挑战。伴随着我国就业制度的改革和就业政策的变化,大学毕业生就业经历了计划分配、"双向选择,自主就业"两个时期,现在正逐渐过渡到创业就业阶段,这意味着就业过程中大学生的地位发生了很大的变化,以前是被动分配,现在是主动选择,但同时也带来了就业难的弊端。关注大学生就业,找到影响大学生就业选择的因素,对促进大学生顺利就业至关重要。[1]P66,79

## 一、择业现状

如今,大学生不断进行自我发展的同时也在努力适应新的社会职业环境,虽然在费力协调二者之间的矛盾,但大学生的职业选择仍然受到多方面因素的影响,既要考虑自身的因素,又要考虑国家政策,社会经济发展,当前教育现状等诸多社会环境因素,还要考虑来自家庭的影响。因此,对当代大学生职业选择影响

---

[*] 赵 芳,马克思主义学院思想政治教育 18 级,182030505008。

因素的分析和研究具有非常重要的现实和理论意义。

## 二、择业影响因素

### （一）个人因素

**1. 兴趣**

兴趣是个体了解或从事特定活动的心理倾向。它是以认识和探索外界事物的需要为基础的，是推动人认识事物、探索真理的重要动机。

兴趣是最好的老师，可以影响大学生对职业的选择，是大学生职业选择的重要依据，兴趣为职业选择提供强有力的驱动力，是一种强大的精神力量。兴趣可以让个体更加集中精力去获得自己喜欢的知识，可以启发个体的智慧，促使个体创造性地工作。当一个人对某个职业感兴趣时，他可以轻松调动自己的热情去关注和学习相关的专业知识，从而提高工作效率。大学生选择自己感兴趣的职业比从事不感兴趣职业，劳动生产率要高出40%。曾有人进行过研究：如果你从事的是你感兴趣的职业，你可以使用80%~90%的天赋，长时间保持工作而不会感到疲倦；反之，如果你对某一工作不感兴趣，那你的天赋只能发挥20%~30%。

有兴趣的工作是一种乐趣，否则就会成为一种负担。兴趣可以发展个人的潜力，促进个人的发展。当个体对某一工作充满兴趣的时候，这一工作便犹如被赋予了活力，做起来将会很有意思。因为兴趣可以让你的各个神经都处于活跃状态，调动你的工作热情，甚至激发你的工作灵感，让你的能力得到更好的发挥，达到事半功倍的效果。

如果大学生进行职业选择的时候充分考虑到自己的兴趣所在，那么，他的工作将会干得非常出色。即使你非常疲惫和勤奋，你总是快乐和幸福，即使困难重重，你也绝不会气馁，但你可以尽力克服它，不屈不挠，甚至忘记吃饭和睡觉。兴趣可以使人们更熟悉专业环境并适应专业角色。爱迪生就是个很好的例子，他为了做研究，经常在实验室一待就是一天，有时候甚至住在那里，但他认为这不算辛苦，因为他在做自己感兴趣的事情，他觉得其乐无穷、乐在其中。

## 2. 性格

性格是指人们对现实和相应行为的态度所表达的相对稳定的、具有核心意义的个性心理特征，并表现在人们的行为举止中，个性是个体与其他个体区别的独特特征，即一定的倾向、稳定和本质的人格差异。性格是一个相对稳定的因素，在大学生的职业选择甚至职业成功中起着持久的作用。

荷兰职业指导专家霍兰德认为，评判一个人的职业生涯是否成功，是否令人满意，在很大程度上取决于他的性格类型与工作之间的匹配情况，换言之，不同性格的人在职业选择上也会有所不同。例如：现实型性格的人喜欢与"物"打交道，动手能力强，擅长制作、维修，喜欢操作设备和机器，所以，在职业选择上，他更倾向于工程师或体育活动职业；探索型的人好奇心强，头脑敏捷，擅长分析，有科学探索的热情，对非科学、过于简单和不合理的数据支持持消极态度和批判态度，这一类人的适合职业是软件研发人员、医生和图书管理员等；艺术型的人通常都富有创造力，富有想象力和独特性，它们特立独行，喜欢与众不同，不喜欢繁重的劳动，也不喜欢制度森严、刻板的工作环境，喜欢自由，无拘无束，擅长从事美术设计师、园艺师、编辑、导演、室内装潢设计师等职业；社会型的人热心、友善、外向，善于与人交流，喜欢表达自己，并在人群中具有说服力，能洞察别人的情感和问题，擅长从事帮助别人的职业，如教师、公务员、顾问等；管理型的人积极乐观，性格外向，他们通常聪明，思维敏捷，喜欢挑战活动，敢于承担风险，支配欲强，具有劝说、调配人的才能，擅长管理和领导类的工作；常规型的人做事认真、脚踏实地、尽职尽责，是个可信赖、有效率的人，思想保守，遵循传统，习惯于执行命令、服从安排，按照计划做事，按社会规律生活，擅长从事会计、理财师、建筑监理、技术文档撰写者等工作。

## 3. 能力

能力是个体完成目标或任务的综合素质，是个体在从事社会生产活动时所具备的专业能力。能力，是大学生选择职业的先决条件，他能不能胜任某一职业的主观条件就是他的个人能力，就像一个定位器一样，能力是他从事某一职业的保证。如果你没有任何能力，你就不能从事专业工作，而且你在这个职业中也就

做得不好。由此看出,能力是大学生完成某项任务的前提,同时也是影响大学生工作效能的基本因素之一。

　　人的能力可以分为两类:一般能力和特殊能力。一般能力也叫智力,例如:记忆力、想象力等。特殊能力也可称为特长,例如:音乐能力、舞蹈能力等。因此,了解您在不同职业中工作的能力和能力对于做出合理的职业选择非常重要。不同的能力有不同的职业选择。大学生的能力存在差异即智力和特长上存在差异,因此,职业发展方向也会有所不同。不同的职业,会有不同的工作性质、工作内容和工作环境,对大学生能力的要求也不同,所以,应该选择与自己能力相适应的工作类型。只有这样,我们才能匹配能力和职业,充分发挥优势的作用。

(二)社会因素

1. 国家政策变革

　　为适应新时代发展理念,我国教育体制改革收到了良好的成效。大学生入学机会增加,但与此同时,人才竞争日趋激烈。

　　现如今,国家对教育越来越重视,高校大规模扩招使得大学生数量呈几何级数增长,大批高学历人才涌向就业市场,制约着就业的数量和质量。大学生的求职已经成为社会上的一个大问题。每年都有大量的大学生被送往高校,导致严重的供过于求。不仅如此,由于扩招,大学生的含金量也下降了。因此,大学生就业已成为当前中国社会迫切需要解决的重要问题。例如:"一带一路"倡议构想的实施,会创造许多就业机会,促进大学生就业。"长江经济带"等国家重大战略就会出现大量的岗位需求,大学生就可以结合自身特点到相应的重大工程、重大项目去就业。

2. 教育现状

　　整个社会的教育状况直接影响着教育的发展方向,从而间接影响大学生的就业状况和未来的职业选择。在高校扩招的拉动下,接受高等教育的人数增多,部分高校教育教学质量跟不上,师资力量和师资素质普遍偏低,实验培训条件不足,缺乏专业教师。没有实际生产,我们无法掌握最新的专业技能,与社会需求脱节。

3. 经济发展

社会经济的发展对大学生就业具有决定性作用,随着我国经济发展,产业结构也进行了一系列调整,社会失业人数剧增,企业的就业薄弱,提供的专业工作数量有限。人才市场大学生人满为患,就业形势异常严峻。整个社会经济环境的变化会引起各企业单位的结构变化,从而间接影响大学生职业发展方向的选择。

对当前国家产业结构的调整导致职业结构的调整,例如:随着社会的发展需要和科学技术的进步,从事环境农业和从事第二,三产业的职业和人员类型将不可避免地逐步调整和完善。其次,经济形势也会影响当前人才市场的就业供需形势。人才是最重要的资产,因此,人才的引入越来越受到重视。但是,雇用单位的雇主必须考虑人才的素质。此外,随着社会经济的发展,雇主对人才的需求也在不断变化。

4. 性别因素

职业是无性的,但人们经常给它一定的性别。在现实世界中,传统认为男性大多是强壮、独立和理性的,并且适合在家庭以外从事竞争性和开拓性的工作;大多数女性温柔、内向、精致和胆小,适合做家务和服务工作。这些概念不仅存在于人们的思想中,而且在现实生活中也被反复证实,从而形成了专业的性别刻板印象。[2]P72

一些学者研究了大学生的就业问题,发现在"人类幸福的知识"中,男性选择"为实现人类崇高理想而奋斗"和"幸福快乐的事业",生活稳定,工作顺利。男性往往在选择职业的过程中追求个人价值,而女性往往追求社会价值。在我们国家,社会对男性的期望高,给他们提供更多的就业机会,以实现其自身的价值,所以,换句话说,男性可以依据自己的兴趣、能力来选择职业,有一定的主动权,他们可以选择更能体现个人价值的职业;女性对社会价值观的追求可能与求职过程中社会期望和家庭中心以及性别偏见的服从有关。由于这种观念的存在,女性选择职业很被动,大多都不能充分顾及自己的兴趣、能力。

此外,在人才市场经常会出现"男性优先""只招男生"等标语,性别歧视已成为女大学生获得公平就业机会的主要障碍。[3]P153由于女性承担着分娩的重要任务,女性员工不仅要在分娩期间中断工作,而且单位还必须根据国家福利制度支付报酬。较高的成本负担不符合市场对利润最大化的要求。[4]P16因此,由于生理差异,女大学生在求职方面处于相对不利的地位。

(三)家庭因素

1.父母的影响

父母作为大学生的后盾,通过言行、经验和教育潜移默化地影响着子女。父母的影响在当代大学生的职业选择中起着非常重要的作用。

孩子们一直受到父母职业生涯的影响。在很大程度上,这也是父母自己的身份。相反,如果父母从小就给孩子灌输不从事自己的职业,随着时间的推移,他们可能不想走父母的职业道路。

大学生职业的选择不仅受父母对自身职业态度的影响,也受到其一直以来被养育的方式的影响。长期以来,中国传统文化中,成年人有权决定儿童的一些事情,因此,儿童的兴趣和个性得不到充分的发展。特别是当孩子们犹豫不决并在职业选择上寻求帮助时,一些大学生被介绍到父母希望孩子参与的职业。孩子是家庭的代表,是父母希望的延续,大学生由于阅历和年龄所限,父母的建议很大程度上影响着他的职业选择。

2.家庭地域的影响

家庭地域通常也会成为限制一个人发展的瓶颈。家住农村或偏远地区的大学生在选择职业的时候更加注重单位的地理环境,而家住繁华市中心的大学生在选择职业的时候,对于地域因素考虑得则相对少一些,而更加注重职业本身的一些特点。

大多数大学生认为大城市有很多机会,他们有广阔的视野,激烈的竞争可以激发个人潜力,更容易达到更高的职业高度。因此,毕业时理所当然的期望在北京、上海、广东和一些经济特区,沿海开放城市和开发区发展,其次考虑一些中等城市。一般来说,它显示了从大到小,从中心到外围,从沿海到内陆的等级,[5]P11但是,由于来自家庭的建议或者压力,使得部分大学生放弃了自己的初衷,而选择留在自己家庭所在地,留在父母的身边等等。还有一部分大学生,即使刚开始留在了心里预期的大城市,但没过几年,由于人脉圈子小、竞争压力大、个人婚恋没解决、生活习惯不同、父母的牵绊等原因,许多人最终还是选择回到家庭所在地重新就业。

3.同辈群体的影响

同辈群体,是指年龄、爱好、志向、态度、价值观、社会地位等方面具有共同特征的一种非正式初级群体。

同辈群体是一个人成长发展的一个重要的环境因素,尤其是在大学期间,同辈群体的影响越来越重要,因为同辈群体在年龄、兴趣爱好和价值观念上有更多的相似性。到了大学时期,由于同辈群体成员间的频繁交往和相互信任,使他们能自由探讨一些问题,自由交换对问题的看法和意见,更由于心理上、感情上的相容,使他们较容易接受对方的影响。[6]P6-8除此之外,同辈群体的成员也会被父母用来比较,行为举止、兴趣爱好、消遣方式,甚至发型、服饰、语言都会成为比较的项目,因此,同辈群体可以对大学生带来一些无形的压力,所以,为了能够适应同辈群体的环境,大学生不得不积极努力选择职业,以期得到家长以及同辈群体的认同。

三、提出建议

如果大学生想要找到一份满意的工作,首先,他们应该具备相应的技能并努力学习,充实自己的知识,增加选择的机会,只有高质量才能得到雇主的青睐。其次,我们要抓住机遇,不要错失就业机会,面对很多职业,做出适当的选择,抓住机遇。最后,根据你自己的能力,一定不能好高骛远,一步一步做好你的工作。

总之,学校和家庭都应当努力帮助大学生,为他们就业创造便利的条件,大学生自身也应随时关注当前的就业形势,树立正确的职业价值观,积极有效地将自身条件与相应职业相结合,以更好地做出职业选择。

**注释:**

[1] 陈书崇.浅析影响大学生职业选择的因素[J].内江科技,2009,30(10).

[2] 赵瑞雪,陈昌霞.从大学生的职业选择看两性社会性别平等教育[J].理论与改革,2009(6).

[3] 刘晶.女大学生择业观影响因素及引导对策——基于解释结构模型的分析[J].经营与管理,2019,12(1).

[4] 张雪梅.性别歧视对女性就业影响分析[J].出国与就业:就业版,2012,7(3).

[5] 卞素芹,刘丽梅.女大学生就业意向调查、原因及对策[J].衡水学院学报,2010,12(6).

[6] 孙丽芳.同辈群体与当代青少年德育初探[J].小学德育,2007(7).

(指导教师:饶旭鹏)

# 《共产党宣言》中的人类命运共同体思想

赵梦依*

**【摘　要】** 马克思、恩格斯在《共产党宣言》(以下简称《宣言》)中论述了世界历史思想以及世界历史的一般发展过程,对"自由人联合体"的伟大构想进行了详尽阐述,并做出了"各国家联合行动"的英明论断,为人类命运共同体思想的提出提供了根本的思想基础。《宣言》中蕴含的经济、政治、安全、生态和文化的思想,是指导人类命运共同体构建的关键,为人类文明的发展确立了新的方向。

**【关键词】**《共产党宣言》;人类命运共同体思想;世界历史理论

《宣言》的问世标志着马克思主义的诞生,这部指导着无产阶级运动的纲领性文件,蕴含着科学社会主义理论的光辉。《宣言》中马克思、恩格斯关于世界历史理论和无产阶级世界联合的阐述,已粗具世界一体化和全球治理的思想,为一百多年以后中国构建人类命运共同体提供了理论指导、实践路径。深刻透视《宣言》与人类命运共同体思想的内在关联性,对于展现经典著作的当代价值、实现中华民族伟大复兴的中国梦具有深远意义。

**一、世界历史理论**

马克思、恩格斯的世界历史理论立足于他们所处的经济社会,归纳出特定的经济现象的一般原理,通过对资本主义生产方式的考察,得出了历史终究走向世界历史的必然趋势,从而抓住了全球化的运动规律。世界历史理论将世界历史的发展分为了三个阶段:其一,随着近代资本主义的发展,形成了世界历史;其二,机器大工业的发展催生了世界市场,资本主义生产方式推动了世界历史的发

---

\* 赵梦依,马克思主义学院马克思主义基本原理 17 级,172030501001。

展；其三，世界历史最终必然走向"真正的共同体"即"自由人联合体"。在《德意志意识形态》中，他们首次全面阐明了世界历史的形成过程：16 世纪左右的地理大发现极大促进了资本主义经济在全球范围内的扩张，由此，历史开始超越以往的血缘关系和地域关系的限制，逐渐成为世界历史。随后，《宣言》又深化了这一思想，马克思、恩格斯通过考察整个资本主义经济社会的发展形势，认为资产阶级大工业的生产方式将全世界的人类联系成为一个整体，民族、国家不再是单独发展的一个现象，而是作为整个人类进程中的一部分而存在。正如书中所言，"资产阶级，由于一切生产工具的迅速改进，由于交通的极其便利，把一切民族甚至最野蛮的民族都卷入到文明中来了"[1]P276。

马克思、恩格斯并未简单停留在资产阶级及其资本主义生产方式所造成的世界化这样一种状态中，而是唯物地、辩证地看待资本主义社会的流变过程，从而得出世界历史的一般进程。资产阶级在它的不到一百年的阶级统治中，冲击瓦解了封建制度，将生产方式和全部社会关系不断变革，从而创造了比以往一切时代都要多、都要大的生产力，与此同时，西方国家在率先开展工业化的同时开启了资本主义主导的世界历史进程，形成了资本主义世界体系。在这个体系中，以经济为纽带，客观上形成了各国家各民族相联系的"命运共同体"，但是资本主义国家主导下的共同体必然是"虚幻的共同体"，资产阶级国家在进行世界性扩张的同时也使资本主义本身所存在的基本矛盾世界化，"马克思、恩格斯在《共产党宣言》中对资本主义的生产方式进行了追问与批判"[2]P43，他们指出"随着大工业的发展，资产阶级赖以生产和占有产品的基础本身也就从它的脚下被挖掉了。它首先生产的是它自身的掘墓人。资产阶级的灭亡和无产阶级的胜利是同样不可避免的"[1]P284。到这个阶段，人类社会已经扬弃了资本主义社会存在的异化现象，每个人实现了自由而全面的发展，从而走向"真正的共同体"。

马克思、恩格斯的世界历史理论以及对于世界历史发展三个阶段的论述精准把握了世界历史的流变过程。当前正处于世界历史发展的第二个阶段，人类命运共同体思想的提出成为第二阶段与第三阶段的过渡和承接，是对马克思世界历史理论以及世界历史进程的续承与把握。当今世界与马克思、恩格斯所处的时代有所不同，资本主义的基本矛盾虽然仍不可调和，但是资产阶级通过提高工人工资、改善工人待遇等方式缓解了矛盾,因此得以继续维持其统治,资本主义仍然有长期存在的客观性和必然性。人类命运共同体思想谋求的是一种更为温和的方式,允许两种不同制度共存,强调不分种族、不分制度、不分国家的共同发展,在政治上主张构建公平正义的国际秩序,以共商、共建、共享的原则共同管理国际事务;经济上主张相互扶持,促进共同利益的发展;文化上主张兼收并蓄、交流互鉴,创建一个兼容并蓄、和睦相处的世界;生态上主张构建一个人与自然和谐发展的"生命共同体";安全上主张各国树立"对话不对抗,结伴不结盟"的意识,打造新型的国际关系。在现实中具有很强的实践性,为实现"真正的共同体"提供了现实可循的路径,是对资本主义世界体系的扬弃,也是当今世界发展的必然要求。

**二、"自由人联合体"思想**

马克思在对资产阶级社会的大工业生产进行分析之后,认为分工的出现虽然促进了生产力的发展,但是另一方面,由于被迫分工,一些工人从事自己不愿意的劳动,同时,物质劳动与精神劳动的分离也使得工人得不到全面的发展。从事精神劳动的人们掌握了生产资料,从而取得了对他人劳动力的支配权,于是,私人利益与共同利益之间就会产生矛盾。为此,马克思提出了"真正的共同体"思想即"自由人联合体"思想,"自由人联合体"是建立在批判资本主义社会"虚幻共同体"之上的理想共同体。在"自由人联合体"的设想中,马克思主张通过消除分工解除个体的束缚,使个体出于自己的意愿选择工作,从而形成联合动力,为走向"真正的共同体"奠定基础。消除分工为消除私有制提供了条件,私有制被公有制取代之后,不合理的制度、剥削压迫也将被取代,私人利益和共同利益的矛盾也就不复存在,每个个体在理想的社会状态下和谐相处,在这个社会中,个人利益是实现共同利益的基础,共同利益是保证实现个人利益的前提,实现了个人利益与共同利益的统一。

马克思、恩格斯十分重视个人的发展,《宣言》中写道:每个人自由发展是一切人自由发展的条件,他们认为,只有重视个人的发展,把个人的发展放在首位,才能实现国家、民族的自由发展。个体的发展是指全面而自由的发展,自由是强调个体参加工作的自由,工人不必再被迫从事自己不愿意的劳动,而是在平等自

愿的基础上,根据自己的兴趣和特长参加工作。所谓全面发展,则强调人的德智体美劳全方面、统一的发展,而不是个人片面的发展,人的自由而全面的发展是马克思"自由人联合体"所追求的终极目标。"自由人联合体"思想并不是马克思凭空思考产生的,而是建立在唯物史观的基础之上的。马克思认为,实现每个人自由而全面发展的基础条件就是生产力的极大发展。生产力是人类社会发展的决定力量,也是实现人的自由而全面发展的基础。只有生产力高度发达了,物质财富极大丰富了,才能实现人的自由而全面的发展。首先,生产力为人提供最基本的生理需求。人是实实在在的人,需要满足日常的吃、喝、住、行的需求。其次,生产力的发展可以满足人们的精神需求。仓廪实而知礼节,衣食足而知荣辱,只有物质需求达到了满足,人们才能够充分追求精神满足。

马克思、恩格斯对未来社会最高阶段设想的实现必然是一个漫长又遥远的过程,历史发展到今天,资本主义社会发生了许多新变化,还不能完全被社会主义社会所取代,而社会主义也经历了"冷战"和苏联解体的低潮,为此,一些人认为"自由人联合体"不过是马克思、恩格斯乌托邦式的幻想,根本不可能实现。人类命运共同体的提出有力地回击了这些错误观点,并为实现"自由人联合体"铺就了一条现实路径。人类命运共同体与"自由人联合体"的价值目标是一致的,二者都切实关注人类的利益和命运,追求适合人类发展的理想的社会形态,人类命运共同体是马克思"自由人联合体"的时代回应。在国家和民族利益面前,一些国家不顾国际合作的重要性,设立贸易壁垒,实行保护主义政策,严重制约着国际交流与合作,人类命运共同体的构建旨在发展一种理想的人类生活的条件,将全世界各国家、各民族联合起来,遵循共商、共建、共享的基本原则,实现全世界人民的普惠共赢,从而增进国家和民族间的认同感,减少矛盾和冲突。人类命运共同体不仅是对全球治理的深入探索,同时也促进人类社会朝着自由、全面的方面发展,朝着美好的生活共同迈进,为人类社会走向"自由人联合体"奠定基础。

### 三、"各国家联合行动"的思想

马克思、恩格斯在《宣言》中不仅指出资本主义社会像封建社会一样是一种过渡的社会形态,它自身固有的矛盾决定了它必然被更高的社会形态即共产主义社会所取代的命运,还对未来社会发展形态进行了详尽的描绘,即"自由人联合体"。在对未来社会进行畅想时,马克思提出了实现自由人联合体的条件——每个人自由而全面的发展,这也是在马克思主义指导下的无产阶级的价值旨归。无产阶级作为社会的最下层,他们只有摧毁整个资产阶级以及资产阶级赖以存在的私有制,取得无产阶级统治,才能够昂首挺胸,为实现绝大多数人的利益创造条件。《宣言》同时也指出了无产阶级获得解放的首要条件之一:联合的行动。"随着资产阶级的发展,随着贸易自由的实现和世界市场的建立,随着工业生产以及与之相适应的生活条件的趋于一致,各国人民之间的民族分割和对立日益消失"[1]P291,而无产阶级在全国范围内的联合将促进它们更快地消失。无产阶级只有实现全世界的联合,才能实现全世界的革命和对传统的所有制形式的彻底决裂,只有这样,阶级对立和剥削才可以完全消失,每个人自由而全面的发展才能够实现。

马克思、恩格斯在对无产阶级的国际联合进行论述时指出,"不恢复每个民族的独立和统一,那就不可能有无产阶级的国际联合,也不可能有各民族为达到共同目的而必须实行的和睦而自觉的合作"[1]P276。在这里,马克思、恩格斯强调国土的完整和主权的独立,只有真正实现一个国家的独立,才能在世界发展中有一席之地。国土的完整和主权的独立还包括反对国际上各种霸权主义、强权政治的行为,反对他国干涉内政,侵犯弱小国家的利益。人类命运共同体充分吸收了马克思"各国家联合行动"的思想,在谋求国际合作的时候,强调破除原有的不公正的发达资本主义国家主导的国际政治经济旧秩序,找到全球治理新的方式,在此基础上进行平等对话协商。一方面,人类命运共同体呼吁各国家和民族领土完整和主权独立,即要求各国能够自行选择发展道路,不受别国干涉,也不侵犯别国的利益,在公平正义、平等协商的基础上进行合作,走共同发展的康庄大道。另一方面,构建人类命运共同体,就要打破你输我赢、零和博弈的发展模式,坚决维护联合国的规则和要求,反对任何霸权主义、强权政治的行为,摒弃西方不正确的价值观念,促进全人类共同发展。

全球化时代赋予了马克思"联合行动"以新的内涵,目前,虽然各国联合行动的目的不在于实现无产阶级和全人类的解放,但对于共同面对发展难题、解决

国际问题仍具有十分重大的意义,"联合对重塑世界格局以及实现未来共产主义所起的作用,已经悄然发生转变"[3]P21-27。面对全球化进程中霸权主义、强权政治、资本主义国家逆全球化的威胁,各国更应当深化在经济、政治、文化、生态等方面的联合,坚定合作共赢的理念,坚持共商、共建、共享的原则,共同维护人类文明发展的成果。

**四、结语**

一言以蔽之,《宣言》作为马克思主义诞生的标志,至今仍焕发着真理的光芒。《宣言》对资产阶级的产生发展和灭亡进行了详尽的论述,揭示了世界市场的形成,并由此揭示了人类必将到达"自由人联合体"的社会形态。马克思、恩格斯在此虽然没有明确提出"人类命运共同体"的理念,但是他们明确阐释了"世界一体化"的趋势,为我们构建人类命运共同体提供了价值共识和实践路径。任何真理都是对其所处时代的正确反映,"马克思、恩格斯的科学理论,是对他们所处时代的经济、政治状况进行深刻分析做出的理论贡献"[4]P46-51。如今,中国特色社会主义进入了新时代,以习近平同志为核心的党中央结合国际国内发展大势,站在无产阶级的立场上提出构建人类命运共同体和"一带一路"的倡议,这是对马克思主义的继承和发展,是对当今世界无序性的回应,打破了资本逻辑主导的零和博弈思维,开启了"中国方案"的治理模式。

**注释:**

[1]马克思恩格斯选集:第1卷[M].北京:人民出版社,2012.

[2]庾虎.马克思历史理论与新全球化[M].北京:中国商业出版社,2017.

[3]杜利娜,李包庚.从"自由人联合体"到"人类命运共同体"——重读《共产党宣言》[J].苏州大学学报:哲学社会科学版,2018(04).

[4]史少博.论《共产党宣言》"人类命运共同体"的意蕴[J].甘肃社会科学,2018(05).

(指导教师:刘海霞)

# 从马克思《青年在选择职业时的考虑》看大学生的择业观 朱婷婷[*]

**【摘　要】**《青年在选择职业时的考虑》是马克思在中学毕业时所写的一篇毕业论文。在这篇文章中,马克思围绕着青年择业这个中心问题进行了探讨,他把个人的择业与人类幸福的实现结合起来,分别从三个方面进行了具体的分析与思考。在当今日益严峻的就业形势下,大学生在就业时择业观上仍然存在着一些问题,重读经典,深刻领悟马克思择业观的丰富内涵,对于指导当代大学生树立科学的择业观,进行科学的职业选择有着重要的启示。

**【关键词】**马克思;大学生;择业观

1835年秋,马克思即将中学毕业,面临着继续深造和就业这两条道路,马克思并没有像其他同学那样仅仅是幻想着个人的各种各样的未来景象,而是选择了把个人的生活和整个人类社会的发展结合起来进行思考与审视。在马克思看来,职业选择之所以重要,是因为它对一个人今后的人生发展方向起到了至关重要的作用,所以,在进行职业选择时,尤其是广大青年,必须要采取严肃的态度,必须要正确地估计自己的能力水平。马克思还认为,"如果我们选择了最能为人类福利而劳动的职业,那么,重担就不能把我们压倒,因为这是为大家而献身……我们的幸福将属于千百万人"[1]P459,这不仅指明了我们要选择什么样的职业,还给我们提供了令人奋进的精神力量,给全世界留下了一笔宝贵的文化遗产。如今,虽然这篇文章已经历经一个多世纪的沧桑,但是对于指导当代高校毕业生择业仍然具有深刻的现实意义。

---

[*] 朱婷婷,马克思主义学院思想政治教育18级,182030505013。

**一、马克思的择业观**

马克思的择业观在他的《青年在选择职业时的考虑》一文中有着全面的论述,他主要从如下三个方面进行了阐释和分析。虽然在当时马克思的思想还不是很成熟,但是这篇文章作为他思想的起点,对现代社会仍然具有重要的指导意义。

(一)青年为什么要选择职业

职业选择是人们真正进入社会的关键标志之一,也是人生的重要环节。在马克思看来,人类之所以比其他动物优越,是因为人类能够掌控自己的命运,而动物则相反。这就意味着在进行职业选择时,人类有着主动选择的权利。动物在自然环境中只有被动的反应,而人却能够能动地对待自然环境,人类不仅可以树立能够使自己更接近高尚的目标,而且还可以选择、并找到实现这个目标的方法,即职业选择。马克思认为,能这样选择是人类远远优越于其他动物的地方,但是一旦选择错误,"可能毁灭人的一生、破坏他的一切计划并使他陷于不幸"[2]P455。因此,人们在进行职业选择时必须要认真考虑,青年更是要慎重地对待自己的职业选择。马克思还明确提出职业选择和个人理想的关系,即职业选择和个人理想是息息相关的。个人理想为职业选择指明了方向,人们正是通过职业活动去实现自己的理想。职业活动是个人进入社会的重要方式之一,通过扮演不同的职业角色,进入到别人的生活中,形成和发展复杂多样的社会关系,推动社会不断地发展。

(二)青年应如何选择职业

在马克思看来,青年在选择职业时应当主要从以下两个方面进行思考:第一,对职业要进行理性的分析。马克思说:"虚荣心容易使人产生热情或者一种我们觉得是热情的东西;但是,被名利迷住了心窍的人,理性是无法加以约束的,……他的职业已经不再是由他自己选择,而是由偶然机会和假象去决定了。"[2]P456马克思在这里提醒青年在择业时一定要摆脱虚荣、名利、欲望等一些非理性的因素。这些非理性因素虽然在表面上让青年觉得自己是受兴趣爱好的吸引,但是它们在本质上只是一些迷人却又昙花一现的表面现象而已。青年在选择职业时应避免受到非理性因素的驱使,而应把理性因素放在职业选择的首位,例如:个人理想、社会或国家发展目标、实现全人类的幸福等。马克思还提出要选择"有尊严的职业",即"在从事这种职业时我们不是作为奴隶般的工具,而是在自己的领域内独立地进行创造"[1]P458。这种创造性一方面体现了人具有动物所没有的主观能动性,另一方面也体现了人的尊严问题。所以在选择职业时不仅要看到职业的功利性价值,更要注重职业对人的全面发展的作用。第二,要对自身条件有着准确的定位。马克思认为,一个人的身体条件也是在选择职业时需要多加衡量的一个重要指标。虽然有些时候在某些方面我们可以超越自身条件的限制,但是如果长期如此,我们的身体就会出现越来越多的问题。同时,马克思还认为,如果我们对自身能力产生错误的认识的话,"那么这种错误将使我们受到惩罚。即使不受到外界指责,我们也会感到比外界指责更为可怕的痛苦"[1]P457。他把超越身体条件的极限和错误地估计自身能力所带来的消极影响作为反面教材来告诫青年人,在进行职业选择时一定要把自身的身体条件以及能力作为重要的考量标准,不能忽视自身的实际条件,盲目乐观、超越可能。我们没有办法去选择一些我们自认为适合自己的职业,因为人是社会的人,客观社会条件对人的择业会产生相应的限制作用。所以除了自身条件,在进行自我的准确定位时还要考虑社会因素。职业选择的自主性和自由度是相对的,而不是绝对的。每个人的自身条件不同,身体素质不同,兴趣爱好不同,身处的环境不同,这也意味着所进行的职业选择是千差万别的。三百六十行,行行出状元,虽然各行各业有着自己的特点,但是却都能实现为人类谋取幸福。

(三)青年应该选择何种职业

马克思认为,如果我们能够选择任何一种职业的话,那么"我们就可以选择一种能使我们最有尊严的职业;选择一种建立在我们深信其正确的思想上的职业;选择一种能给我们提供广阔场所来为人类进行活动、接近共同目标,即完美境地的职业"[1]P458。首先,在马克思看来,尊严着实是择业时的衡量标准之一,是最能令人崇高起来、使他的所有勤勉和所有活动都能具备崇高品质的东西。有尊严的职业应当是富有创新性的职业,被人类社会所认可的职业,这种职业不一定是拥有最高的权力、最多的金钱,但一定是在自己所能达到的能力范围之内

最合适自己的一种职业,即为更多数的人服务、贡献,为人类服务、贡献。其次,他还认为青年要选择有着正确的思想基础,并且自己坚决拥护这种思想的正确性的职业。对于这一问题,要从三个层面进行思考:第一个层面是不管何种职业,它都是以某种思想作为基础的,都有自己的考虑,有些人所持的是高尚的,有些人却是自私的;第二个层面是在进行职业选择时要选择那些以正确的思想为基础的职业;第三个层面则是要选择那些思想不仅正确,而且自己也会坚决拥护这一思想的职业。而这三个层面中最核心的就是第二个层面,即要选择那些以正确的思想为基础的职业,也就是从事真的职业、从事善的职业、从事美的职业。

综上所述,就是要选择一种完美境地的职业。马克思在说明完美境地时所提到的共同目标是使全人类和他自己都无限接近于高尚,意思就是说要同时满足个人无限接近于高尚以及全人类无限接近于高尚的两个维度,在努力使自己高尚的同时还要帮助全人类实现这个目标。因此,职业选择也就具备了实现个人价值和实现社会价值两方面的重要意义。而正确对待这两者之间的关系就是要坚持实现个人价值与社会价值相结合的原则。马克思从青年时代就树立了这样的择业观,即坚持实现个人价值与社会价值相结合,所以在职业选择时做出了正确的选择,也成就了其伟大的一生。

## 二、高校毕业生在择业时存在的问题

### (一)缺乏对自己的准确定位

当今的高校毕业生大多为"90后",受社会思想大环境的影响,存在着主体观念偏强,注重自我,团队意识缺乏的问题,再加上生活条件大多比较富足,独生子女占大多数,以及家庭教育对这方面的忽视,导致现在的很多高校毕业生都比较缺乏劳动精神和奉献意识、独立能力。在进入社会以前,尤其有些孩子在家中一直都是受人关注的焦点,很多家长的过分关爱导致孩子对自己的身体素质、自身能力以及社会形势并没有一个准确的定位与把握,对自身能力缺乏深刻认识,对自己未来的职业缺乏理性的构想与规划,缺乏方向与指引。

### (二)缺乏面对挑战的自觉

现在的大学生生活环境比较优越,在父母和家庭的保护下,大多都是温室里的花朵,没太经历过挫折,成长过程顺利,导致心理脆弱,承受能力差,习惯于一劳永逸,不愿接受挑战,所以高校毕业生大多数愿意从事科教文卫、政府机关、大型企业等拿着固定的工资并且几乎没有事业风险的工作,择业时缺乏创造性,许多大学生不太愿意甚至是否定创业就业。还有部分大学生在择业过程中对父母的依赖性过强,他们大多数只是被动地听取并获得关于就业的信息,很少主动地去关注社会发展方向以及就业形势,很少关心自己所学专业在生活中的具体应用或者是创新性的实践,导致理论与实践严重脱节,在进行职业选择时视野狭窄,选择范围受限。总是被动地听取他人的意见,对自己的决定毫不坚定,容易改变主意,即使找到工作,也会出现这山望着那山高的情况,忽视有限的自身条件,踌躇不前,飘忽不定,错失宝贵的工作机会。

(三)缺乏自我价值和社会价值相统一的观念

现如今,大学生在选择职业时首要关注点就是这种职业能否满足个人需求。现阶段很多高校毕业生都是独生子女,他们已经形成了凡事先考虑自身利益的思维方式,当选择摆在面前时,首先考虑的是能不能实现自我个人价值,满足自己的发展需求,只顾及小我的发展而忽视了大我整体上的发展与满足。他们对一线城市充满着高昂的激情,比如像北京、上海,他们认为只有在一线城市发展,自己的价值才能得到更好地实现。这种错误思想导致他们重视自我价值的实现,而忽略社会价值的实现,没有以长远的眼光看待与思考,他们一窝蜂地都拥向大城市,追求所谓的高质量生活水平以及自身价值更充分地实现,而偏远落后地区却很少有人问津,在某种程度上也会影响整个社会的发展与进步。

**三、当代青年应确立的择业观**

(一)树立崇高的职业理想

职业理想是一个人对自己未来职业的规划与目标,并且能够成为一种精神力量与方向,在其引导下逐步地实现人生目标和自我价值。作为无产阶级的伟大领袖,马克思在自己17岁的时候就已经确立了远大的职业理想,并为此奉献了自己的一生,即使历经艰难困苦也不改初心。就现如今大学生来讲,尽管身处的社会环境与青年马克思不一样,时代的主题也早已产生了巨大的改变,但是在

择业中还是要树立报效祖国、贡献社会的崇高理想,深刻认识到凡是有益于全社会发展和促进全人类幸福的职业都是我们可以选择的职业。人们在社会中生存,与其他人以及整个社会都是紧密联系在一起的,即人的发展和社会的进步是辩证统一的。人的活动既要满足个人需要,也要满足社会和他人的需要。马克思的择业观对青年进行了明确的启示,即在择业时要选择那些有尊严有获得感的职业,要选择为人民服务的职业,更重要的是选择能够有利于实现全人类幸福的职业。这就要求我们在进行职业选择时慎重考虑,不能只考虑自我价值的实现,要把眼光放长放宽,站在整个社会的价值基础上考虑与选择。在2015年的伦敦金融城市长晚宴的演讲中,习近平总书记说过,"年轻的我,在当年陕北贫瘠的黄土地上,不断思考着'生存还是毁灭'的问题,最后我立下为祖国、为人民奉献自己的信念。"[3]在十九大报告中,党对我国两个一百年目标做出了具体规划,这不仅是新时代中国特色社会主义发展的战略目标,也是引领新时代大学生不断前进与发展的指路明灯。广大高校毕业生要在这个指路明灯的引领下,在进行职业选择时,要向青年马克思学习,确定崇高的职业理想,树立科学的择业观,努力做到"在奋斗中释放青春激情、追逐青春理想……为民族复兴铺路架桥,为祖国建设添砖加瓦"。

(二)树立科学的择业观

择业观是指人们在进行职业选择时所持的观念和想法。青年马克思在文中明确指出,在进行职业选择之前,要认真地去考虑以下两方面的因素,一方面要考虑社会环境对选择的限制,另一方面也要对自身的条件进行科学的分析与精准的定位。对于当代大学生来说,就是要在冷静评价自我、客观分析社会环境以及就业形势的基础之上,确立科学的择业观。青年大学生一方面要理性分析现阶段严峻的就业形势,适当地降低对工作的期望值。另一方面要转变就业观念,把"为人民谋幸福"作为职业选择的基本原则,积极响应党中央以及国家建设的号召,把基层地区以及偏远落后的地区也纳入选择范围之内,并且把它们放在首位。习近平总书记在2016年同来自全国各地的青年代表座谈时这样说道:"广大青年要以国家富强、人民幸福为己任……积极投身中国特色社会主义伟大实践,并为之奋斗终身。"[4]大学生要认真学习习总书记的谈话精神,树立科学自主的择业观,首先要对自身的身体条件以及能力做客观冷静的分析,多关注社会发展动态,及时掌握现阶段的就业形势,转变错误的择业观,减少错误思想对择业的影响。其次,树立科学的择业观的同时也需要保持积极健康的择业心态。即使面临严峻的就业形势,高校毕业生也要对自身充满信心,努力克服在择业过程中遇到的困难与阻挠,心情浮躁、焦虑等消极心态都不能从根本上解决问题;要端正态度,放正心态,根据自身条件与自身能力,找准定位,以积极向上的心态做好自己的工作。

(三)先就业再择业

自从中国特色社会主义进入新时代之后,经济增长转化为由创新驱动来推动,所以市场需要大量的创新型人才。劳动力市场供求矛盾日益突出,社会对劳动力的需求逐渐从数量转变为质量,岗位需求数量减少,而高等院校经过扩招之后,也从"精英教育"转变为"大众教育",受高等教育人数增加,就业压力增大;很多学生在校期间,不刻苦学习,实践能力弱,不能适应和满足社会对人才的需求,也增加了就业的难度。对于毕业生来说,离开学校走向社会首先要面临的就是生存问题。只有在社会中生存下去才有机会实现自己的理想,生存是实现其他一切的前提与基础,所以首先以现实情况作为考虑的出发点,根据劳动力市场的实际需要先就业,在社会立足之后再考虑择业,实现个人的职业理想。青年要树立正确的就业观首先就是要将个人需要与社会需要统一起来,为社会做出奉献的同时兼顾个人利益,必要时牺牲个人利益。实现个人的价值与从事何种职业没有直接的关系,关键是要选择完美境地的职业,即实现个人价值与社会价值统一的职业,为更多的人服务与贡献。所以,我国青年只有把自己投身到社会主义的建设中,在为人民谋幸福、为民族谋复兴的过程中才能真正地实现人生价值,收获幸福。

青年马克思在《青年在选择职业时的考虑》中从三个方面详细阐述了他的择业观,即青年为何选择职业、青年选择何种职业与青年如何选择职业。虽然已经过去了一个多世纪,但是在面临如此严峻的就业形势时,对于指导大学生树立科学的就业观,冷静分析就业形势,积极调整就业心态,提高自身能力与水平,将个人价值与社会价值的实现相结合,选择适合自己的职业,为人类的幸福、社会

的发展贡献出自己的力量仍然具有十分现实和积极的意义。

**注释：**

[1]马克思恩格斯全集[M].北京:人民出版社,1982.

[2]马克思恩格斯全集:第一卷[M].北京:人民出版社,1995.

[3]习近平,在伦敦金融城市长晚宴上的讲话[EB/OL].[2015-10-22]http://politics.people.com.cn/n/2015/1022/c1001-27727382.html.

[4]习近平,在知识分子、劳动模范、青年代表座谈会上的讲话[EB/OL].[2016-04-30]http://www.xinhuanet.com//politics/2016-04/30/c_1118776008.htm.

（指导教师：黎志强）

# 《共产党宣言》中的人民主体思想及其当代启示

朱 玉[*]

**【摘 要】**《共产党宣言》(以下简称《宣言》)中蕴含着丰富且深刻的人民主体思想。在唯物史观的指导下,马克思和恩格斯开始了对人民的构成、人民是实践的主体和价值的主体等内容的探索,揭示了人民主体思想在新时代社会主义伟大建设进程中的重要性。同时,这一思想对习近平中国特色社会主义建设仍然具有重要启示。

**【关键词】**《共产党宣言》;人民主体思想;当代启示

作为指导我国进行社会主义建设的重要理论参照,《宣言》中所阐述的核心思想便是以人为本,走以人民群众为中心的社会主义建设之路,是科学发展观的内在特征,也是习近平总书记"以人民为发展核心"思想提出的依据。坚持《宣言》中的人民主体思想,有利于中国共产党与人民群众建立牢不可破的关系,并且对新时期中国特色社会主义事业的建设具有指导作用。

## 一、《宣言》中关于人民的形成、构成及社会性质的描述

《宣言》第一章中马克思、恩格斯就明确指出,资产阶级时代具有一个非常显著的特点,即立场更加简单,阶级属性更加明了。《宣言》中明确指出:"从中世纪的农奴中产生了初期城市的城关市民,从这个市民等级中发展出最初的资产阶级分子"[1]P28,资产阶级由此衍生。随着资产阶级不断发展,逐渐派生出与其相对立的无产阶级。将封建落后的或行会的工业经营方式向工厂手工业过渡

---

[*] 朱玉,马克思主义学院马克思主义基本原理18级,182030501003。

和变革，随后又进行了另一阶段的发展，由工厂手工业向大工业的过渡。在这个过程中，经验丰富的行会师傅逐渐被资产阶级代替，大工业中的资产者最终占据核心地位。马克思、恩格斯在《宣言》中描述了当时的社会现象，工厂主对工人进行剥削，工人在顺利领取到劳动报酬之后，便被另一批资产阶级的厂商看中，以房东、店铺所有者等角色开始了另一阶段的剥削。可以看出，资产阶级的相关阶层包含面甚广，不仅有厂主而且有房东、店主、当铺老板等阶层。马克思和恩格斯认为，资产阶级在历史上起过非常革命的作用，他们代替封建地主阶级，推动了生产力的进一步发展，作为带动者来说，他们的贡献也是首屈一指的。但是由于资本主义的快速发展，原本落后的生产方式已经难以与新时期资本主义进行有效的衔接，在一定程度上甚至阻碍其发展。在这种情况下，若资产阶级还是维持这种落后的生产方式，其实是在挑战市场，最终使自己沦为反动阶级。

《宣言》在通过对资产阶级的构成进行详细的剖析之后，也对无产阶级的形成和构成进行了分析研究。马克思、恩格斯指出了当时的社会发展现状，即农民、下层的商户等从以往的下层资产阶级逐渐过渡到无产阶级的行列中，多数原因是因为掌握手工制造方法的这些人已经被新时期的资产阶级经济模式所取代和淘汰。不仅如此，工业化进程的加快，使得统治阶级整批成员被抛到无产阶级队伍里去。"正如有些贵族阶层的人向资产阶级过渡一样，有些资产阶级也开始向无产阶级过渡。"[1]P38地位低下的流氓无产阶级会成为社会发展过程的廉价劳动力，被带入到无产阶级革命中。马克思、恩格斯还特别强调介于资产阶级与无产阶级之间的另一阶层叫作新的小资产阶级，这类阶级摇摆于两者之间，顺势而为，并且作为资产阶级的后备补充而做出反应，但在实际情况中，这类阶层经常被遗弃，归类于无产阶级的行列中。纵观这种现象，中间的小资产阶级被无产阶级所容纳，无产阶级队伍逐渐扩大。据此，马克思、恩格斯认为在资产阶级时代阶级对立简单化，这是马克思、恩格斯对未来社会发展做出的预测，也是当时社会的发展趋势。从这个意义上来说，马克思认为的无产阶级就等同于人民的概念，但是就当时的社会现实来说，人民范畴不仅有无产阶级，也包括以前的中间等级下层,统治阶级中的一部分人和资产阶级中的一部分人。

对于当时的社会性质来说,马克思、恩格斯认为,与资产阶级相对立的阶级中,只有无产阶级属于阵容最庞大的社会阶层,其他的小众阶层都随着时代的发展和社会的需要被逐渐取代或消亡,最终奠定了无产阶级的历史地位。进行无产阶级革命的队伍中实则不包括小工业家、小商人、手工业者、农民,由于他们只是为了最基本的生存,并非是主动革命,他们甚至希望无产阶级能够力挽狂澜。只有无产阶级是最革命的阶级,他们没有自己的特殊利益,任何时候都能够强调坚持无产阶级和全体人民的整体利益。

对无产阶级构成和社会性质的详细分析,马克思、恩格斯认为无产阶级与最初的为少数人谋取生存空间和利益已经有了本质的区别,无产阶级革命上升为绝大多数人为其生存而进行独立的运动过程。其中所指的"绝大多数人"便是广大的人民群众。这也反映出《宣言》对于人民主体思想的进一步阐明。明确了无产阶级领导下的广大人民群众才是社会实践的主体,是推进社会进步实现社会价值的引导人。

## 二、《宣言》中对人民是实践主体的阐发

（一）人民是实践主体观念的形成与发展

《宣言》站在唯物史观的角度,深刻论述了人民群众是物质财富和精神财富的创造者,是社会实践的主体力量,同时也是社会变革的重要推动力量。人民是社会实践主体的观点的形成经历了一个漫长的发展过程。

《德法年鉴》时期是马克思的人民主体思想观念的初步形成期,他从批驳黑格尔的唯心主义理论和他的国家至上理念,转向支持费尔巴哈的人本主义立场。此时他的思想已经实现了从理性世界观向抽象的人本主义世界观的转变。《1844年经济学哲学手稿》开始,马克思的人民主体思想就已经全面形成。他利用经济学的原理去分析人民在资本主义制度下的生存与生活状况,从劳动的本质的角度去阐述人民是历史的创造者,是实践的主体,他认为私有财产是私有制

的产物,而异化劳动创造了私有财产,在他看来,只有消灭资本主义私有制才能端正劳动者的地位。在《神圣家族》中,马克思和恩格斯针对青年黑格尔派的唯心史观认为人民群众不过是历史发展的产物,并不具有主体地位,而属于附属品,没有进行资产价值的创造的观点,进行了反驳,认为"工人阶级什么也没有创造"[2]P293的观点是不正确的。历史的发展离不开人民群众的创造,在这里马克思强调在历史发展的进程中起决定作用的是物质生产而非自我意识,是唯物主义而不是唯心主义,他把人民群众在实践中的作用提升到了新的高度。在《关于费尔巴哈的提纲》中,马克思从现实中的社会关系出发,对实践主体观进行阐述,同时将实践的观点作为自己哲学的基础,与费尔巴哈的旧唯物主义彻底划清了界限。马克思认为一切社会生活在本质上是实践的,正是拥有实践能力的广大人民群众通过实践活动创造了大量的生存和生活所必需的物质生产资料,推动了社会的进步与发展,这是对人民实践主体地位的进一步阐述。《德意志意识形态》是马克思进行唯物史观探索过程中最重要的研究成果。他基于生产方式、生产力以及社会存在等多方面视野对唯物史观进行了阐述,一针见血地指出人类在发展过程中的历史使命与责任。人们只能通过从事物质生产实践活动来满足最基本的需求,而只有人类才具有从事实践活动的能力,这就充分说明了人民群众在历史发展中的主体地位,以及对社会产生的良好效应。

《宣言》中讲到,"每一历史时代主要的经济生产方式和交换方式以及由此产生的社会结构,是该时代政治的和精神的历史所赖以确立的基础,并且只有从这一基础出发,这一历史才能得到说明"[1]P7。物质生产实践在一切社会实践中处于基础地位,唯物史观的立场是维护广大劳动人民的根本利益,这一立场促使马克思、恩格斯运用科学的世界观去指导社会实践,极大解放社会生产力,在确保人民群众主体地位的同时也推动社会生产力的不断进步,最终完成解放运动的目标。

(二)工人的解放应当由工人阶级自己完成

马克思和恩格斯二人在《宣言》的1888年英文版和1890年德文版序言中都

明确提出在《宣言》出版时,并不将其作为社会主义的相关宣言的原因:"在1847年所谓社会主义者一方面指那些信奉各种空想学说的分子,即英国的欧文派和法国的傅立叶派。这两个流派都已经变成纯粹的宗派,并在逐渐走向灭亡。另一方面,指各种各样的社会庸医,他们都答应用各种办法来消除社会病痛而毫不伤及资本和利润。这两种人都是站在工人阶级运动以外,宁愿向有教养的阶级寻求支持,至于当时工人阶级中那些确信单纯政治变革全然不够,而认为必须根本改造全部的社会分子,他们把自己叫作共产主义者。"[1]P19 同时《宣言》中也指出,工人阶级的解放必须靠工人阶级自身的力量来实现扭转,这些论述恰好论证了马克思和恩格斯的群众史观,指出无产阶级在内的广大人民群众才是历史发展的中坚力量,同时也是解放自己的主体。

马克思和恩格斯也在《宣言》中指出工人进行革命的具体原则,首先,使无产阶级登上历史发展的舞台,掌握领导权,才能实现真正意义上的民主,这可以说是实现政治上的解放。其次,无产阶级利用自己的发展基础将资产阶级的全部资本进行转移,将经济权力掌握在自己手中,这可以说是实现经济上的解放。最后,当阶级差别完全湮没在社会发展中,无产阶级实现质的飞跃,拥有全新的生产关系,同时也消灭了阶级对立赖以存在的条件,这可以说是实现社会上的解放,实现全人类的解放。从政治解放到经济解放再到全人类的解放,在这整个的过程中都必须要以无产阶级革命下的广大人民群众作为历史发展的创造者,明确其主体地位,否则就很难实现全人类的解放,共产主义的美好构想也无法实现。

### 三、《宣言》中对人民是价值主体的阐释

(一)《宣言》的序言表明人民是价值的主体

1890年的德文版序言中指出,"如果俄国的革命成为西方工人革命的信号,并且双方相互补充,便能成为共产主义发展的起点"[1]P16。并且设想在西欧无产阶级辅助下俄国农民公社可以跨越资本主义卡夫丁峡谷,这一想法一旦成立就

可以为步入社会主义社会奠定发展基础。根据马克思的主张，他认为一个国家要想繁荣富强必须要依赖于生产力，只要生产力实现了高效快捷，那么社会发展进程就会不断地加快，从一定程度上也可以缓解资本主义剥削制度带给人们的压迫。那时的资本主义如万丈深渊，人民群众生活在水深火热之中，这正是对人民价值的否定。资本主义发展违背了社会总体进程，必将被淘汰。

（二）《宣言》对否定人民为价值主体的社会主义和共产主义进行批判

首先，马克思和恩格斯批判了反动的社会主义。这里所说的反动的社会主义主要是指带有封建意义的社会主义，小资产阶级的社会主义，以及德国引导下的社会主义。其中，封建的社会主义的主要目的就是为了复辟封建贵族的势力，美其名曰"社会主义"。而小资产阶级的社会主义，则是从自我出发，目的就是为了维护和支持小型的社会主义发展，保持私有制度的空想社会主义；德国的或"真正的"社会主义鼓吹用平均分配土地的办法使小私有者摆脱贫困，宣扬用人类之爱来实现社会主义。他们认为无产阶级的阶级斗争是野蛮的，他们在当时实际上沦为封建统治阶级用来反对工人运动的工具。

其次，马克思和恩格斯批判了保守的或资产阶级的社会主义。这种社会主义批判资本主义的私有，但是并不主张废除私有制。资产阶级本意是维护资本主义制度，他们只是主张对原先资本主义制度中所体现出来的弊端进行克服，并且将资本主义制度作为合理公正的制度，他们借用小恩小惠来麻痹广大人民群众，但他们的真正目的是反对无产阶级革命的发展，旨在维护自身代表利益的发展。

最后，马克思和恩格斯对空想主义学派进行了深入剖析。首先分析了时代背景，圣西门、傅立叶、欧文等人之所以采用这样的主张是因为当时的社会发展进程还不够成熟，阶级与阶级之间的矛盾还没有完全展现。但是这些学派体系的领导者却捕捉到阶级之间潜在的矛盾对立，看到了之后发展面临的困境。他们能够看到人民群众在社会生产中的地位和价值，但是却没有看到无产阶级作为核心的驱动作用，看不到人民是实践的主体，忽视人民在实践中发挥的巨大作用。

(三)《宣言》对人民为价值主体的最终目标进行设定

马克思在《宣言》中第一次正式表明,"代替那些存在着阶级和阶级对立的资产阶级旧社会的将是这样一个联合体,在那里,每个人的自由发展是一切人自由发展的条件"[1]P51,这一观点充分体现了对人民作为价值主体的肯定。

每个人的自由而全面发展,其中"每个人"是这一思想的出发点。马克思、恩格斯研究人的自由而全面发展的问题,都是以每一个个体为着眼点的,而不是基于一群人或人类社会的整体。每个人的自由发展是相对于以往个人发展的不自由而言的,自由是人类永恒的价值追求。马克思认为,只有在共产主义社会,生产力高度发达,私有制被彻底消灭的条件下,人们才能从事真正的自由的劳动。全面发展是相对于以往社会中个人的片面发展而言的,全面性发展包括个人关系和个人能力的普遍性和全面性,包括个体的需要、个体的劳动、个体的能力、个体的生活关系及个体的个性等方面的全面发展。社会分工出现以后,人的发展都具有片面性,只有共产主义社会,每个人才能够得到自由而全面的发展。人自由而全面发展是马克思、恩格斯毕生追求的目标,体现出对人性价值的探索和在未来对于人类的重新定位。个体的发展都是建立在群体自由发展的基础之上的,也联系出个人与集体是不可分割的存在,个人发展与他人的发展是相互联系的,所以这就要求我们不能只站在少数人角度上或者牺牲多数人的意志而成全少数人。我们期望建立的是肯定和维护大多数人利益的制度。

**四、《宣言》中人民主体思想的当代启示**

人民主体思想是马克思历史唯物主义的核心内容,是我们党始终坚持的指导思想。我们党在九十多年的奋斗中,一如既往地坚持人民主体思想,从毛泽东的群众路线到习近平"以人民为中心"的思想都是对人民主体思想的继承与发展,与《宣言》中以人民群众为主体的内在要求不谋而合。处于21世纪的今天,我们仍然要高举马克思主义的伟大旗帜,不忘根本。在不断深入研究《宣言》的

过程中为国家发展提供更多有利的帮助,并且切切实实落实到具体的行动当中。

(一)坚持人民主体思想,确保人民为实践主体,做到发展依靠人民

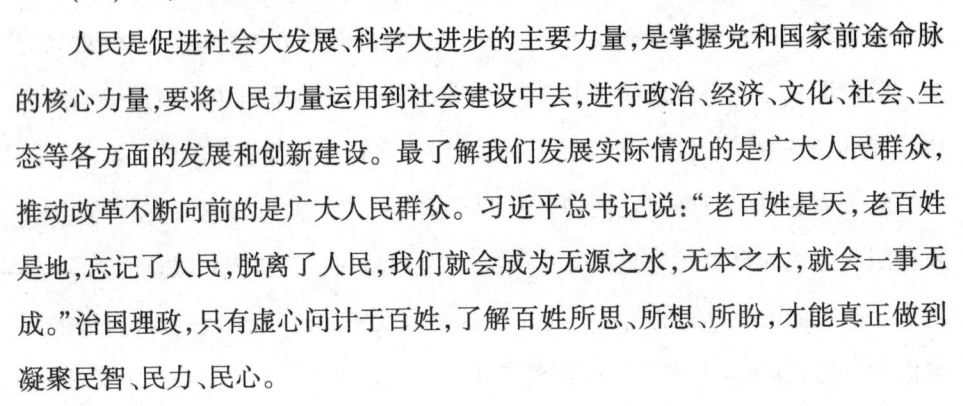

人民是促进社会大发展、科学大进步的主要力量,是掌握党和国家前途命脉的核心力量,要将人民力量运用到社会建设中去,进行政治、经济、文化、社会、生态等各方面的发展和创新建设。最了解我们发展实际情况的是广大人民群众,推动改革不断向前的是广大人民群众。习近平总书记说:"老百姓是天,老百姓是地,忘记了人民,脱离了人民,我们就会成为无源之水,无本之木,就会一事无成。"治国理政,只有虚心问计于百姓,了解百姓所思、所想、所盼,才能真正做到凝聚民智、民力、民心。

只有充分调动起人民群众的热情和参与度,为中国特色社会主义的推进和全面深化改革奠定良好的人民群众基础,才能够稳定政治经济环境,从根源处发展社会主义生产力,促进社会进步、经济发展,提高人民生活水平。经济社会的发展是随着人的发展而持续进行的,人的发展才是核心驱动力。因此,必须把经济建设以及社会改革同促进人的全面发展相协调,做到统筹推进。只有做到人的全面发展才能够推动社会进步,以及各项公共事业的建设和发展,为建设新时代中国特色社会主义道路夯实基础。如果忽视人的发展,一味地追求经济社会发展,那必将造成一系列严重后果,甚至有可能导致各项公共事业倒退。以苏联的东欧剧变为例,正是因为忽视了人的全面发展造成了社会生产力严重受损,致使社会发展停滞,给国家和人民带来了毁灭性的伤害。面对血淋淋的历史教训,我们应该总结经验,避免出现同样的悲剧。而在中国,由于国家领导人坚定正确的领导,随着中国特色社会主义进程的不断推进,我们在更大程度上实现了生产力的解放,人民生活水平的提高。一言以蔽之,发展还是要以生产力发展为核心,坚持改革开放,激发市场活性,促进人的全面发展,释放生产力,才能迎来发展新高潮。中共十八届三中全会就特别强调,人民才是改革发展的主体,坚持群众路线,一切为了人民,一切依靠人民,激发群众积极性,促使人民群众全面投入生产力解放工作是大势所趋。

（二）坚持人民主体思想，重视人民为价值主体，提升人民幸福感和获得感

我国的服务宗旨便是全心全意为人民群众服务，这种观念延续至今，始终坚持将人民利益放到第一位，将社会管理权利真正落实到人民群众的手中，让人民群众当家做主。政府全心全意为人民服务，为建设美好生活和和谐社会创设优良环境。习近平总书记强调，"人们对美好生活的向往是我们的奋斗目标"[3]P70，这句话全面贯彻了全心全意为人民服务的根本宗旨，也是时代发展的必然要求。我们必须树立从群众中来到群众中去的思想，始终遵循人民群众的历史主体地位。

首先，做到立党为公，执政为民。实现最广大人民群众的根本利益是我国共产党人的信念与准则。人民群众才是一切精神文明、物质文明的创建者，是推动时代发展的核心驱动力。要始终把人民利益摆在最高处，保障人民群众的利益，着力解决人民群众最关注的实际问题，为人民群众营造优良生存环境。其次，实现社会成果充分为人民群众所享。社会的进步离不开人民群众的努力，所以一切社会成果，都应该由人民群众作为第一享受者。在治国理政的过程中，也要充分尊重人民群众的权益，尽最大努力满足人民群众的合理需求，让人民感受到社会的温暖、国家的关爱，使人民群众能够平等的享受国家社会所提供的改革发展的成果，促使人民生活水平不断提高，朝着共同富裕的目标不断前进。最后，在追求社会民主公平正义的道路中加紧前进步伐。社会主义民主建设离不开人民群众，而社会公平正义才是保障人民群众参与社会活动以及民主政治最核心的基础。因此要努力拓宽人民自由活动的空间，为每个人的自由而全面发展构建一个稳定良好的社会环境与社会体系。中国是人民当家做主的国家，在政治上人民拥有广泛的民主政治权利，并拥有一定的空间自由；在经济上人民是社会财富的享有者，在国家进行政治决策、经济决策、公众事务决策等各个环节都需要人民群众参与。由此可见，加强法律法规的建设，保障人民权益，实现司法的公平与正义，增进人民福祉，增强人民幸福感和获得感，提高人民整体素质是我们党必须着力解决的重大政治任务。

注释：

[1]马克思,恩格斯.共产党宣言[M].北京:人民出版社,2018.

[2]马克思恩格斯全集:第2卷[M].北京:人民出版社,1957.

[3]中央文献研究室.十八大以来重要文献选编:上[M].北京:中央文献出版社,2014.

（指导教师：刘海霞）

# 后 记

为配合"马克思主义基本原理"课程教学,提高教学效果,深入传播马克思主义,从2017年开始,兰州理工大学马克思主义学院"马克思主义基本原理教学部"与"马克思主义理论科研团队"携手开展了以"读马列经典,求时代真理"为主题的"马克思主义经典诵读"活动。经典诵读活动由马克思主义基本原理教学部的老师负责解读和领诵,主要解读和领诵的篇目是:《共产党宣言》《在马克思墓前的讲话》《青年在选择职业时的考虑》《商品拜物教的性质及其秘密》《改造我们的学习》等。举办诵读活动,一方面,为了激发当代大学生对马克思主义经典作品的阅读兴趣,让大学生自觉地学习马列经典,追求时代真理,培养有思想、有情怀、有担当的青年马克思主义者。另一方面,希望当代大学生领悟经典名著的精神实质,学会运用经典名著中所阐明的立场、观点和方法来重新观察、分析资本主义和社会主义发展的历史进程,认清人类社会发展的客观规律和必然趋势,做一个坚定的马克思主义者。2018年,由黑龙江人民出版社出版了经典诵读活动的成果《真理的力量》,本次出版的是2018年开展经典诵读活动的理论成果。

思想政治理论课实践教学活动的顺利开展以及本书的如期出版,离不开许多人的鼓励和支持。感谢兰州理工大学党委夏天东书记对此项活动的关怀和指导,夏书记一直高度重视思想政治理论课实践教学活动,并明确要求思想政治理论课实践教学活动一定要"出成果、见实效",提高实践活动的针对性和实效性,增强学生的获得感。感谢马克思主义学院饶旭鹏院长、马凤英书记对本次实践教学活动的支持、关心和帮助,感谢马克思主义学院"思想政治理论课实践教学系列丛书"出版计划为本书提供的资助。

思想政治理论课实践教学活动的顺利开展也离不开马克思主义基本原理教学部和马克思主义理论科研团队王国斌、刘海霞、王海霞、杨莉、朱长兵、孙大林、

黄安、马松红等老师的辛苦付出。尤其值得一提的是，这些老师们为本学期经典诵读活动和2018年10月28日"银杏林"大型诵读活动做了精心的策划，倾注了大量心血，毫不吝啬地提供了诸多才气和智慧。可以说，没有马克思主义基本原理教学部和马克思主义理论科研团队全体老师的倡议、策划和推动，马列经典诵读活动就不会变成现实并持续下去。马列经典诵读活动以及诵读成果的结集出版凝结了这些老师的大量心血和智慧。

本书提纲是由刘海霞副教授拟定，饶旭鹏教授、杨莉教授、王海霞教授、王国斌副教授、朱长兵副教授、黄安博士、孙大林、杨文静、陈红等老师参与了本书提纲的讨论和内容的选定，本书内容由王国斌副教授、朱长兵副教授、马松红博士修订，王国斌副教授负责本书最后的统稿、修改和校对工作。

虽然这已是第二次组织和举办人数规模较大的大学生一起"学马列、读马列"活动，但需要总结的经验和进一步完善、提高的环节都还有许多，我们有信心也期待后续的实践教学活动更加完善，马列经典诵读活动成果更趋完美。

编者
2019.4.30